MARKETING DIGITAL

Revisão técnica:

Sérgio Roberto Trein
*Doutor e Mestre em Comunicação Social
Especialista em* Marketing
Graduado em Publicidade e Propaganda

M345 Marketing digital / Anya Sartori Piatnicki Révillion... [et al.] ; revisão técnica: Sérgio Roberto Trein. – Porto Alegre : SAGAH, 2023.

ISBN 978-65-5690-458-0

1. Marketing digital. I. Révillion, Anya Sartori Piatnicki.

CDU 658.8:004.5

Catalogação na publicação: Mônica Ballejo Canto – CRB 10/1023

MARKETING DIGITAL

Anya Sartori Piatnicki Révillion
Doutora e Mestre em Administração
Especialista em Marketing
Graduada em Comunicação Social – Publicidade e Propaganda

Bruno de Souza Lessa
Mestre em Administração e Controladoria
Graduado em História

Rogério Gomes Neto
Mestre em Comunicação Social
Especialista em Teoria e Técnica da Comunicação
Graduado em Publicidade e Propaganda

Juliane do Rocio Juski
Mestre em Comunicação
Bacharel em Relações Públicas

Susana Elisabeth Neumann
Mestre em Administração
Especialista em Administração Financeira
Bacharel em Administração de Empresas

Porto Alegre
2023

sagah+

© Grupo A Educação S.A., 2023

Gerente editorial: *Arysinha Affonso*
Coordenadora editorial: *Maria Eduarda Fett Tabajara*

Colaboraram nesta edição:
Editora: *Fernanda Anflor*
Assistente editorial: *Giovana Roza*
Preparação de originais: *Renata Ramisch e Marquieli de Oliveira*
Capa: *Paola Manica | Brand&Book*
Editoração: *Kaéle Finalizando Ideias*

> **Importante**
>
> Os *links* para *sites* da Web fornecidos neste livro foram todos testados, e seu funcionamento foi comprovado no momento da publicação do material. No entanto, a rede é extremamente dinâmica; suas páginas estão constantemente mudando de local e conteúdo. Assim, os editores declaram não ter qualquer responsabilidade sobre qualidade, precisão ou integralidade das informações referidas em tais *links*.

Reservados todos os direitos de publicação à
SAGAH EDUCAÇÃO S.A., uma empresa do GRUPO A EDUCAÇÃO S.A.

Rua Ernesto Alves, 150 – Bairro Floresta
90220-190 – Porto Alegre – RS
Fone: (51) 3027-7000

SAC 0800 703-3444 – www.grupoa.com.br

É proibida a duplicação ou reprodução deste volume, no todo ou em parte, sob quaisquer formas ou por quaisquer meios (eletrônico, mecânico, gravação, fotocópia, distribuição na Web e outros), sem permissão expressa da Editora.

IMPRESSO NO BRASIL
PRINTED IN BRAZIL

APRESENTAÇÃO

A recente evolução das tecnologias digitais e a consolidação da internet modificaram tanto as relações na sociedade quanto as noções de espaço e tempo. Se antes levávamos dias ou até semanas para saber de acontecimentos e eventos distantes, hoje temos a informação de maneira quase instantânea. Essa realidade possibilita a ampliação do conhecimento. No entanto, é necessário pensar cada vez mais em formas de aproximar os estudantes de conteúdos relevantes e de qualidade. Assim, para atender às necessidades tanto dos alunos de graduação quanto das instituições de ensino, desenvolvemos livros que buscam essa aproximação por meio de uma linguagem dialógica e de uma abordagem didática e funcional, e que apresentam os principais conceitos dos temas propostos em cada capítulo de maneira simples e concisa.

Nestes livros, foram desenvolvidas seções de discussão para reflexão, de maneira a complementar o aprendizado do aluno, além de exemplos e dicas que facilitam o entendimento sobre o tema a ser estudado.

Ao iniciar um capítulo, você, leitor, será apresentado aos objetivos de aprendizagem e às habilidades a serem desenvolvidas no capítulo, seguidos da introdução e dos conceitos básicos para que você possa dar continuidade à leitura.

Ao longo do livro, você vai encontrar hipertextos que lhe auxiliarão no processo de compreensão do tema. Esses hipertextos estão classificados como:

Saiba mais

Traz dicas e informações extras sobre o assunto tratado na seção.

Fique atento

Alerta sobre alguma informação não explicitada no texto ou acrescenta dados sobre determinado assunto.

Exemplo

Mostra um exemplo sobre o tema estudado, para que você possa compreendê-lo de maneira mais eficaz.

Link

Indica, por meio de *links*, informações complementares que você encontra na Web.

https://sagah.com.br/

Todas essas facilidades vão contribuir para um ambiente de aprendizagem dinâmico e produtivo, conectando alunos e professores no processo do conhecimento.

Bons estudos!

PREFÁCIO

Desde o final do século XX, tornou-se comum falar da nova economia, originada pela internet e suas ferramentas digitais. O aumento na conectividade e na capacidade de transmissão de dados faz com que, nessa nova economia, a velocidade seja mais importante do que a qualidade, em termos de estratégia. Atualmente, diante das oportunidades geradas pela internet, dois modelos de empresas têm surgido: aquelas que foram pioneiras na internet e que, por causa da nova tecnologia, conseguiram desenvolver estruturas e maneiras de fazer negócios totalmente diferentes ou que utilizaram o poder da nova tecnologia para reunir informações sobre as preferências dos clientes e, assim, ajustar seus produtos e serviços conforme as demandas individuais. O segundo modelo foi mais uma adaptação daquelas empresas que utilizaram a internet para fortalecer suas estruturas de negócios.

De qualquer forma, o crescimento do *marketing* digital tem sido enorme. Consequentemente, esse fenômeno gera implicações nas estratégias de *marketing*. Qual é o reflexo disso nos conceitos de *marketing*? E quais são os novos conceitos e definições advindas do *marketing* digital? O que são canais de *marketing* digital? O que são motores de busca? O que é automação em *marketing*? Quais são as métricas do *marketing* digital?

Temos respostas a serem encontradas e muitos desafios pela frente. Seu primeiro desafio será o de conhecer esse novo mundo do *marketing*, essa nova economia. Um mundo, na verdade, do qual você já faz parte como consumidor. Chegou a hora de se preparar como profissional de *marketing*.

Sérgio Roberto Trein

SUMÁRIO

O *marketing* e a internet 13
Bruno de Souza Lessa
    Como surgiu a internet? 14
    A internet, as suas transformações e a sociedade 18
    A interatividade e a sua importância 20

***Marketing* digital** 25
Bruno de Souza Lessa
    O que é *marketing* digital? 26
    O que diferencia o *marketing* tradicional do *marketing* digital? 29
    A análise de cenários no *marketing* digital 32

Mix de *marketing* digital 37
Bruno de Souza Lessa
    Da Web 1.0 à Web 4.0 38
    Os 8 Ps do *marketing* digital 41
    Vantagens do *marketing* digital para pequenas, médias e grandes empresas 45

A persona no *marketing* digital 49
Rogério Gomes Neto
    O que é uma persona? 49
    Público-alvo e persona 53
    Construção de personas 55

Estratégias de *marketing* digital 61
Rogério Gomes Neto
    O que é estratégia? 61
    Estratégias de *marketing* digital 63
    Desenvolvimento de estratégias de *marketing* digital 67

Canais de *marketing* digital 73
Rogério Gomes Neto
    O que são canais de *marketing* digital? 73
    Conexões com consumidores por meio dos canais de *marketing* 77
    Estrutura dos canais de *marketing* digital 81

Redes sociais 85
Anya Sartori Piatnicki Révillion
   Definição 85
   Elementos que compõem as redes sociais 87
   Marketing e redes sociais 91

Branded content 97
Anya Sartori Piatnicki Révillion
   O que é *branded content* 97
   Diferenças entre *branded content* e publicidade tradicional 100
   O *branded content* e a relação com o consumidor 102

As mídias sociais e os influenciadores digitais 107
Juliane do Rocio Juski
   O poder da influência no mundo digital 107
   Os tipos de influenciadores digitais 111
   Influenciadores como estratégia de *marketing* digital 115

CRM (*Customer Relationship Management*) 119
Juliane do Rocio Juski
   Conceitos básicos 120
   Impacto do CRM na relação entre empresa e cliente 124
   Estratégia de CRM no *marketing* digital 126

Inbound marketing 131
Juliane do Rocio Juski
   O que é *inbound marketing*? 132
   As vantagens do *inbound marketing* 136
   Canais de *inbound marketing* 139

Motores de busca 147
Susana Elisabeth Neumann
   O que são motores de busca? 148
   Motores de busca como estratégia 151
   Os motores de busca e os usuários da Web 155

Automação de *marketing* 161
Susana Elisabeth Neumann
   O que é automação de *marketing*? 162
   Automação de *marketing* e seus benefícios 166
   Ferramentas de automação em diferentes contextos 170

Plano de *marketing* digital 179
Anya Sartori Piatnicki Révillion
   Principais conceitos.. 179
   Elementos do plano de *marketing* digital 183
   Aplicação de um plano de *marketing* digital 188

Métricas do *marketing* digital 191
Bruno de Souza Lessa
   O que são métricas?... 192
   Parâmetros de mensuração e sua importância para o *marketing*........... 195
   A relação entre as diferentes métricas 198

Análise de dados 203
Anya Sartori Piatnicki Révillion
   Principais ferramentas de análise de dados de *marketing* digital 203
   A análise de dados e a tomada de decisão em *marketing* 208
   Ferramentas de análise do *marketing* digital 210

O *marketing* e a internet

Objetivos de aprendizagem

Ao final deste texto, você deve apresentar os seguintes aprendizados:

- Descrever o surgimento da internet.
- Identificar como a internet mudou a sociedade.
- Explicar o conceito de interatividade.

Introdução

A internet renovou os negócios e o comércio, conferindo velocidade e dinamismo às mais diversas transações. Os negócios *on-line* são uma realidade contemporânea e se ampliam por meio da rede mundial de computadores. Nesse sentido, o mundo corporativo tem conseguido, por exemplo, alcançar uma base mais ampla de clientes por meio de seus *sites* e redes sociais.

Além de velocidade, confiabilidade e amplo alcance, o comércio *on-line* oferece aos compradores e vendedores maior variedade de produtos e serviços, eliminando concomitantemente as limitações geográficas do comércio e da troca. Por conseguinte, a publicidade e o *marketing* também passaram por transformações consideráveis. Por exemplo, um novo produto pode ser apresentado a um público maior em questão de segundos por conta da abrangência atual de dispositivos móveis como *smartphones* e *tablets*.

Neste capítulo, você vai estudar a internet. Você vai verificar a importância dessa ferramenta contemporânea e o seu papel na sociedade. Primeiro, você vai conhecer as origens da internet. Depois, vai ver como ela tem alterado a sociedade das mais diversas formas. Por fim, vai conhecer o conceito de interatividade e as suas possíveis definições.

Como surgiu a internet?

A história da internet é complexa, mas pode ser rastreada facilmente até a atualidade. Para fins didáticos, o recorte que você vai ver aqui se estende do marco inicial, na década de 1960, até o surgimento do primeiro navegador de sucesso e abrangência mundial, o Internet Explorer, na década de 1990. Em síntese, a internet foi o resultado do pensamento visionário de cientistas que, no início dos anos 1960, viram grande potencial em permitir que computadores compartilhassem informações sobre pesquisa e desenvolvimento em diferentes campos acadêmicos e militares.

Joseph Carl Robnett Licklider, do Massachusetts Institute of Technology (MIT), foi quem propôs pela primeira vez uma rede global de computadores, em 1962. Ele foi do MIT para a Agência de Projetos de Pesquisa Avançada em Defesa (Darpa) no final de 1962 para liderar o desenvolvimento dessa rede. Leonard Kleinrock, também do MIT, desenvolveu a teoria da comutação de pacotes de informação, que formaria as bases das conexões que tornariam a internet possível. Além deles, Lawrence Roberts, também do MIT, foi o primeiro a conectar um computador de Massachusetts a outro da Califórnia, em 1965, por meio de linhas telefônicas discadas, usando a tecnologia de comutação de pacotes (HAFNER; LYON, 1996).

Essa rede rudimentar, então conhecida como Arpanet, foi disponibilizada *on-line* em 1969, sob um contrato assinado pela Agência de Projetos de Pesquisa Avançada (Arpa), que inicialmente conectava quatro grandes computadores em universidades do sudoeste dos Estados Unidos. O contrato foi realizado pela BBN sob o comando de Robert Kahn e entrou em operação em dezembro de 1969. A internet foi projetada para fornecer uma rede de comunicações que funcionaria mesmo se alguns dos principais locais de armazenamento de dados estivessem inoperantes. Se a rota mais direta não estivesse disponível, por exemplo, os roteadores direcionariam o tráfego por rotas alternativas (HAFNER; LYON, 1996).

Assim, essa "internet primitiva" era usada essencialmente por especialistas em computação, engenheiros, cientistas e bibliotecários. Não havia ainda uma interface amigável aos usuários. Naquele momento, também não havia ainda computadores pessoais em domicílios ou escritórios. Qualquer pessoa que usasse a rede, mesmo que fosse um profissional de informática, um engenheiro, um cientista ou um bibliotecário, precisaria aprender a operar um sistema muito complexo.

Dessa forma, o *e-mail* foi adaptado para a Arpanet por Ray Tomlinson, da BBN, em 1972. Foi ele quem escolheu o símbolo @ dentre outros disponíveis no teclado para vincular o nome de um usuário a determinado endereço. O protocolo Telnet, que permitiu o *login* em computadores remotos, foi publicado pela primeira vez em 1972. Esse protocolo foi o primeiro meio empregado para compartilhar o trabalho em desenvolvimento com toda a comunidade científica que compunha o grupo. Depois disso, foi inventado o *File Transfer Protocol* (FTP), que possibilitou a transferência de arquivos mais complexos entre diferentes locais da rede. A internet amadureceu de fato a partir dos anos 1970, como resultado da arquitetura TCP/IP, que era mais arrojada e simples de usar do que as anteriores. Ela foi resultante do trabalho conjunto de Robert Kahn na Arpa, Vint Cerf em Stanford e de suas equipes, realizado ao longo dos anos 1970 (LEINER *et al.*, 2009).

Em 1986, a Fundação Nacional de Ciência dos Estados Unidos (National Science Foundation — NSF) financiou a NSFNet como uma tentativa de gerar velocidade de conexão de 56 Kbps para a internet, pois uma das principais limitações da rede naquele momento era a lentidão da transferência de dados e a sua instabilidade. Eles mantiveram seu patrocínio por quase uma década e foram os responsáveis por estabelecer regras para como a internet funcionaria para fins não comerciais e de pesquisa. Com essas regras, os comandos para *e-mail* e FTPs foram padronizados. Dessa forma, os comandos necessários ficaram muito mais acessíveis para pessoas sem o conhecimento técnico e científico específico. Entretanto, em comparação com os padrões atuais, o uso ainda não era fácil. Ainda assim, a internet ficou mais acessível para mais pessoas nas universidades. Além dos departamentos de biblioteconomia, informática, física e engenharia, outros departamentos encontraram maneiras de utilizar as redes, por exemplo, para se comunicar com colegas de todo o mundo e compartilhar arquivos e recursos (LEINER *et al.*, 2009).

Uma vez que o número de *sites* na internet ainda era bem pequeno, era fácil acompanhar os recursos disponíveis. No entanto, à medida que mais universidades e organizações — e suas bibliotecas — se conectavam, a internet se tornava cada vez mais difícil de rastrear. Havia, assim, cada vez mais necessidade de ferramentas para agregar e compartilhar os recursos disponíveis. A inovação necessária para isso ocorreu em 1989, quando Tim Berners-Lee e sua equipe no Laboratório Europeu de Física de Partículas, conhecido popularmente como CERN, propuseram um novo protocolo para distribuição de informações. Esse protocolo era o que você conhece hoje como a World Wide Web (WWW) e foi lançado em 1991. A WWW é baseada em hipertexto, isto é, um sistema de incorporação de *links* em textos que podem ser vinculados a outros textos. Contudo, foi apenas com o surgimento dos primeiros navegadores que a internet se tornou realmente popular (LEINER *et al.*, 2009).

Foi com o desenvolvimento do navegador gráfico Mosaic, em 1993, por Marc Andreessen e sua equipe, no Centro Nacional de Aplicações de Supercomputação (NCSA), que os *software* de navegação com interfaces amigáveis começaram a ter o formato que você conhece. Mais tarde, Andreessen tornou-se o idealizador da Netscape Corp., que produziu o primeiro navegador gráfico amigável aos usuários. O navegador da Netscape teve um sucesso considerável e dominou o incipiente mercado da internet até a entrada da Microsoft, com o desenvolvimento do Internet Explorer (RYAN, 2010).

Com a gradual derrocada do Netscape, o Internet Explorer passou a ser o navegador hegemônico para o uso da internet até aproximadamente 2005. Isso ocorreu por conta da popularidade do Windows (sistema operacional da Microsoft). Esse sucesso deriva do fato de que o navegador já vinha embutido na plataforma do sistema operacional e era, em alguns casos, acionado automaticamente quando o Windows se iniciava (RYAN, 2010). Além das transformações no próprio mercado que envolve a internet, a popularização dela alterou diversas outras esferas da sociedade e áreas do conhecimento. Essas transformações serão exploradas na seção a seguir.

Na Figura 1, você pode ver uma síntese da história inicial da internet. A sua concepção se dá na década de 1960. A Guerra Fria, o receio de um conflito nuclear e a corrida tecnológica tiveram um papel crucial na concepção de uma rede descentralizada de comunicações. Essa rede deveria resistir mesmo sob o contexto de uma guerra mundial. Para isso, o governo, o exército, cientistas e universidades nos Estados Unidos empreenderam esforços durante décadas a fim de criar e refinar uma rede de troca de informações. Foi essa rede, rudimentar no seu início, que se tornou a internet contemporânea, com toda a sua complexidade.

Saiba mais

Tim Berners-Lee, um cientista britânico, inventou a WWW em 1989. A Web foi originalmente concebida e desenvolvida para atender à demanda por compartilhamento automatizado de informações entre cientistas de universidades e institutos em todo o mundo. O primeiro *site* dedicado ao projeto foi hospedado no computador NeXT de Berners-Lee. Em 30 de abril de 1993, o *software* que permitiu o acesso à concepção da Web foi colocado em domínio público. Posteriormente, foi disponibilizada também uma versão com uma licença aberta, fornecendo, assim, uma maneira mais segura de se maximizar essa divulgação (HAFNER; LYON, 1996).

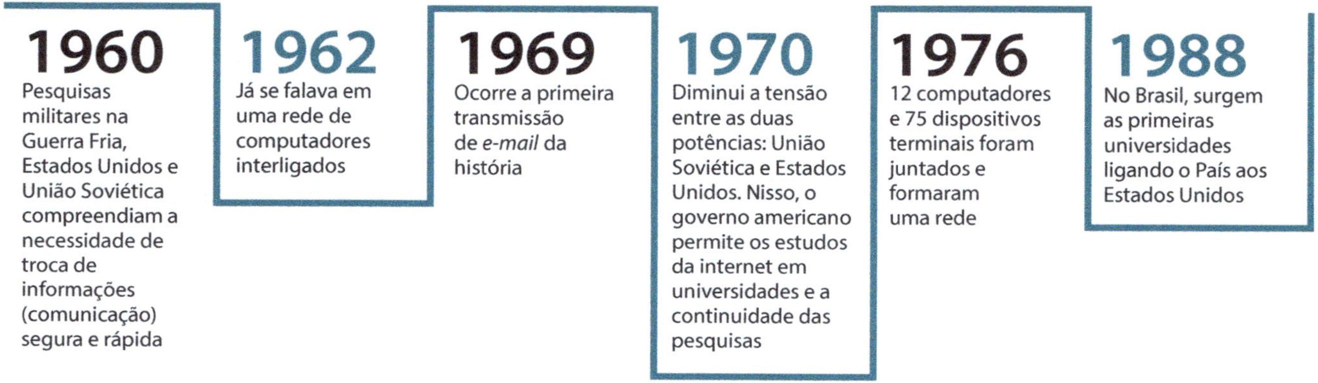

1960 Pesquisas militares na Guerra Fria, Estados Unidos e União Soviética compreendiam a necessidade de troca de informações (comunicação) segura e rápida

1962 Já se falava em uma rede de computadores interligados

1969 Ocorre a primeira transmissão de *e-mail* da história

1970 Diminui a tensão entre as duas potências: União Soviética e Estados Unidos. Nisso, o governo americano permite os estudos da internet em universidades e a continuidade das pesquisas

1976 12 computadores e 75 dispositivos terminais foram juntados e formaram uma rede

1988 No Brasil, surgem as primeiras universidades ligando o País aos Estados Unidos

Figura 1. Linha do tempo da internet.
Fonte: Adaptada de Bernardes (2019).

A internet, as suas transformações e a sociedade

Como em seu início a internet foi financiada pelo governo dos Estados Unidos, ela se limitou originalmente à pesquisa, à educação e aos usos do próprio governo. Os usos comerciais eram proibidos, a menos que atendessem diretamente a objetivos relacionados à pesquisa e à educação. Essa política continuou até aproximadamente o início dos anos 1990, quando as redes comerciais independentes começaram a crescer (HAFNER; LYON, 1996). Foi a partir desse período que se tornou possível rotear o tráfego em todo o país de um *site* comercial para outro sem passar pela estrutura da internet financiada pelo governo.

A empresa Delphi foi a primeira oferecer um serviço nacional *on-line* de acesso à internet para assinantes por determinado preço. Ela abriu os primeiros serviços de conexão por *e-mail* em julho de 1992, e seu serviço completo de acesso à internet foi iniciado efetivamente em novembro de 1992. Todas as restrições para o uso comercial foram abolidas, por sua vez, em maio de 1995, e todo o tráfego passou a depender das redes comerciais. Nesse momento, surgiram também outras empresas que passaram a oferecer serviços relacionados à internet, como a AOL, a Prodigy e a CompuServe (RYAN, 2010).

Nesse sentido, a entrada da Microsoft no mercado de navegadores, servidores e provedores de serviços de internet foi preponderante para conferir uma escala mundial à mudança para o modelo de internet que você conhece hoje. Em junho de 1998, o lançamento do Windows 98 — com o navegador Internet Explorer, também pertencente à Microsoft, integrado à área de trabalho — permitiu que a empresa capitalizasse e contribuísse para o crescimento exponencial da internet a partir daquele ano (ASPRAY; CERUZZI, 2008).

Durante esse período de desenvolvimento, as empresas que ingressaram no mercado tiveram de inovar para encontrar modelos de negócios que funcionassem. Os serviços gratuitos financiados pelas formas de publicidade afastaram temporariamente alguns dos custos diretos do consumidor; por exemplo, os serviços ofertados pela Delphi incluíam páginas da Web gratuitas, salas de bate-papo e quadros de mensagens para a construção de fóruns. No entanto, esse modelo de financiamento se mostrou inviável no médio e no longo prazos, e muitas empresas que o adotaram acabaram falindo (ASPRAY; CERUZZI, 2008).

A difusão da internet a partir desse período também possibilitou o surgimento do comércio *on-line*. O *e-commerce* transformou profundamente o modo como as organizações comercializavam seus produtos e serviços. As vendas desse tipo cresceram rapidamente para produtos como livros, CDs de música e computadores. Contudo, as margens de lucro eram inicialmente reduzidas, pois as comparações de preços ainda não eram tão fáceis e a confiança do público na segurança *on-line* ainda era um problema. Os modelos de negócios que funcionaram melhor nesse período foram os *sites* em formato de portais, que passaram a ofertar troca e comércio de produtos entre usuários, além de leilões ao vivo (ASPRAY; CERUZZI, 2008).

Uma das tendências atuais, com grandes implicações para o futuro (até mesmo o futuro geopolítico mundial), é a evolução exponencial das conexões de altíssima velocidade, com maior estabilidade e capacidade de transmissão de dados. Os *modems* de 56 K e os provedores que os apoiaram se difundiram rapidamente, porém essa tecnologia se tornou obsoleta e entrou em desuso depois de um período razoavelmente curto. O 56 K não era rápido o suficiente para transportar multimídia, como som e vídeo, mesmo em qualidades reduzidas, por exemplo. Contudo, as novas tecnologias mais rápidas, como as linhas digitais (DSL), se tornaram predominantes e são parte da base das conexões mais velozes que ainda podem ser empregadas atualmente (COELHO, 2016).

Além disso, as redes sem fio se desenvolveram e evoluíram nos últimos anos. As pessoas puderam, por exemplo, por meio das conexões *wi-fi*, se conectar enquanto estavam fora de casa ou dos escritórios. Atualmente, isso pode parecer corriqueiro, porém representou uma profunda transformação não apenas na estrutura de uso da própria internet, mas também na forma como as pessoas passaram a se relacionar por meio dela.

Nessa perspectiva, uma das principais áreas de crescimento dos mercados relacionados direta e indiretamente à internet é o acesso sem fio universal. Nas economias desenvolvidas, o foco é a criação de estruturas que possibilitem que praticamente todos os lugares possuam algum acesso à rede. Dessa forma, passou a crescer também o acesso *wi-fi* patrocinado por governos municipais, por exemplo. As tecnologias de maior velocidade oferecem também faixas mais amplas do que o *wi-fi* comum, como os modelos EV-DO, 4G, 5G (ainda em desenvolvimento) e o LTE. A competição tecnológica, econômica e política tem inclusive criado tensões diplomáticas e comerciais entre os países que disputam essa hegemonia.

Outra tendência que está afetando rapidamente as sociedades é a difusão de dispositivos dos mais variados tipos que se integram e se conectam por meio da internet. *Tablets*, *smartphones*, *e-books*, videogames, relógios de pulso, dispositivos GPS, termostatos e até lâmpadas agora são capazes de acessar a Web (COELHO, 2016). A integração e a troca de dados entre esses diferentes dispositivos geraram o fenômeno chamado de "internet das coisas". Nela, por meio das conexões mais rápidas e estáveis possíveis atualmente, os dispositivos trocam informações em tempo real. Agora, a maioria das televisões modernas está conectada às redes, e os dispositivos de *streaming* já saem integrados à estrutura das TVs, por exemplo. Essa mesma realidade vale para geladeiras, automóveis, portas de garagem, aparelhos de exercício, fornos, câmeras, etc. (COELHO, 2016).

Por fim, na contemporaneidade, à medida que a internet se tornou praticamente onipresente, mais rápida e cada vez mais acessível, as redes sociais e os serviços colaborativos e de compartilhamento cresceram rapidamente. Isso permite que as pessoas se comuniquem e compartilhem interesses das mais diferentes maneiras. Estruturas como Facebook, Twitter, LinkedIn, YouTube, Flickr, Instagram e *wikis* têm alterado profundamente a forma como as pessoas e organizações se relacionam, modificando cada vez mais rápido a dinâmica socioeconômica do mundo.

Saiba mais

Hafner e Lyon (1996) argumentam que não há um consenso entre os pesquisadores sobre o ano exato do surgimento das redes sociais. No entanto, é possível afirmar que essas ferramentas sociais, com as características atuais, começaram a aparecer nos anos 1990. No entanto, os primeiros sinais de redes sociais remontam a anos anteriores. A primeira semente do que poderia ser considerado uma rede social foi plantada há várias décadas: em 1971, o primeiro envio de um *e-mail* foi feito por meio de dois computadores que estavam lado a lado.

A interatividade e a sua importância

Quando se consideram as origens do termo "interatividade", duas áreas de conhecimento são fundamentais: a sociologia e as ciências da computação. A sociologia começou a se preocupar com as questões relativas à interatividade ainda no século XIX. Já as ciências da comunicação passaram a lidar com o termo no final dos anos 1980, quando as novas tecnologias computacionais se tornaram relevantes na distribuição e na concepção dos conteúdos de mídia de massa.

A origem do termo "interatividade" está intimamente relacionada ao termo "interação", que desempenha um papel central no contexto da teoria da ação sociológica. A palavra "interação" diz respeito a ações humanas ligadas entre si e dotadas de significado para quem participa delas. Isto é, o aspecto central da interação é a orientação e a percepção mútuas daqueles que participam dela. Segundo o interacionismo simbólico, por exemplo, que lida explicitamente com a comunicação interpessoal, as pessoas se comunicam com base em símbolos e significados que emergem no processo de comunicação e estão sujeitos a mudanças sociais e históricas (QUIRING; SCHWEIGER, 2008).

> **Link**
>
> No vídeo disponível no *link* a seguir, veja como a interatividade é entendida no âmbito do senso comum.
>
> https://qrgo.page.link/zWMVy

Originalmente, a noção de interação se aplicava à comunicação face a face, que pode ser de natureza verbal ou não verbal. Assim, a interação ocorre nas chamadas "sequências de reação": sequências em que as ações de uma pessoa resultam em reações de outra pessoa. Como essas interações podem acontecer por meios tecnológicos (telefones ou computadores conectados por uma rede, por exemplo), a presença física deixou de ser critério essencial (QUIRING; SCHWEIGER, 2008).

As ciências da computação adotaram o termo com um sentido relacionado ao entendimento exposto. Nesse caso, ele passou a se referir ao uso de sistemas de computadores por seres humanos. No âmbito da computação, a Interação Humano-Computador (ICH) examina a estrutura das interfaces orientadas aos usuários tendo como intuito melhorar e facilitar o diálogo entre homem e máquina. O principal objetivo da ICH é aprimorar as possibilidades de uso de *hardware* e *software* (QUIRING; SCHWEIGER, 2008).

O ponto inicial da ICH foi, na verdade, uma conquista técnica. Até a década de 1980, os computadores *mainframe* conectados às estações de trabalho dominavam o setor. Os usuários alimentavam esses computadores de grande porte com cálculos extensos, implementados por meio do processamento em lotes e com resultados que eram encaminhados para estações de trabalho específicas. O processamento nessas instâncias não era fácil de usar, pois apenas os profissionais da informática eram efetivamente capazes de dominá-lo. Mais tarde, quando foram introduzidos computadores pessoais mais baratos e poderosos, os usuários comuns conseguiram acessar esse tipo de interação. Quando os computadores pessoais finalmente se tornaram uma realidade nas residências, a melhoria e a facilidade do diálogo homem-máquina se tornaram centrais, porque os usuários possuíam e possuem, na sua maioria, habilidades técnicas limitadas (QUIRING, 2016).

Como você pode notar, a sociologia e as ciências da computação usam o termo "interação" em circunstâncias diferentes. Em um sentido sociológico, a interação se refere à comunicação interpessoal, não importa se realizada pessoalmente ou por meios técnicos. Por outro lado, as ciências da computação usam o termo no contexto da comunicação com máquinas. A comunicação interpessoal via computador pode ser considerada uma junção entre essas duas áreas do conhecimento (QUIRING, 2016).

Além disso, as ciências da comunicação, com foco nos meios de comunicação de massa, vinculam ambas as perspectivas. Inicialmente, o uso das mídias e a pesquisa sobre seus efeitos se concentraram no contato das pessoas com as mídias de massa, pensando nos destinatários como um "público ativo". No entanto, como o suprimento e o conteúdo de mídia são sempre produzidos por comunicadores humanos que têm outros humanos como público, a perspectiva comunicacional considera implicitamente a comunicação entre indivíduos mais do que entre seres humanos e máquinas (QUIRING, 2016).

Por outro lado, a mídia interativa atual considera que a interação pode ocorrer por meio de qualquer sistema eletrônico que permita ao usuário controlar, combinar e manipular diferentes tipos de mídia, como textos, sons, vídeos, computação gráfica e animações. A mídia interativa integra computador, armazenamento, dados digitais, telefones, televisões e outras tecnologias da informação. A mídia interativa mudou profundamente o papel do usuário, que passou de observador a participante. Esse formato de mídia pode ser considerado o atual paradigma que as organizações devem levar em consideração ao pensar suas estratégias de *marketing* e de comunicação com seu público (QUIRING, 2016).

Saiba mais

Um exemplo de como a internet e as novas formas de interatividade mudaram o mundo é o surgimento do que se chama hoje de "Indústria 4.0". Ela se baseia na conexão ampla, total e praticamente irrestrita entre as diferentes tecnologias, com trocas e análises de grandes volumes de dados em tempo real. Coelho (2016) ressalta que o impacto da Indústria 4.0 transcende a mera digitalização, pois passa por uma forma muito mais complexa de inovação baseada na combinação de múltiplas tecnologias com a transmissão rápida de informações.

Essa combinação mais complexa, por sua vez, exige que as organizações reflitam sobre a forma como gerenciam os seus negócios e processos, sobre a maneira como se posicionam na cadeia de valor e sobre o modo como articulam o desenvolvimento de novos produtos e os introduzem no mercado. Portanto, o ajuste das ações de *marketing* e de distribuição se torna imperativo. É preciso perceber também que as transformações passam a ocorrer para todos os integrantes das cadeias de valor, tanto a nível das exigências dos clientes como dos parceiros de negócio. Nesse sentido, Coelho (2016) também sinaliza para quatro alterações principais que são esperadas na Indústria 4.0 em geral:

- mudanças nas expectativas dos clientes;
- produtos mais inteligentes e com melhor desempenho;
- novas formas de colaboração e parcerias;
- transformação do modelo operacional por meio da conversão em modelos digitais.

Por fim, há quatro diferenças básicas entre as interações tradicionais e aquelas que ocorrem por meio de mídias interativas *on-line*. Primeiro, ao usar os recursos de *feedback* das mídias *on-line*, os usuários não precisam mudar o dispositivo que estão utilizando. O *feedback* sobre aplicativos, por exemplo, costuma ser feito em tempo real. Em segundo lugar, os serviços dependentes de computadores e de dispositivos móveis, como *e-mails*, redes sociais ou fóruns de discussão, permitem que o público entre em contato com os geradores de conteúdo de maneira rápida, fácil e frequentemente gratuita (ZIEGELE *et al.*, 2018).

Em terceiro lugar, os geradores de conteúdo também são capazes de responder ao *feedback* rapidamente e, quando acreditam ser pertinente, incorporar as opiniões dos usuários a seus produtos e serviços. Além disso, os dados relacionados ao uso dessas mídias, como visitas por dia ou visualizações de vídeos, podem ser coletados de forma rápida e gratuita. Por último, mesmo no setor das mídias de massa, os limites entre comunicadores e destinatários são cada vez menores. Afinal, na atualidade, os usuários podem agir simultaneamente como geradores de informação e conteúdo. Por exemplo, a enciclopédia *on-line* Wikipedia é um dos casos mais significativos na atualidade de conteúdos gerados pelos próprios usuários (ZIEGELE *et al.*, 2018).

Link

O surgimento da Web foi fundamental para a popularização da internet. Saiba mais sobre essa história no vídeo disponível no *link* a seguir.

https://qrgo.page.link/9MDhg

Referências

ASPRAY, W.; CERUZZI, P. *The internet and American business.* Cambridge: MIT Press, 2008.

BERNARDES, L. *História da Internet.* [2019]. Disponível em: https://www.todoestudo.com.br/historia/historia-da-internet. Acesso em: 14 out. 2019.

COELHO, P. M. N. *Rumo à indústria 4.0.* 2016. Dissertação (Mestrado em Engenharia e Gestão Industrial) – Faculdade de Ciências e Tecnologia, Universidade de Coimbra, Coimbra, 2016.

HAFNER, K.; LYON, M. *Where wizards stay up late:* the origins of the internet. New York: Touchstone, 1996.

LEINER, B. M. *et al.* A brief history of the Internet. *Computer Communication Review*, [s. l.], v. 39, n. 5, p. 22–31, 2009.

QUIRING, O. Interactivity. *In:* THE INTERNATIONAL encyclopedia of communication theory and philosophy. Philadelphia: John Wiley & Sons, 2016. 4 v.

QUIRING, O.; SCHWEIGER, W. Interactivity: a review of the concept and a framework for analysis. *Communications*, [s. l.], v. 33, n. 2, p. 147–167, 2008.

RYAN, J. *A history of the Internet and the digital future.* London: Reaktion Books, 2010.

ZIEGELE, M. *et al.* Linking news value theory with online deliberation: how news factors and illustration factors in news articles affect the deliberative quality of user discussions in SNS' comment sections. *Communication Research*, [s. l.], 2018

Marketing digital

Objetivos de aprendizagem

Ao final deste texto, você deve apresentar os seguintes aprendizados:

- Definir *marketing* digital.
- Identificar as diferenças entre o *marketing* tradicional e o *marketing* digital.
- Desenvolver análise de cenários para *marketing* digital.

Introdução

Nas últimas décadas, o paradigma digital substituiu o analógico, centrado em tecnologias tradicionais. A internet passou a ter uma importância central, e a conectividade passou a ser a tendência que unifica os mais diversos eixos de sociabilidade. Com a difusão e a popularidade da internet, um número crescente de pessoas está consumindo e socializando *on-line*. Isso torna o *marketing* digital a melhor maneira de uma organização alcançar os seus clientes-alvo.

A relevância do *marketing* digital está na sua funcionalidade. Na contemporaneidade, o *marketing* digital se tornou parte integrante do que uma empresa representa para seus clientes. No entanto, ambas as formas de *marketing*, tradicional e digital, são muito importantes no mercado. Cada empresa deve avaliar a sua base de clientes atual e potencial antes de iniciar ações de *marketing*. A ideia é basear as ações em análises criteriosas dos cenários de negócios.

Neste capítulo, você vai verificar a importância do *marketing* digital e conhecer as suas peculiaridades. Primeiro, você vai ver a definição de *marketing* digital. Depois, vai ver como essa modalidade se diferencia do *marketing* tradicional. Por fim, vai verificar como desenvolver análises de cenário voltadas para o *marketing* digital.

O que é *marketing* digital?

O *marketing* digital envolve a integração de plataformas e experiências dos clientes por meio de canais digitais de comunicação. Dessa forma, ele oferece a possibilidade de as empresas melhorarem as interações e a relação tanto com os clientes atuais quanto com clientes em potencial. Esse movimento pode ocorrer, por exemplo, por meio de redes sociais, sistemas de mensagens instantâneas automatizadas e aplicativos. Além disso, assim como sua versão tradicional, o *marketing* digital envolve a compreensão das necessidades dos consumidores e o desenvolvimento de produtos e serviços que sejam atraentes para eles, incluindo aí atividades como a promoção e a venda de produtos e serviços, pesquisa de mercado e publicidade (KOTLER; KARTAJAYA; SETIAWAN, 2016).

Ao longo dos anos, a forma mais usada pelas empresas para alcançar os clientes foi o *marketing* feito por meio de mídias físicas. No entanto, a evolução e a popularidade da tecnologia da informação aumentaram substantivamente a importância das atividades digitais. O *marketing* digital emprega estratégias que dependem principalmente do uso de tecnologias como as redes sociais, enquanto o *marketing* tradicional depende da capacidade dos clientes de tocar ou interagir com os produtos e serviços para experimentá-los efetivamente (KOTLER; KARTAJAYA; SETIAWAN, 2010).

Outra característica do *marketing* digital é o incentivo que ele promove ao uso de novos canais de comunicação, os quais, por sua vez, podem estabelecer um ciclo virtuoso entre o consumidor e determinada marca. Nessa perspectiva, os comentários e opiniões dos usuários criam uma relação de confiança e transparência entre o consumidor e a empresa. Os comentários dos consumidores têm valor pois oferecem um atestado da qualidade e da confiabilidade da empresa. Portanto, essa interação positiva tem muito potencial para agregar valor (KINGSNORTH, 2019).

Existem diferentes tipos de plataformas disponíveis para o *marketing* digital. Entre as plataformas básicas que a maioria dos profissionais de *marketing* pode usar está, por exemplo, o Google AdWords. O AdWords é uma ferramenta oferecida para ajudar as empresas a comercializar seus produtos ou serviços no mecanismo de pesquisa do Google e nos seus *sites* associados. Ao identificar palavras-chave relevantes, o Google consegue mostrar com que frequência os usuários as pesquisam. Em outros termos, essa ferramenta ajuda a identificar palavras úteis que podem ser integradas ao conteúdo de *sites* e perfis que, por conseguinte, aumentam a visualização de uma organização nas páginas de resultados do mecanismo de pesquisa, afetando a posição em que a empresa aparece nas buscas (KINGSNORTH, 2019).

Nesse sentido, o *marketing* digital oferece a possibilidade de resposta em tempo real às demandas dos clientes e consumidores. A avaliação por meio das plataformas de *marketing* digital é importante, pois esse processo tende a consumir tempo e recursos que poderiam ser investidos em outras atividades igualmente relevantes. Além disso, a disponibilidade de diferentes tipos de plataformas gera formatos adequados a vários dispositivos e canais, todos com potencial para auxiliar uma empresa a aproveitar as melhores oportunidades. Na contemporaneidade, há uma ampla oferta de soluções para a entrega de anúncios, estando as redes sociais entre as mais populares. Ambientes de sociabilidade como Facebook, Twitter, Instagram e LinkedIn se tornaram os alvos preferenciais para as empresas que desejam ampliar sua abrangência (CHARLESWORTH, 2018).

Ainda nessa perspectiva, o *marketing* digital se refere à comercialização de bens ou serviços por meio de canais digitais, o que na maioria dos casos significa que a comunicação ocorre por meio da internet. Entretanto, o *marketing* digital pode ir além da internet, incluindo canais como o envio de SMSs, estratégia que entra em crescente desuso em especial em países desenvolvidos. O *marketing* digital significa ainda a análise do mercado e a determinação do que os consumidores desejam, incluindo a descoberta de que uma organização pode produzir e entregar aquilo que os consumidores procuram, obtendo com isso os lucros necessários para a sua sobrevivência (KOTLER; KARTAJAYA; SETIAWAN, 2016).

Com o advento, na contemporaneidade, do imperativo das preferências dos clientes, passam a predominar as necessidades relativas à interação entre consumidores e empresas. Logo, os desafios para o *marketing* digital se configuram como esforços mais complexos, multidisciplinares e multidepartamentais. As empresas precisam se envolver com seus clientes de maneira integrada por meio das mídias digitais. Além disso, devem reunir essas interações em torno de uma única visão abrangente e holística sobre a clientela e suas necessidades (KOTLER; KARTAJAYA; SETIAWAN, 2016).

As táticas de *marketing* digital podem ser do tipo *outbound* (de saída). Por exemplo, as empresas podem colocar anúncios, fazer chamadas ou enviar e--mails com o objetivo de alcançar clientes em potencial. As empresas também podem usar propagandas anexas em suas linhas editoriais para distribuir suas mensagens, isto é, criar uma situação na qual a publicidade é incorporada diretamente ao conteúdo editorial (CHARLESWORTH, 2018).

Por outro lado, existem técnicas de *marketing* digital *inbound* (de entrada). Nesses casos, as empresas utilizam conteúdos digitais em *e-books*, *webinars* ou boletins eletrônicos para incentivar que seus consumidores cliquem em *links* e aprendam mais sobre elas e seus serviços. Embora o *marketing outbound* possa potencialmente atingir um público mais amplo, também corre o risco de afastar os consumidores mais desinteressados. O *marketing inbound* é projetado, por seu turno, para alcançar clientes em potencial por meio da segmentação do público-alvo, mas, por sua natureza, pode atingir um segmento muito mais restrito (CHARLESWORTH, 2018).

Além disso, o *marketing inbound* também pode ser uma ferramenta importante na retenção contínua de clientes já existentes, criando comunicações mais regulares com eles. Isso permite que as empresas se envolvam com esses consumidores e ofereçam conteúdo educacional e informativo, além de promoções de produtos. Dessa forma, por exemplo, as seguradoras podem educar os compradores sobre a experiência de possuir casas e concomitantemente tentar vender várias modalidades de seguros (KINGSNORTH, 2019).

Em suma, o *marketing* digital tornou-se mais complexo não apenas por conta dos novos canais de comunicação que surgiram, mas também devido à análise necessária para entender os clientes e as suas preferências. Na contemporaneidade, as empresas usam uma variedade de ferramentas para entender comportamentos e preferências. As organizações se veem diante do imperativo de utilizar cada vez mais recursos para entender seus clientes.

O *marketing* digital traz consigo elementos que, em alguma medida, já se apresentavam no *marketing* tradicional. É o caso do posicionamento de uma marca por meio do *branding*, da elaboração de conteúdos mais específicos (*content marketing*) ou mesmo da necessidade de fazer determinadas propagandas (*advertising*). Entretanto, o que diferencia o *marketing* digital do tradicional é a integração de seus elementos com plataformas tecnológicas atreladas à internet, que são integradas por meio dela. Por exemplo, emergem os *websites*, a otimização dos mecanismos de busca *on-line* (*Search Engine Optimization* — SEO), o gerenciamento e a criação de conteúdos para mídias sociais, assim como a necessidade de tornar um conteúdo viral quando for possível. Por fim, é imperativo não negligenciar a entrega com qualidade dos produtos ou serviços. Na próxima seção, você vai conhecer melhor as diferenças entre o *marketing* tradicional e o digital.

Saiba mais

De acordo com Ryan (2014), o conteúdo, a experiência do cliente e as plataformas são elementos essenciais do *marketing* digital. O conteúdo é aquilo que é consumido, que costuma envolver informações sobre um produto ou serviço, podendo incluir dados sobre produto, preço ou mesmo taxas de serviço e acessórios pertinentes. A experiência do cliente consiste, por sua vez, no modo como o conteúdo é apresentado aos consumidores.

Nesse sentido, essas experiências podem incluir contribuições para a comunidade e para o cliente, além de recomendações sobre serviços a partir de uma interface amigável. Por fim, a plataforma define como e onde o conteúdo é entregue. Isso inclui os processos de negócios implementados para a entrega do conteúdo, a tecnologia usada para a coleta de dados do cliente e a rede utilizada para disponibilizar o conteúdo. A ideia é pensar sempre na melhor experiência que o consumidor pode ter com o produto ou serviço.

O que diferencia o *marketing* tradicional do *marketing* digital?

O *marketing* tradicional faz referências às técnicas utilizadas para promover produtos e serviços, tornando os consumidores cientes deles. Nessa modalidade, o público-alvo é atingido por meio de publicidade *off-line* e métodos promocionais. Os métodos tradicionais de publicidade incluem: jornais e revistas, televisão e rádio, mala direta (catálogos e cartões-postais), telefone (*telemarketing*, *marketing* via SMS, etc.) e *outdoors*, por exemplo (KOTLER; KARTAJAYA; SETIAWAN, 2016).

O *marketing* digital se refere à utilização das tecnologias digitais, nas quais é possível segmentar os públicos por meio de diferentes ferramentas. Por exemplo: SEO, otimização de mídias sociais, publicidade *pay-per-click*, *blogs*, *marketing* por *e-mail*, *marketing* em mídias sociais e *marketing* em mecanismos de pesquisa (KOTLER; KARTAJAYA; SETIAWAN, 2016).

Link

Existem diferenças centrais que permitem distinguir as modalidades tradicionais e digitais de *marketing*. Saiba mais sobre essas diferenças no vídeo disponível no *link* a seguir.

https://qrgo.page.link/ii8K5

A principal questão que emerge para as empresas é em que área investir: no *marketing* tradicional ou no *marketing* digital? Dado o avanço da tecnologia, o *marketing* digital pode ajudar uma empresa a gerar retornos mais efetivos sobre seus investimentos. Além disso, o *marketing* digital, como você vai ver, também oferece riscos razoavelmente menores em comparação ao *marketing* tradicional. Confira a seguir algumas diferenças práticas entre essas duas modalidades (CHAFFEY; ELLIS-CHADWICK, 2019).

- **Custo:** jornais, televisão e outros anúncios de mídia física tendem a demandar maior investimento. Comparativamente, a publicidade pela internet costuma requerer um investimento menor.
- **Taxa de conversão:** o *marketing* digital tem potencial para produzir resultados rápidos. Com o *marketing on-line*, é possível visualizar o número de visitantes de uma página ou campanha, assim como suas taxas de aprovação e rejeição.
- **Reconhecimento da marca:** por oferecer a possibilidade de maior projeção com um investimento menor, o *marketing* digital permite que determinada marca amplie sua projeção e expanda seu reconhecimento entre seus consumidores.
- **Maior exposição:** as formas tradicionais de *marketing*, como a publicidade na televisão ou jornais, têm necessariamente uma cobertura geográfica e demográfica limitada. Por outro lado, a publicidade *on-line* tem potencial para atingir populações e áreas maiores.
- **Velocidade de promoção:** devido à geração de resultados em tempo real, no *marketing* digital, é possível obter projeções mais rapidamente, assim como saber quais anúncios estão funcionando.
- **Análise:** as análises e mensurações no *marketing* digital tendem a ser mais precisas e consistentes. Isso ocorre porque é possível observar imediatamente qual estratégia está funcionando ou não por meio de ferramentas de gerenciamento como o Google Analytics.
- **Adaptabilidade:** o *marketing* digital também permite que micro e pequenas empresas ampliem a presença de sua marca e gerenciem sua publicidade de forma mais efetiva do que na modalidade tradicional.

Um questionamento central para as organizações na hora de definir qual modalidade de *marketing* adotar deve ser: qual é a mais eficaz? Por um lado, o *marketing* digital oferece grande capacidade de rastreamento de dados, mas isso não quer dizer que o *marketing* tradicional seja completamente ineficaz, pois ambos têm seu nicho (TODOR, 2016). Entretanto, é preciso lembrar que o impacto da tecnologia nos consumidores na contemporaneidade não está mostrando sinais de desaceleração. Esse elemento externo deve ser considerado em uma análise detalhada de cenários, como você vai ver mais adiante neste capítulo.

Além disso, a segmentação de público é também um componente essencial no mundo do *marketing*. Por conta disso, um dos objetivos do profissional de *marketing* é alcançar e comunicar uma mensagem a um público-alvo específico. Isso certamente é possível para o *marketing* tradicional, pois, por um lado, é possível selecionar em quais revistas os anúncios são colocados e decidir onde os *outdoors* são expostos; por outro lado, o mesmo pode ser dito em relação ao *marketing* digital. Ou seja, é possível escolher onde colocar *banners* na Web e medir as estatísticas de postagens nas redes sociais (TODOR, 2016).

A efetividade do *marketing* digital pode ser aferida de acordo com formas mais exatas de mensuração. Por exemplo, considere que você estava em um *site* procurando sapatos e decidiu comprá-los. Você acaba acessando o Facebook e vê um anúncio dos sapatos que estava pensando em comprar ao lado de sua linha do tempo. Com a introdução desse tipo de campanha, os consumidores são constantemente expostos a anúncios de produtos que já pesquisaram e visualizaram *on-line*, o que torna a interação com o produto mais provável e, potencialmente, leva à sua aquisição. Os anúncios tradicionais não conseguem rastrear ou medir os hábitos de visualização com a mesma precisão por não contarem com a conexão direta entre empresa, plataforma de exposição, consumidores e ferramentas de mensuração e análise (DAS; LALL, 2016).

Ademais, no que diz respeito à mensuração e à análise dos resultados, a precisão e a rapidez do *marketing* digital permitem que os profissionais dessa área mapeiem com maior exatidão o desempenho de seus esforços e, assim, aprimorem processos de tomada de decisão. Lembre-se de que a chave para o *marketing* eficaz é saber como analisar dados e implementar alterações com base no que eles informam (DAS; LALL, 2016). No *marketing* tradicional, por exemplo, é possível dizer com exatidão quantas pessoas viram determinado *outdoor*? Essa maior subjetividade abre, por conseguinte, maior espaço para equívocos.

No *marketing* digital, a mensuração de dados é diferente porque os dados são apresentados por meio de estatísticas que podem variar de uma impressão simples (visualizações de uma campanha em particular) a algo mais complexo. Por exemplo, os dados podem ser refinados para demonstrar quanto tempo alguém passou em uma página da Web e em que espaços essa pessoa clicou, o que pode revelar, com um pouco mais de estudo, os porquês de cliques específicos.

A capacidade de segmentar corretamente um perfil demográfico específico é crucial para o sucesso de uma campanha. Para o *marketing* digital, a demografia pode variar de um público local a um global, muito mais difícil de se alcançar com as estratégias tradicionais de *marketing* (KANNAN; LI, 2017). Isso acontece pois um *outdoor* fica fixo em um só lugar e uma revista cobre apenas uma área, porém a internet possui uma área global de abrangência. Se houver uma barreira de idioma, a maioria dos navegadores da internet atualmente pode traduzir textos e até mesmo figuras, o que reduz sensivelmente os limites presentes para as mídias digitais contemporâneas.

A maior presença nos meios digitais também proporciona às empresas maiores oportunidades de interação responsiva. Por exemplo, os gestores das mídias sociais de uma empresa podem responder a comentários ou perguntas em tempo real, aproveitando a oportunidade de estabelecer uma conexão pessoal com seu público. À medida que se avança para um mundo digital, faz sentido adotar um método de *marketing* que melhor atinja o público *on-line*. Ao adicionar o mapeamento digital à complexa equação que compõe a estratégia de *marketing* de uma empresa, uma abordagem eficaz também se torna uma maneira econômica de investir.

Saiba mais

Ryan (2014) afirma que o *marketing* digital incentiva o uso de canais de comunicação que motivam uma maior interatividade entre os consumidores e as marcas. Por exemplo, os comentários e as classificações dos usuários criam uma relação de confiança transparente entre eles e a empresa. Por meio dos comentários dos consumidores, estes oferecem um atestado da qualidade e da força de uma marca, algo fundamental na construção de uma boa imagem. A importância do *marketing* digital para as empresas também está na opção de selecionar um método de acordo com determinado orçamento e, mesmo que ele não seja tão alto, atingir um público mais amplo.

A análise de cenários no *marketing* digital

Em meio à dinamicidade do mundo globalizado e interconectado, a análise de cenários é uma ferramenta importante no desenvolvimento de novas estratégias, algo que também vale para o *marketing* digital. Esse tipo de análise explora os vários caminhos que uma organização pode seguir e implementa aquele que melhor corresponde aos objetivos dela. Nesse sentido, a organização é pensada como a soma de suas escolhas ao longo do tempo, tomando como base alternativas previamente identificadas, avaliadas, selecionadas, implementadas, controladas e ajustadas (HAMILL, 2019).

Por esse motivo, a análise de cenários é um instrumento crucial na gestão do *marketing* digital, pois cria previsões e situações futuras, analisando os ambientes interno e externo e preparando a organização para determinados resultados. Os cenários são sequências postuladas de eventos. Nesse sentido, criar cenários ajuda a considerar uma variedade de possíveis resultados e fatores de mudança. Consequentemente, eles são uma ferramenta poderosa para entender possíveis situações e, em seguida, desenvolver estratégias apropriadas para cada uma delas (HAMILL, 2019).

Em outras palavras, os cenários ajudam a antecipar resultados. Eles auxiliam os gestores a fazer questionamentos específicos e a se prepararem para resultados inesperados. Além disso, a análise de cenários aumenta a capacidade responsiva de uma organização e de seus gestores a problemas que podem emergir em diferentes situações. Assim, a criação de cenários é útil na medida em que torna o *marketing* digital mais ágil; mas, para isso, requer informações e tempo. Portanto, é necessário responder às perguntas a seguir (CHAFFEY; ELLIS-CHADWICK, 2019).

- Quais informações acerca dos clientes, do mercado e da concorrência podem mudar? E quanto elas podem se alterar?
- Que dados são preditivos sobre o comportamento dos consumidores da empresa?
- Quais informações são essenciais para o engajamento eficaz com clientes já existentes e com consumidores em potencial?
- Quais dados são necessários para oferecer uma experiência positiva ao cliente nos vários canais de comunicação digital que uma organização oferta?

Para usar cenários de maneira eficaz e incorporar seus resultados a planejamentos, as empresas precisam cobrir uma gama de possibilidades. Para isso, existem determinados princípios gerais que podem ser seguidos (CHAFFEY; ELLIS-CHADWICK, 2019):

- delimitar eventos que certamente ocorrem ou acontecerão;
- criar cenários que abranjam um amplo conjunto de resultados;
- identificar pelo menos de três a cinco incertezas críticas para a organização;
- desenvolver pelo menos quatro cenários para abordar cada uma dessas incertezas;
- criar uma métrica de mensuração para avaliar a probabilidade e o risco de cada cenário;
- usar o cenário com maior probabilidade de sucesso e maior alinhamento com o perfil da empresa como principal.

Antes de criar cenários e analisá-los, é imperativo definir o escopo e o prazo em que eles podem ocorrer. Nesse sentido, a elaboração e a análise devem levar em consideração elementos que seriam de maior relevância para a organização em determinado período. Uma análise centrada no *marketing* digital deve atentar ao esclarecimento dos problemas essenciais e, em seguida, identificar tendências setoriais, políticas, econômicas, sociais, tecnológicas e jurídicas que podem afetar esses problemas. Depois disso, o próximo passo é identificar as principais incertezas, isto é, eventos cujos resultados são incertos e que afetarão significativamente os problemas delimitados na etapa anterior. Dessa forma, é importante observar as relações entre essas incertezas e manter em mente as tendências do setor no qual a empresa está inserida (KINGSNORTH, 2019).

Após, é possível construir os cenários mais prováveis e alinhados com a organização. No desenvolvimento desse processo, um método exequível é organizar os resultados possíveis a partir de uma escala crescente de probabilidades e do grau de preparação que a organização tem para cada um dos cenários. No decorrer dessa etapa, é necessário que o gestor de *marketing* digital (CHAFFEY; ELLIS-CHADWICK, 2019):

- avalie cada resultado em termos de probabilidade dentro dos prazos previamente estabelecidos;
- remova os resultados inexequíveis, isto é, elimine os cenários que sejam implausíveis, inconsistentes ou irrelevantes;
- identifique os elementos mais relevantes estrategicamente dentro de cada cenário;
- organize os possíveis resultados e tendências em torno desses elementos;
- realize pesquisas para refinar os detalhes e aumentar a compreensão acerca dos cenários restantes;
- avalie cada cenário novamente.

Nesse momento, é importante que o gestor de *marketing* digital evite selecionar um ou dois cenários, ou descartar cenários extremos. Além disso, é preciso ter em mente que ignorar cenários aumenta a exposição ao risco, o que pode resultar também na implementação apenas de melhorias incrementais. É preciso lembrar que, em certas ocasiões, os cenários mais lucrativos podem ser aqueles que a princípio pareciam os mais improváveis (KINGSNORTH, 2019).

O próximo passo é a escolha dos cenários cujos resultados parecem mais prováveis. Por conseguinte, deve ser criado um plano com base em cada cenário. Devem ser incluídas aí contingências claras para o caso de outro cenário — ou mesmo um que não foi imaginado — eventualmente emergir.

Assim, é necessário que o gestor de *marketing* digital se certifique de que cada cenário compreenda elementos que podem interagir também sob condições muito específicas (KINGSNORTH, 2019).

Os cenários escolhidos devem auxiliar no desenvolvimento de um portfólio de estratégias, estimular a discussão interna e ajudar a detectar sinais de risco. Dessa forma, os cenários ajudam a entender a magnitude de uma tendência e a incerteza dos ambientes internos e externos em que uma organização está inserida. Eles fornecem um veículo para o desenvolvimento de um conjunto de estratégias que otimizam as chances de sucesso sob quase todos os resultados possíveis (CHARLESWORTH, 2018).

A dinamicidade e a velocidade das mudanças contemporâneas demandam que as empresas tenham um portfólio de estratégias, ou seja, estratégias diferentes prontas com base em um conjunto de cenários possíveis e realistas. Ao incorporar a construção e a análise de cenários de *marketing* digital aos seus planejamentos, as empresas podem explorar o impacto combinado de diferentes variáveis. Consequentemente, essa ferramenta permite que a organização altere tais variáveis simultaneamente e identifique padrões entre os vários resultados possíveis.

Por fim, os cenários devem ser aplicados quando um gestor entende o problema que está tentando resolver e o resultado que está tentando produzir. Para isso, ele cria cenários depois de identificar as tendências, fortalezas e incertezas e faz isso antes de desenvolver as suas estratégias. Dessa forma, a aplicação de cenários ao processo de planejamento melhora a capacidade de a empresa prever mudanças e de se adaptar a elas mais rapidamente (CHARLESWORTH, 2018).

Saiba mais

Charlesworth (2018) sugere uma abordagem compreensiva para a elaboração de uma análise de cenários de *marketing* digital. O autor recomenda atentar a sete elementos que podem potencialmente influenciar os resultados de determinada campanha. Nesse sentido, eles não precisam obedecer a uma ordem hierárquica específica, porém é necessário que sejam tratados cuidadosamente, tendo como foco o sucesso dos objetivos estabelecidos. Além disso, esses elementos precisam estar alinhados com os objetivos da organização e com a análise de cenários realizada no início do processo. Veja os elementos a seguir.

- **Pesquisa:** é importante que todas as campanhas sejam fundamentadas em pesquisas aprofundadas sobre a empresa e o seu negócio. Além disso, deve-se levar em consideração a concorrência e o setor no qual a empresa está situada.
- **Otimização:** durante a fase de otimização, é preciso que a campanha seja flexível. A ideia é que possam ser realizadas diferentes alterações, sejam grandes ou pequenas. A capacidade de resposta da campanha deve ser eficiente e eficaz.

- **Conteúdo:** o conteúdo criado para determinada campanha deve ter profundidade e qualidade, permitindo que o público-alvo se conecte a ele e, assim, reaja aos estímulos que tal conteúdo pretende gerar acerca de determinados produtos e serviços.
- **Palavras-chave:** em campanhas focadas nos mecanismos de busca, as palavras-chave são cruciais, pois elas dão a base do que terá impacto nas buscas dos consumidores. Assim, é imperativo um estudo rigoroso do setor e a implementação de estratégias de segmentação para direcionar o tráfego para o *site* da empresa.
- **Mídias e *links* patrocinados:** caso existam recursos para isso, é importante investir na promoção e no patrocínio de conteúdo. Assim, a campanha pode trabalhar com conteúdo alavancado por meio de uma rede de blogueiros e influenciadores digitais, por exemplo.
- **Testes:** é imperativo testar os recursos que vão compor *sites* e outras estratégias estabelecidas na análise de cenário. Os testes permitem correções prévias, que podem, por sua vez, garantir melhores resultados.

Referências

CHAFFEY, D.; ELLIS-CHADWICK, F. *Digital marketing*. London: Pearson UK, 2019.

CHARLESWORTH, A. *Digital marketing*: a practical approach. New York: Routledge, 2018.

DAS, S. K.; LALL, G. S. Traditional marketing vs digital marketing: an analysis. *International Journal of Commerce and Management Research*, v. 2, n. 8, 2016. Disponível em: http://www.managejournal.com/archives/2016/vol2/issue8/2-7-24. Acesso em: 19 out. 2019.

HAMILL, Jim. The end of marketing as usual: be social: be digital. *In:* BAKER, M.; HART, S. *The marketing book*. London: Taylor & Francis, 2016.

KANNAN, P. K.; LI, H. A. Digital marketing: a framework, review and research agenda. *International Journal of Research in Marketing*, v. 34, n. 1, 2017. Disponível em: https://papers.ssrn.com/sol3/papers.cfm?abstract_id=3000712. Acesso em: 19 out. 2019.

KINGSNORTH, S. *Digital marketing strategy:* an integrated approach to online *marketing*. London: Kogan Page Publishers, 2019.

KOTLER, P.; KARTAJAYA, H.; SETIAWAN, I. *Marketing 3.0:* from products to customers to the human spirit. New Jersey: John Wiley & Sons, 2010.

KOTLER, P.; KARTAJAYA, H.; SETIAWAN, I. *Marketing 4.0:* moving from traditional to digital. New Jersey: John Wiley & Sons, 2016.

RYAN, D. *Understanding digital marketing: marketing* strategies for engaging the digital generation. London: Kogan Page, 2014.

TODOR, R. D. Blending traditional and digital *marketing*. *Bulletin of the Transilvania University of Braşov*, v. 9, n. 1, 2016. Disponível em: http://webbut.unitbv.ro/Bulletin/Series%20V/2016/BULETIN%20I%20PDF/06_Todor%20R.pdf. Acesso em: 19 out. 2019.

Mix de *marketing* digital

Objetivos de aprendizagem

Ao final deste texto, você deve apresentar os seguintes aprendizados:

- Identificar Web 1.0, 2.0, 3.0 e 4.0.
- Descrever os 8 Ps do *marketing* digital.
- Relacionar as vantagens do *marketing* digital para pequenas, médias e grandes empresas.

Introdução

A definição do *mix* de *marketing* é simples: trata-se de colocar o produto certo no local adequado, na hora precisa e ao preço correto. A complexidade está em combinar esses elementos de forma efetiva. Para tal, é necessário conhecer diferentes aspectos do negócio e do setor no qual ele está inserido. Pensando nisso, o especialista em *marketing* Jerome McCarthy criou os 4 Ps do *marketing*, na década de 1960. Essa classificação tem sido usada em todo o mundo, e as faculdades costumam ensiná-la nas aulas básicas de *marketing*. Os 4 Ps (produto, praça, preço e promoção) também estão na base da ideia do *mix* de *marketing* tradicional, que se refere ao conjunto de ações que uma empresa pode empregar para promover seu produto ou serviço no mercado.

Contudo, na atualidade, com a popularização da internet e das tecnologias relacionadas a ela, o *mix* de *marketing* foi modificado para se adaptar a um mundo complexo, dinâmico e de consumidores cada vez mais conectados. Assim, ele passou a incluir fatores necessários para a compreensão desse novo universo. Você deve ter em mente que os elementos do *mix* de *marketing* se influenciam, pois são interdependentes. Para ser bem-sucedida na contemporaneidade, uma organização precisa recorrer ao *marketing* digital; logo, deve atentar aos elementos que compõem o seu *mix*.

Neste capítulo, você vai conhecer o desenvolvimento da Web 1.0 até o que se denomina Web 4.0. Em um segundo momento, vai se familiarizar com os 8 Ps do *marketing* digital. Por fim, vai ver as vantagens que o *marketing* digital pode proporcionar para empresas de pequeno, médio e grande porte.

Da Web 1.0 à Web 4.0

Em termos teóricos, a World Wide Web é um sistema de documentos de hipertexto interligados que podem ser acessados pela internet. Contudo, na prática, ela é operada por meio de um navegador no qual é possível visualizar páginas que podem conter textos, imagens e vídeos. Como você sabe, é possível navegar entre essas páginas por meio de *links*.

Em 12 de março de 1989, Tim Berners-Lee, cientista britânico da computação, elaborou a proposta do que se tornaria a Web que você conhece hoje (NGUYEN; JAIN, 2008). No início, a proposta do cientista era criar um sistema de comunicação mais eficaz para a instituição na qual ele trabalhava na época, mas rapidamente Berners-Lee percebeu que o conceito poderia ser expandido em escala global. Para tornar a proposta efetivamente viável em escala planetária, Berners-Lee e o cientista da computação belga Robert Cailliau propuseram o hipertexto em 1990. Ele consistia em um conjunto de protocolos de comando ligado a outros por meio de *links* (NGUYEN; JAIN, 2008).

> **Link**
>
> O vídeo disponível no *link* a seguir explica o que é a Web e mostra os seus principais marcos evolutivos.
>
> https://qrgo.page.link/zKyiv

A **Web 1.0** foi a primeira versão dessa rede e durou de 1989 a 2005. Ela pode ser definida como uma rede mais simplificada de informações. Essencialmente, era um modelo que permitia somente a leitura de informações; logo, pouca interação era possível. Por exemplo, o usuário podia acessar as informações, mas não interagir com determinado *site*. O papel do usuário nessa versão da Web era de natureza passiva. Em outras palavras, essa primeira geração consistia em páginas estáticas feitas para entregar conteúdos. Todavia, essa versão inicial da Web simbolizava um grande avanço, pois já permitia procurar por informações e lê-las, mesmo oferecendo muito pouco em termos de interação do usuário ou possibilidade de criação de conteúdo (NGUYEN; JAIN, 2008).

Para suprir essa lacuna, foi criada a **Web 2.0**, a segunda geração da rede mundial de computadores. Ela surgiu em 2004 para habilitar tanto a leitura quanto a gravação de informações. As tecnologias da Web 2.0 permitiam que grandes públicos com interesses comuns interagissem e se comunicassem em uma escala planetária. Além disso, a Web 2.0 tinha propriedades importantes, como permitir práticas participativas e colaborativas, criando esferas formais e informais de atividades para os usuários. Ou seja, as principais inovações trazidas pela Web 2.0 foram as tecnologias feitas para que os usuários pudessem se relacionar e o surgimento das mídias participativas. A segunda versão da Web começou a centrar-se nas pessoas e a priorizar a interação entre elas, assim como a sua participação na criação de conteúdos. Pode-se afirmar que a Web 2.0 marca a transição da rede de um modelo unidirecional para um bidirecional (RYAN, 2010).

Por um lado, a Web 2.0 ainda era uma plataforma sobre a qual os usuários tinham pouco controle. Isto é, a pessoa que utilizava a Web 2.0 tinha mais possibilidades de interação, porém pouca autonomia em relação ao modo como essa interação ocorria. Por outro lado, a Web 2.0 não foi apenas uma versão com melhorias incrementais à Web 1.0, mas uma versão nova. Isso implicou um *design* mais flexível, a reutilização criativa das informações, a criação e a modificação de conteúdos que poderiam ser gerados colaborativamente, além de atualizações mais frequentes. Portanto, essa segunda versão da Web teve como ênfase a colaboração e a criação coletiva de conhecimentos, elementos impossíveis na primeira versão (RYAN, 2010).

A **Web 3.0** expande e desenvolve uma série de conceitos relativos à interação, à comunicação e à colaboração presentes na versão anterior. A ideia básica subjacente à Web 3.0 é a definição de dados estruturais e a sua vinculação aos ambientes de aprendizado, automação, integração e reutilização de informações de forma mais eficaz, por meio de diferentes aplicativos. Além disso, a Web 3.0 foca o melhoramento da gestão de dados, a facilidade de acesso à internet por meio de dispositivos móveis, a simulação de ambientes criativos e inovadores, o incentivo à globalização, o aumento da satisfação dos usuários e a construção rápida de redes sociais cada vez mais integradas (CHOUDHURY, 2014).

Por fim, a **Web 4.0** pode ser considerada o futuro mais imediato da rede mundial, que passa a ser vista como uma entidade ultrainteligente, com capacidades simbióticas e ubíquas interligadas por meio das mais variadas fontes que as alimentam com informações. Nesse sentido, a interação entre os seres humanos e os mais diferentes aparelhos se dá a partir de uma simbiose que funciona como uma teia que se expande e complexifica, porém já possui uma escala planetária. A Web 4.0 presume uma capacidade cognitiva similar à do cérebro humano. Ela parte do pressuposto do desenvolvimento rápido das telecomunicações, do avanço da nanotecnologia e das interfaces controladas por meio da internet (CHOUDHURY, 2014).

Em termos simples, as máquinas seriam inteligentes na leitura dos conteúdos da Web e reagiriam de forma a refletir e decidir sobre o que executar primeiro para, por exemplo, carregar *sites* rapidamente, com qualidade e desempenho superiores, alterando em tempo real as suas interfaces de comando. A Web 4.0 investe na garantia da transparência global, na governança, na distribuição, na participação e na colaboração comunitária como chaves para a melhoria das relações comerciais, políticas e da vida em sociedade como um todo (CHOUDHURY, 2014).

A Figura 1, a seguir, representa os diferentes elementos que compõem as transformações digitais contemporâneas. Nessa perspectiva, é possível observar a importância da tecnologia atrelada à centralidade que as comunicações possuem na vida social cotidiana. Além disso, a troca constante de dados é seminal para que fenômenos modernos como a chamada "internet das coisas" sejam uma realidade. Tais fenômenos estão centrados na troca de informações entre indivíduos, organizações e seus dispositivos móveis por meio da internet. Ademais, é patente a relevância de processos de automação, em especial para as organizações dos mais diversos portes. Afinal, a integração entre equipamentos com cada vez mais mecanismos de inteligência artificial (AI) conectados em redes (*networking*) complexas com escala planetária é também parte do contexto organizacional moderno.

Figura 1. Elementos da transformação digital.
Fonte: Adaptada de Buffaloboy/Shutterstock.com.

> **Saiba mais**
>
> De acordo com Kommers, Isaias e Issa (2014), a expressão "internet das coisas" se refere à interconexão entre os dispositivos móveis e a internet. Essa interconexão permite que os aparelhos enviem e recebam dados, além de interagirem entre si. A internet das coisas é considerada um dos desenvolvimentos mais importantes entre as novas evoluções da rede mundial de computadores. Ela está intimamente ligada ao progresso da Web 3.0 para a 4.0. Além disso, a IA é subjacente a esse fenômeno e significa a capacidade que dispositivos computacionais têm de se comunicar, raciocinar e se comportar como seres humanos. É exatamente isso que, alguns acreditam, será visto na Web 4.0, a chamada "Web inteligente", que existirá entre os anos 2020 e 2030 e que poderá ter a mesma capacidade computacional do cérebro humano.

Os 8 Ps do *marketing* digital

Com o surgimento, a difusão e a popularidade da internet, diversos conceitos e práticas sociais e comerciais precisaram ser revistos e reconsiderados. Tal movimento foi necessário porque a rede mundial de computadores inseriu velocidade, dinamicidade e potencial interativo nos mais diferentes âmbitos da vida moderna. Essa constatação vale também para o *marketing*. Por exemplo, os tradicionais, importantes e já consolidados 4 Ps (produto, preço, praça e promoção) que formam o *mix* de *marketing*, também chamado de "composto", precisaram ser revisados de forma a incluir a complexidade e a profundidade das relações contemporâneas, nas quais as interações por meios digitais estão cada vez mais presentes. Dessa forma, nesta seção você vai revisitar os 4 Ps do *marketing* tradicional e depois vai ver como eles foram expandidos para os 8 Ps do *marketing* digital.

No âmbito do *marketing*, o **produto**, o primeiro P, não se trata necessariamente de um objeto físico, mas de algo que uma organização se propõe a oferecer aos consumidores. Logo, é possível incluir também os serviços nessa categoria. O profissional ou equipe de *marketing* deve delinear o que caracterizará aquilo que será sendo ofertado, de forma que o produto seja conhecido por completo por quem for adquiri-lo. As decisões costumam envolver o nome, a marca, as funções, os atributos, o que se pretende causar nos clientes, os diferenciais e os elementos que compõem o ciclo de vida dos bens ou serviços (KOTLER; KARTAJAYA; SETIAWAN, 2016).

O segundo P diz respeito ao **preço**, isto é, ao valor que será cobrado pelo bem ou serviço. Logo, o cálculo que gerará o preço precisa considerar diferentes fatores. Por exemplo, entre outros aspectos, a média cobrada pelos concorrentes, a renda do público-alvo e a percepção de valor da marca por esse público precisam ser computados. O preço é essencial para o êxito de uma estratégia, pois está na base da conquista dos clientes e na lucratividade que a empresa pode conseguir. Além disso, o preço garante a sobrevivência da organização na medida em que cobre os custos do negócio (KOTLER; KARTAJAYA; SETIAWAN, 2010).

A **praça**, o terceiro P, faz referência à colocação do bem ou serviço no mercado. Ou seja, diz respeito ao modo como os clientes alcançam a organização e os seus serviços. Quando esse P é considerado, os canais de distribuição são escolhidos. Por exemplo, se a empresa quer ter um ponto de venda fixo, qual é a melhor localização, como deve ser o estabelecimento e como deve ser feita a exposição? Por outro lado, se a loja for virtual, qual sadolpherá a melhor hospedagem e a forma mais apropriada de exposição? O público costuma procurar por esse tipo de produto em qual canal? Muitas vezes, escolher entre mais de um canal acaba sendo um imperativo para as organizações (KOTLER; KARTAJAYA; SETIAWAN, 2016).

Por fim, o P de **promoção** abrange a maneira como uma marca será promovida, isto é, como ela ficará conhecida e transmitirá confiabilidade para seus consumidores. Nessa etapa, devem ser incluídas as ações de *marketing* de fato. Assim, as mídias nas quais as ações serão veiculadas precisam ser selecionadas. É preciso definir, por exemplo, se estarão em *outdoors*, na televisão, em anúncios digitais ou panfletos (KOTLER; KARTAJAYA; SETIAWAN, 2016).

> **Link**
>
> Na entrevista disponível no *link* a seguir, o especialista e referência mundial em *marketing* Philip Kotler explica os principais conceitos da área.
>
> https://qrgo.page.link/3SVwk

Como você já viu, no mundo contemporâneo, as demandas dos consumidores por qualidade, dinamicidade e interação por meio de tecnologias digitais se tornaram maiores. Isso causou diversas modificações no modo como as organizações comercializam os seus produtos e serviços. Assim, os 4 Ps precisaram ser revisitados, modificados e acrescidos de outros elementos que compreendessem de maneira mais ampla e integrada tais exigências. Você vai conhecer essas modificações e elementos novos a seguir.

O primeiro P do *marketing* digital concerne à **pesquisa**, isto é, tem a ver com o estudo do comportamento dos consumidores; consiste na definição do perfil do público-alvo e do modo como ele se comporta na internet. As pesquisas são essenciais para o *marketing* em geral; logo, passaram a ser frequentes também no *marketing* digital. Um dos fatores para esse fenômeno é a facilidade com que esse tipo de estudo pode ser realizado atualmente. Nesse sentido, a internet oferece ferramentas que permitem descobrir características essenciais de determinado público-alvo, por exemplo (ADOLPHO, 2011).

O P de **planejamento**, por seu turno, se relaciona com a adaptação de uma estratégia de comunicação a partir do que gera mais engajamento entre os potenciais consumidores. Além disso, também tem a ver com descobrir clientes em potencial que podem estar em estágios da decisão de compra distintos. Por exemplo, alguns podem estar pesquisando uma solução para o problema, enquanto outros já sabem com maior exatidão o que querem consumir. Portanto, o *marketing* digital demanda planejamento. Antes que uma campanha seja iniciada, é preciso definir o que será publicado, para quem e quando, em quais redes e em que dias e horários (ADOLPHO, 2011).

A **produção** é o terceiro estágio dos 8 Ps do *marketing* digital. Esse é o momento no qual o planejamento é operacionalizado, ou seja, é quando os conteúdos que vão vender os bens e serviços são selecionados. Por conta disso, a produção pode incluir a programação das ferramentas de *e-mail marketing* e a criação de *blogs* e perfis em redes sociais, além de canais no YouTube. Além disso, sempre que possível, deve haver integração entre todas as ferramentas selecionadas (ADOLPHO, 2011).

O P de **publicação**, por sua vez, está diretamente ligado à ideia de publicar os conteúdos em suas respectivas mídias. Assim, é importante otimizá-los para corresponderem aos critérios de qualidade dos consumidores. Nessa etapa, é possível, por exemplo, aproveitar as funcionalidades de um *blog* para fazer conexões entre diferentes artigos e incrementá-los com imagens ou vídeos relacionados (ADOLPHO, 2011).

A etapa seguinte, a **promoção**, tem a ver com as estratégias de *marketing* digital. Ela também está relacionada a produção e a divulgação de informações e conteúdos virais. Assim, esse é o momento de elaboração e disseminação de campanhas promocionais nas redes sociais, em *marketing* por *e-mail* ou em *links* patrocinados. Em certa medida, esse P é uma transformação direta da promoção vista nos 4 Ps do *mix* de *marketing* tradicional. No entanto, a diferença fundamental é que a promoção da marca nesse estágio é realizada pela internet (ADOLPHO, 2011).

Para o P seguinte, a **propagação**, as redes sociais são essenciais na atualidade, pois oferecem diferentes maneiras de se propagar conteúdo. Logo, devem ser escolhidas as mais adequadas para cada bem ou serviço. Dessa forma, é seminal que o conteúdo seja analisado para que se possa gerar relevância para o cliente em potencial e para que as redes mais adequadas sejam escolhidas (ADOLPHO, 2011).

O penúltimo P, a **personalização**, envolve a customização da comunicação, considerando diretamente a segmentação do público-alvo. Essa etapa é essencial para se criar um relacionamento e fidelizar os consumidores. Portanto, para alcançar esse objetivo, é importante adotar uma linguagem precisa, além de estratégias de *marketing* e produtos feitos sob medida para determinados grupos de clientes. Por exemplo, caso o público-alvo seja constituído de indivíduos mais jovens, é necessário falar a linguagem deles; portanto, há a demanda pela criação de campanhas diferenciadas, de acordo com idade e preferências. O público tende a se reconhecer no conteúdo publicado e, dessa forma, passa a ver a marca com familiaridade e confiança. No decorrer do tempo, esses elementos podem se traduzir em fidelização. Além da fidelização, o relacionamento com os usuários também gera mais engajamento e interações, na forma de perguntas, comentários e compartilhamentos dos conteúdos da campanha (ADOLPHO, 2011).

Por fim, o P de **precisão** representa uma das grandes vantagens do *marketing* digital, pois oferece a possibilidade de coleta de dados e análise de informações tanto positivas quanto negativas sobre as estratégias executadas. As métricas do *marketing* digital costumam oferecer maior exatidão e, assim, são melhores para orientar e reduzir determinados subjetivismos que podem emergir para próximos planejamentos. Além disso, a internet oferece ferramentas gratuitas que permitem coletar e interpretar dados, como o Google Analytics e o Facebook Insights, o que assegura o retorno sobre determinado investimento, por menor que ele eventualmente seja (ADOLPHO, 2011).

> **Saiba mais**
>
> Kotler, Kartajaya e Setiawan (2016) chamam atenção para o fato de que o *marketing* também pode ser definido a partir das ações de promoção de produtos ou serviços, o que pode incluir pesquisa de mercado e publicidade. Ademais, o *marketing* se refere às atividades organizacionais secundárias associadas a essas ações, isto é, àquelas que são acessórias à compra e à venda de um produto ou serviço. Nesse escopo, incluem-se a publicidade, a venda e a entrega de bens para os consumidores. Além disso, os profissionais que trabalham nos departamentos de *marketing* das empresas tentam chamar a atenção do público-alvo usando *slogans*, *design* de embalagens, recomendações de celebridades e exposição geral da mídia. A ideia é, por meio dessa clientela, ampliar a visibilidade da empresa e, por conseguinte, melhorar as suas receitas.

Vantagens do *marketing* digital para pequenas, médias e grandes empresas

O *marketing* digital pode transformar a maneira como empresas de diferentes portes alcançam e envolvem os seus clientes. Um dos instrumentos mais importantes para isso são as ferramentas econômicas que o *marketing* oferece, uma vantagem para qualquer tipo de empresa. No *marketing* tradicional, por exemplo, é mais difícil para pequenas empresas, que têm orçamentos limitados, competir com grandes empresas por espaço. No entanto, com táticas de *marketing* digital acessíveis, as pequenas empresas podem obter mais com seus investimentos. Além disso, as táticas tradicionais de *marketing* costumam vir com determinados custos transacionais que não podem ser estimados com exatidão. O tempo investido em determinada campanha é algo pertinente a ambas as formas de *marketing*, porém em diferentes proporções. Por isso, deve ser foco de atenção tanto de pequenas e médias quanto de grandes organizações (DAS; LALL; 2016).

No *marketing* tradicional, costuma ser difícil rastrear o sucesso de uma estratégia como um anúncio de rádio ou mala direta. Por outro lado, as táticas de *marketing* digital oferecem dados que podem ser mais facilmente mensurados. A análise de resultados no *marketing* digital pode eliminar o subjetivismo relacionado ao real funcionamento de uma campanha, por exemplo. A possibilidade de fazer avaliações em tempo real permite ver também quais táticas funcionam e quais não. Em seguida, é possível ajustar as campanhas para obter maior sucesso a partir de diferentes *feedbacks* recebidos (DAS; LALL; 2016).

Por exemplo, com a análise das redes sociais, uma empresa, mesmo de pequeno porte, pode ver quais postagens da sua campanha foram as mais populares entre seu público-alvo e quais geraram mais interações. Ademais, a análise de *marketing* digital permite usar recursos com mais eficiência e alocar o investimento feito com maior racionalidade. Por meio de mensurações e análises mais precisas, é possível reduzir despesas desnecessárias e concentrar esforços nas estratégias com maior probabilidade de retorno (DAS; LALL; 2016).

Nesse sentido, com o *marketing* digital, é mais provável garantir que os consumidores certos estejam visualizando os conteúdos das empresas, pois ferramentas como os mecanismos de otimização de buscas permitem saber o que consumidores pesquisam na Web. Além disso, a publicidade paga por cliques em mídias sociais habilita as empresas a segmentar aqueles grupos com maior probabilidade de se interessar por seus produtos ou serviços com base em informações demográficas e características gerais (DAS; LALL; 2016).

Ao melhorar a segmentação, determinada organização pode investir em anúncios que atingirão aqueles que provavelmente se interessarão por seus produtos.

Com práticas mais sofisticadas de segmentação, fica mais fácil para as empresas concentrar seus esforços em estratégias que realmente funcionam (HAMILL, 2016).

É imperativo ressaltar a importância dos *sites* de busca, pois a grande maioria das experiências de compra *on-line* começa a partir deles. Ou seja, antes que os consumidores saibam que produto ou serviço precisam, eles recorrem a esses *sites* para encontrar respostas para suas perguntas e aprender mais sobre aquilo que desejam comprar. Ao criar conteúdo relevante e atraente, otimizado para os mecanismos de pesquisa, empresas de diferentes portes podem melhorar sua visibilidade *on-line* e ampliar seu alcance entre os clientes (HAMILL, 2016).

Outro aspecto relevante do *marketing* digital é que ele possibilita que as empresas cheguem a consumidores mais engajados. Redes sociais como o Facebook oferecem opções sofisticadas de segmentação que ajudam a alcançar os consumidores que têm maior probabilidade de se interessarem por determinados produtos ou serviços. Além disso, as mídias sociais também fornecem uma plataforma eficaz para a comunicação e o envolvimento com o público-alvo. Ademais, além de postar conteúdo, as empresas também podem ouvir seus consumidores; é possível ter conversas individuais em tempo real que permitem obter informações significativas sobre as impressões dos clientes (HAMILL, 2016).

Em outras palavras, ao otimizar o conteúdo dos seus *sites* para os mecanismos de pesquisa, as empresas podem focalizar seus esforços e alcançar mais compradores. O uso de palavras-chave relevantes que ajudem a descrever determinada oferta de produtos ou serviços pode auxiliar a atrair mais tráfego direcionado. Essa estratégia em particular pode ser empregada por empresas dos mais diferentes setores e portes. Além disso, a otimização do *site* para obter resultados em pesquisas mais localizadas é uma ferramenta valiosa para empresas que operam em localizações específicas, como lojas físicas, restaurantes e outros negócios do ramo dos serviços (HAMILL, 2016).

Com as táticas tradicionais de *marketing*, como anúncios de televisão ou jornal, é necessário esperar até que a campanha esteja concluída para ver os resultados. Embora seja possível usar determinado aprendizado para ajustar as táticas para campanha posteriores, as possibilidades de fazer algo em tempo real para aprimorar uma campanha são mais reduzidas. O *marketing* digital permite, por sua vez, visualizar os resultados das campanhas em tempo real e adaptar as ações para melhorá-los à medida que elas se desenvolvem (TODOR, 2016).

Outra vantagem do *marketing* digital para as empresas é a possibilidade de visualizar o número de visitantes que acessam seus *sites*, ver quais conteúdos chamam mais atenção e quanto tempo os clientes gastam em média. Também é possível ver os dias e horários de pico do tráfego dos *sites*. Todas essas informações oferecem possibilidades de análise que podem ajudar as empresas a aprimorar suas campanhas ao longo do tempo. A avaliação do sucesso de uma campanha de *marketing* de conteúdo em tempo real é essencial para que uma empresa calcule melhor o uso de seus recursos e aproveite ao máximo suas ações (TODOR, 2016).

Muitas vezes, é difícil para as pequenas empresas competir com as maiores devido aos seus orçamentos e recursos limitados. No entanto, o *marketing* digital ajuda a nivelar o campo de atuação, permitindo que marcas menores se tornem mais competitivas. As táticas tradicionais de *marketing*, como a publicidade impressa, são caras e exigem orçamentos maiores para um posicionamento eficaz. No entanto, as táticas de *marketing* digital são mais acessíveis, permitindo que empresas de todos os tamanhos exponham seus bens e serviços.

Com o *marketing* digital, as pequenas empresas também podem oferecer seus produtos e serviços nacional e internacionalmente. Isso permite que pequenas empresas encontrem novos públicos (TODOR, 2016). Por fim, os gestores de uma organização devem priorizar uma boa estratégia de *marketing* digital antes de criar e distribuir conteúdo ou lançar campanhas. Nesse sentido, os gestores devem considerar quais são seus objetivos gerais e criar metas alinhadas a eles.

Exemplo

Chaffey e Ellis-Chadwick (2019) apresentam um exemplo interessante: uma empresa de patinetes elétricos de pequeno porte precisou adotar estratégias de *marketing* digital para dar mais visibilidade aos seus produtos com o fim de melhorar as suas receitas. O foco era um produto ideal para deslocamentos em pequenas distâncias, pois esse é o principal diferencial daquilo que a empresa oferece.

A organização possuía um orçamento limitado e tinha como objetivo usar o *marketing* digital para capturar uma parcela maior da população jovem. Então, recorreu primeiro ao impulsionamento patrocinado do tráfego para seus *sites* e redes sociais em mecanismos de busca. Assim, obteve um alcance significativo em um período curto, o que beneficiou a empresa mais do que se ela tivesse esperado por incrementos naturais vindos da busca orgânica dos usuários.

A organização recorreu ao impulsionamento patrocinado de baixo custo em diferentes mecanismos de busca, pois seu foco era conseguir visibilidade a partir dessa diversificação. Dessa forma, poderia ter maior certeza de que teria visibilidade em diferentes dispositivos e em distintas plataformas.

Além disso, a empresa recorreu à análise constante de suas campanhas e tentou responder o mais rápido que podia às reações positivas e negativas de clientes em potencial que tinham contato com suas estratégias. Dessa forma, conseguiu melhorar sua receita e a visibilidade dos seus produtos partindo de um orçamento restrito.

Referências

ADOLPHO, C. *Os 8 Ps do marketing digital:* o guia estratégico de marketing digital. São Paulo: Novatec, 2011.

CHAFFEY, D.; ELLIS-CHADWICK, F. *Digital marketing.* London: Pearson UK, 2019.

CHOUDHURY, N. World wide web and its journey from web 1.0 to web 4.0. *International Journal of Computer Science and Information Technologies*, v. 5, n. 6, 2014. Disponível em: http://ijcsit.com/docs/Volume%205/vol5issue06/ijcsit20140506265.pdf. Acesso em: 23 out. 2019.

DAS, S.; LALL, G. Traditional marketing vs digital marketing: an analysis. *International journal of commerce and management research*, v. 2, n. 8, 2016. Disponível em: http://www.managejournal.com/archives/2016/vol2/issue8/2-7-24. Acesso em: 23 out. 2019.

HAMILL, J. *The end of marketing as usual.* London: Taylor & Francis, 2016.

KOMMERS, P.; ISAIAS, P.; ISSA, K. *The evolution of the internet in the business sector:* web 1.0 to web 3.0. Hershey: Business Science Reference, 2014.

KOTLER, P.; KARTAJAYA, H.; SETIAWAN, I. *Marketing 3.0:* rom products to customers to the human spirit. New Jersey: John Wiley & Sons, 2010.

KOTLER, P.; KARTAJAYA, H.; SETIAWAN, I. *Marketing 4.0:* moving from traditional to digital. New Jersey: John Wiley & Sons, 2016.

NGUYEN, N. T.; JAIN, L. C. (ed.). *Intelligent agents in the evolution of web and applications.* London: Springer, 2008.

RYAN, J. *A history of the Internet and the digital future.* London: Reaktion Books, 2010.

TODOR, R. D. Blending traditional and digital marketing. *Bulletin of the Transilvania University of Brasov*, v. 9, n. 1, 2016. Disponível em: http://webbut.unitbv.ro/Bulletin/Series%20V/2016/BULETIN%20I%20PDF/06_Todor%20R.pdf. Acesso em: 23 out. 2019.

Leituras recomendadas

ENTREVISTA de Philip Kotler. [S. l.: s. n., 2015]. 1 vídeo (8 min). Publicado pelo canal Briefmarketing. Disponível em: https://www.youtube.com/watch?v=-aPoeAKspLc. Acesso em: 23 out. 2019.

O QUE é web e a evolução da web. [S. l.: s. n.], 2017. 1 vídeo (3 min). Publicado pelo canal Vinicius Silva. Disponível em: https://www.youtube.com/watch?v=Cw7KpTDV2tQ. Acesso em: 23 out. 2019.

A persona no *marketing* digital

Objetivos de aprendizagem

Ao final deste texto, você deve apresentar os seguintes aprendizados:

- Definir persona.
- Descrever as diferenças entre público-alvo e persona.
- Explicar a construção da persona.

Introdução

O pensamento estratégico está muito presente no ambiente de *marketing*. Em segmentos de mercado em que a concorrência se intensifica e nos quais o consumidor está cada vez mais informado e exigente, é necessário investir em mecanismos que possibilitem compreender, de maneira aprofundada, os hábitos, desejos, necessidades e motivações de quem compra.

Por isso, tem sido cada mais corriqueiro as marcas criarem e desenvolverem personas. O objetivo é identificar aspectos e informações que representem os seus consumidores. O método permite analisá-los de forma mais abrangente e próxima.

Neste capítulo, você vai estudar o conceito de persona. Você também vai conhecer a diferença entre a persona e o público-alvo. Além disso, vai ver como construir personas que possibilitem às empresas aproximarem-se de seus clientes e *prospects*.

O que é uma persona?

Dados e informações estão cada vez mais presentes nas estratégias das marcas. Obter informações dos consumidores e compreender o que pensam é um ponto crucial para empresas criarem e venderem produtos e serviços que atendam aos anseios do público, que está cada vez mais exigente. Compreender que há diferenças e variações na composição de grupos de interesse e de consumidores possibilita descobrir e projetar personalidades que representem e orientem as marcas em seu mercado de atuação.

A maioria das empresas tem dificuldade em construir diferenças realmente significativas. Um dos motivos é a tendência a generalizar a compreensão acerca do perfil dos consumidores, o que resulta em planos de *marketing* inespecíficos e muitas vezes pouco eficazes. Há também empresas que investem na criação de estratégias com base em sua própria visão de mundo, invariavelmente centrada no produto, e não no cliente.

Não obstante, algumas marcas têm organizado e analisado informações úteis e valiosas de seus clientes. É o caso de produtos e serviços que conferem ao consumidor a impressão de que foram projetados especialmente para ele, como se alguém penetrasse em sua mente e descobrisse as suas reais necessidades e motivações.

Para que isso aconteça, é imprescindível conhecer em profundidade o consumidor, o que é possível por meio da criação de uma *buyer* persona, ou simplesmente persona. Como explica Revella (2015, p. 9), a técnica de criação de persona tem ganhado cada vez mais atenção dos profissionais de *marketing* "[...] porque é uma ferramenta útil e que permite pensar nos consumidores-alvo como pessoas reais, que têm famílias, são chefes e têm preocupações humanas". Nesse contexto, é importante você perceber que as organizações que dedicam tempo para entender as personas de seus consumidores criam uma sensação da conexão humana e não desperdiçam esforços de vendas com pessoas erradas.

Identificar aspectos que revelem as atitudes e comportamentos dos consumidores é a essência da técnica de desenvolvimento de personas. Ao criar personagens fictícios, ou seja, personas, as empresas conseguem compreender em profundidade o perfil de um possível cliente ideal. Segundo Kotler e Keller (2012, p. 116), as personas "[...] são perfis detalhados de um ou mais consumidores-alvo hipotéticos, construídos com base em dados psicográficos, demográficos, geográficos e outras informações atitudinais e comportamentais". Para construir personas, são usados elementos como fotos, nomes e minicurrículos. Tais elementos permitem transmitir as características das personas que vão representar os consumidores da marca. Ao criar arquétipos de cliente ideal, as empresas almejam que seus profissionais de *marketing* compreendam o ponto de vista do consumidor, o que colabora para a tomada de decisões estratégicas.

Motivações de compra

A espinha dorsal do conceito de persona é a atividade de fazer perguntas minuciosas e de ouvir as respostas dos consumidores. Isso permite descobrir como eles pensam e quais são as suas reais motivações para adquirir produtos e serviços. O objetivo vai além de simplesmente descobrir o que o cliente deseja: a ideia é identificar como ele chega a esse desejo. Isso é possível uma vez que toda persona é construída em torno de uma história sobre a decisão de compra.

A personalidade do consumidor permite aos profissionais de *marketing* ter *insights* para o desenvolvimento de estratégias. Conhecer a narrativa pessoal de quem consome possibilita traçar relações com elementos como estilo e linguagem, o que leva à construção de personas para representar determinados perfis de consumidores.

Como compreender quem compra?

Você pode considerar que as personas são arquétipos de consumidores, ou seja, elas são uma síntese que representa determinado grupo de clientes semelhantes. Como explica Jung (2000, p. 16), arquétipos são os conteúdos do inconsciente coletivo, os quais "[...] se modificam através de sua conscientização e percepção, assumindo matizes que variam de acordo com a consciência individual na qual se manifestam". O arquétipo é o princípio de uma ideia que está no inconsciente coletivo por meio de imagens ditas primordiais e que são compartilhadas de geração a geração.

Com base na teoria de arquétipos de Jung, Mark e Pearson (2003) identificaram 12 arquétipos que colaboram para que as marcas identifiquem melhor seus consumidores. São eles:

1. o **inocente**, que atende aos apelos de bondade e pureza;
2. o **explorador**, que busca independência;
3. o **sábio**, que enaltece valores éticos e a verdade acima de tudo;
4. o **herói**, que é movido por desafios;
5. o **fora da lei**, que busca constantemente inovar e quebrar as regras;
6. o **mago**, que é motivado pelo desejo de mudanças e transformação pessoal;
7. o **cara comum**, que não deseja se destacar dos demais pares;
8. o **bobo da corte**, que deseja ser aceito como realmente é, ou seja, alegre e brincalhão;

9. o **amante**, que valoriza atributos físicos e é motivado pelo romance e pela sensualidade;
10. o **criador**, que é atraído por inovações e movido pela criatividade;
11. o **governante**, que gosta de estar no comando;
12. o **prestativo**, que tem prazer em ajudar os outros.

Como observa Revella (2015), as personas devem ser construídas a partir de histórias reais, vividas pelos consumidores. Por isso, é essencial captar as expectativas e identificar o que influencia os consumidores. Essas tarefas vão muito além de simplesmente traçar um perfil genérico de quem consome. É imprescindível que o profissional de *marketing* tenha uma dimensão maior e mais realista do ponto de vista do consumidor. Isso acontece quando são conhecidas as histórias que revelam como os compradores tomam decisões de compra.

> **Fique atento**
>
> A criação de personas permite às empresas compreender e adaptar suas ações às necessidades do cliente. A metodologia as ajuda a evitar decisões e custos desnecessários.

Como criar personas eficazes?

Investir em bons métodos de entrevista junto aos consumidores tende a gerar personas mais próximas da realidade dos clientes. Por isso, como explica Revella (2015), é fundamental ouvir quem já consumiu o produto ou serviço em questão. No entanto, muitos profissionais de *marketing* ainda não compreenderam que o ato de ouvir e relacionar as histórias de seus clientes é a base para entendê-los como consumidores.

Aprofundar-se na compreensão do comportamento dos consumidores e criar histórias a partir desses dados é o objetivo da construção de personas. Para isso, é importante injetar nas personas criadas informações sobre o que as motiva, quais são seus desafios, suas metas e seus objetivos de vida, ou mesmo as preocupações que têm.

> **Saiba mais**
>
> O conceito de persona tem origem na área de tecnologia. Todo produto desse setor é criado em função de quem o utilizará, ou seja, almeja alcançar as personas ideais. É por isso que empresas desse segmento de mercado contam com *designers* de experiência de usuário, que têm como tarefa desvendar as necessidades dos usuários em relação aos itens tecnológicos.
>
> A origem do termo "persona" remete a meados dos anos 1990, quando o desenvolvedor de *software* Alan Cooper foi contratado por uma empresa para criar um sistema de inteligência de mercado. A empresa tinha realizado pesquisa em profundidade junto aos seus consumidores mais assíduos e fiéis, e cabia a Cooper organizar esses dados por meio de códigos. A solução foi construir três perfis que sintetizassem o que pensavam os entrevistados. Cada perfil recebeu um nome próprio. O trabalho de Cooper permitiu aos profissionais da empresa colocarem-se no lugar de seus clientes, função para a qual a metodologia de persona é utilizada até hoje.

Público-alvo e persona

É muito comum a confusão entre os termos "público-alvo" e "persona", mas é importante você compreender que cada um tem as suas características e funções no ambiente de *marketing*. O **público-alvo**, como explica Kotler e Keller (2012), é um conjunto composto por possíveis compradores, atuais consumidores, influenciadores e decisores, grupos específicos e o público em geral.

A definição de determinado público-alvo apresenta, basicamente, informações relativas a dados demográficos (idade, gênero, formação, etc.), geográficos (local de moradia e trabalho) e econômicos (renda). Definir corretamente o público-alvo é fundamental para se alcançar êxito em ambientes de *marketing*. Contudo, mesmo sendo importante, o conceito de público-alvo tem caído em desuso, pois representa de forma genérica e superficial um possível consumidor. Isso não quer dizer que é dispensável, mas que carece de informações mais profundas.

Cada vez mais, as empresas têm procurado formas de potencializar o investimento em *marketing* e garantir retorno. Para isso, é necessário entender os hábitos de consumo em profundidade, o que exige uma ampla gama de informação. Assim, é imprescindível reunir dados mais precisos acerca do consumidor, que possibilitem identificar os seus desejos, as suas aspirações e as suas necessidades.

A aplicação do conceito de público-alvo é mais indicada na etapa inicial do desenvolvimento de produtos ou serviços, pois ainda não se têm clientes para realizar estudos em profundidade. Dessa forma, é necessário conhecer o mercado no qual se pretende atuar e os possíveis públicos de interesse, que devem propiciar uma noção do consumidor ideal.

Analise este exemplo de público-alvo: pessoas acima de 65 anos, de ambos os sexos, aposentadas e com renda mensal de até três salários-mínimos, casadas, residentes na Região Sudeste do Brasil, em cidades com mais de 50 mil habitantes, e que adquirem empréstimos bancários pelo menos uma vez a cada dois anos. Esse perfil é um bom ponto de partida para o processo de compreensão de quem consome, mas é muito genérico e pouco profundo. Perceba que não é possível, por meio das informações apresentadas, compreender quais são as soluções e benefícios que as pessoas representadas buscam, por exemplo, em relação a assuntos financeiros, o que dificultaria que uma eventual instituição financeira criasse uma campanha de *marketing* eficaz apenas com esses dados.

Para suprir essas lacunas em relação às motivações dos consumidores, novos métodos de pesquisa têm surgido. O motivo é a necessidade das empresas de compreender, em profundidade, quem compra ou pode vir a comprar um produto ou serviço. Um desses métodos, que tem ganhado cada vez mais entusiastas, é a criação de ***buyers* personas**. Essa metodologia tem resultado em soluções que possibilitam compreender as necessidades dos consumidores do século XXI.

A técnica resulta na identificação mais detalhada do consumidor, ao mesmo tempo em que abre possibilidades de conexão com o mercado-alvo. Dados como história e estilo de vida, valores, necessidades, desejos e ambições diferenciam a persona do público-alvo. A compreensão do consumidor, por meio da construção de personas, se torna mais humana e rica, o que aumenta as chances de conexão e fidelização. Isso ocorre porque as personas são construídas pelo prisma de quem decide a compra, que, por isso, deve ser o alvo dos esforços de *marketing*.

Fique atento

Em resumo, o público-alvo apresenta informações genéricas sobre o cliente ideal, enquanto a persona oferece mais detalhes e, por isso, possibilita compreender melhor o consumidor.

Construção de personas

O processo de criação de personas se inicia com a coleta detalhada de informações, que são obtidas por meio de pesquisas com questionários ou entrevistas em profundidade. Por isso, a construção de personas nunca pode ser feita apenas com base em suposições. Em seguida, é fundamental compreender as necessidades, desejos, motivações e dúvidas dos consumidores. Isso permitirá criar personas com perfis mais humanos e realistas.

Outra etapa fundamental é identificar o caminho que os consumidores percorrem em suas compras. Entender como acontece essa jornada, desde o primeiro contato com a marca até a concretização da compra, oferece subsídios para melhor compreender os anseios dos consumidores. Por fim, a última etapa é reunir os dados coletados e criar perfis fictícios que representem com riqueza de detalhes os consumidores da marca. Vale destacar que a construção de *buyers* personas é muito importante para definir estratégias de fidelização. Ela permite conduzir o cliente à recorrência de compra e permite às empresas atuar de forma mais direcionada e efetiva.

Dados-chave para a construção de personas

Durante o processo de pesquisa, é fundamental colher informações, junto aos consumidores mais cativos, que permitam entender o propósito da escolha do produto, serviço ou marca pesquisada. Nessa fase, é importante compreender quais soluções e benefícios os consumidores buscam, bem como que tipo de influência sofrem. Ainda é essencial entender como se dá o processo de compra e quais são as barreiras existentes, principalmente no que se refere ao acesso, às investidas da concorrência e às impressões relativas ao atendimento recebido. O ponto crucial é compreender o ganho dos consumidores com a aquisição do item, ou seja, que benefícios obtiveram, como e com que frequência têm feito uso do produto ou serviço. Por fim, é interessante descobrir se usam itens da concorrência ou produtos e serviços similares.

Ao analisar os dados coletados, é preciso comparar as informações e agrupá-las sob a imagem das personas idealizadas. Não há um número correto e ideal de personas a serem criadas, pois é comum a existência de perfis heterogêneos na base de clientes de uma empresa. No entanto, por mais díspares que possam ser os clientes, há semelhanças que permitem aos profissionais de *marketing* identificar e reunir informações coletadas em um tipo de persona projetada. Essas semelhanças podem aparecer, por exemplo, na linguagem empregada pelos entrevistados e nas expressões mais usadas.

Como estruturar a persona

Há diferentes formas de se estruturar a persona após a análise dos dados coletados em pesquisa. A maneira mais comum é apresentada no exemplo a seguir, que segue as recomendações do Buyer Persona Institute ([201-?]), instituição referência em pesquisa para identificar e criar personas para negócios.

Imagine que a Associação Nacional de Odontologia, responsável pela organização de um importante congresso destinado aos dentistas, decide investir no desenvolvimento de *buyers* personas. O objetivo é criar perfis fictícios para compreender com mais propriedade quem são os profissionais que podem participar do evento. Ao mesmo tempo, pretende-se intensificar o relacionamento e a comunicação com eles.

Exemplo

Após a realização de entrevistas com dentistas que já participaram das últimas três edições do congresso, a Associação traça três personas, sendo que uma delas é representada por meio do codinome João. Veja a seguir:

Nome: João
Profissão ou atividade: profissional liberal (dentista)
Empresa em que atua: próprio consultório
Idade: 45 anos
Gênero: masculino
Estado civil: casado com Sandra, 40 anos, fisioterapeuta
Filhos: Pedro, de 2 anos
Educação: pós-graduado
Renda familiar mensal: R$ 10.000,00
Mídias que consome: internet, televisão, rádio e publicações especializadas (fins profissionais)
Objetivos: atualizar-se constantemente para conquistar novos pacientes e manter os atuais
Hábitos de lazer: passear e viajar com a família e brincar com seu filho
Expectativa de relacionamento: "Eu sempre espero rever meus colegas em congressos e quero adquirir novos conhecimentos,

conhecer tendências e técnicas promissoras e principalmente assistir palestras de profissionais renomados".
Desafios: falta de tempo e distância
Como a empresa pode ajudá-lo: oferecendo formas de participação *on-line*

A persona final recebe, então, a seguinte representação:

Fonte: Teerapol24/Shutterstock.com.

João, 45 anos, é um profissional liberal e atua como dentista em seu próprio consultório. Ele pertence à classe média e em seu tempo livre gosta de estar com a família. Passeios e viagens são constantes para esse fim. Sempre procura priorizar os interesses do pequeno Pedro, seu filho de 2 anos, com quem adora brincar, e de sua esposa, Sandra, 40 anos, que é fisioterapeuta.
É usuário habitual de internet, mas não utiliza constantemente as redes sociais devido ao seu cotidiano atarefado. Acompanha os noticiários na televisão, à noite, e no rádio do carro. Profissionalmente, informa-se por meio de jornais e revistas especializadas. Embora atue há muitos anos como dentista, sabe que precisa atualizar-se constantemente, pois seus clientes são ávidos por novidades. Seu desafio é qualificar-se com tão pouco tempo disponível em seu dia a dia.

A persona João representa um perfil de dentista que é comum entre os participantes do congresso em questão. Compreender suas motivações, objetivos e problemas permite fazer um desenho mais próximo do cliente ideal e coerente com a realidade. Para os organizadores do congresso, a criação de personas permite direcionar, por exemplo, uma campanha de *marketing* para diferentes perfis de público, utilizando um discurso mais próximo ao do receptor da mensagem, o que certamente despertará mais interesse. Outras personas que representem os participantes do congresso podem ser criadas. No entanto, cada uma delas deve representar fielmente uma parcela significativa do público do evento.

Fonte: Lalilele13/Shutterstock.com.

Erros comuns na criação de personas

Apesar de parecer um processo simples, a criação de personas exige cuidados a fim de evitar erros. Um dos equívocos mais comuns é a criação de personas em demasia. Isso pode comprometer as estratégias de *marketing*, principalmente em relação ao orçamento. Afinal, quanto mais personas, mais ações e investimentos serão necessários para trabalhar com elas.

Por isso, é recomendado sintetizar os perfis em uma quantidade menor de personas, tomando cuidado para não generalizar demais. Segundo Kotler e Keller (2012), todo mercado-alvo pode ter uma gama de consumidores que diferem em várias dimensões fundamentais. Para acomodar essas potenciais diferenças, os pesquisadores podem empregar de duas a seis personas.

Outro erro comum é investir em suposições. Isso tende a ocorrer durante a realização da pesquisa junto aos clientes. Essa atitude é equivocada e pode comprometer toda a estratégia traçada a partir das personas desenvolvidas. Por isso, é recomendado, durante o processo de pesquisa, evitar prejulgamentos e investir na coleta de informações relevantes e que permitam conhecer a fundo o consumidor. Dar atenção demasiada a detalhes sem relevância para os objetivos da empresa é outro erro comum. É necessário identificar aspectos do consumidor que realmente sejam relevantes para a empresa atingir os seus objetivos.

É sempre importante lembrar que a criação de personas deve ser um recurso para compreender melhor o consumidor de determinada marca. Além disso, tenha em mente que as personas não representam consumidores, mas os objetivos deles. Assim, o método deve propiciar ao profissional de *marketing* uma aproximação com o cotidiano de quem consome, permitindo que ele se imagine no lugar dos consumidores. Dessa forma, terá subsídios para entender como pensam os consumidores, do que gostam e o que valorizam.

Referências

BUYER PERSONA INSTITUTE. *Buyer persona example*. New Jersey: BPI, [201-?]. Disponível em: https://www.buyerpersona.com/buyer-persona-example. Acesso: 6 nov. 2019.

JUNG, C. G. *Os arquétipos e o inconsciente coletivo*. 2. ed. Petrópolis: Vozes, 2000.

KOTLER, P.; KELLER, K. L. *Administração de marketing*. São Paulo: Pearson Prentice Hall, 2012.

MARK, M.; PEARSON, C. S. *O herói e o fora da lei*. São Paulo: Cultrix, 2003.

REVELLA, A. *Buyer personas*. New Jersey: Wiley, 2015.

Fique atento

Os *links* para *sites* da Web fornecidos neste capítulo foram todos testados, e seu funcionamento foi comprovado no momento da publicação do material. No entanto, a rede é extremamente dinâmica; suas páginas estão constantemente mudando de local e conteúdo. Assim, os editores declaram não ter qualquer responsabilidade sobre qualidade, precisão ou integralidade das informações referidas em tais *links*.

Estratégias de *marketing* digital

Objetivos de aprendizagem

Ao final deste texto, você deve apresentar os seguintes aprendizados:

- Definir estratégia.
- Identificar as estratégias de *marketing* digital.
- Desenvolver estratégias de *marketing* digital.

Introdução

Neste capítulo, você vai conhecer os mecanismos estratégicos utilizados no ambiente de *marketing* digital. Cada vez mais presente nos ambientes corporativos, o *marketing* é, basicamente, uma ferramenta estratégica que permeia e direciona os caminhos das empresas em determinado mercado de atuação.

Definir estratégias de *marketing* é fundamental para diferenciar marcas, produtos e serviços, ainda mais no superpovoado território do *marketing* digital. Nesse contexto, os profissionais de *marketing* devem dominar cada vez mais os conceitos estratégicos e as múltiplas possibilidades que a determinação de estratégias confere às marcas, principalmente no que tange à busca por melhores resultados.

O que é estratégia?

Para compreender o conceito de estratégia, você deve, inicialmente, conhecer o conceito de *marketing*. Segundo Kotler e Keller (2018, p. 3), *marketing* é "[...] o processo social pelo qual indivíduos e grupos obtêm o que necessitam e desejam por meio da criação, da oferta e da troca de produtos de valor com outros [...]". Esse processo social, e também gerencial, no qual o *marketing* é construído exige o uso adequado de ferramentas para se compreender, de forma holística, o consumidor. É nessa seara que o pensamento estratégico ganha corpo no ambiente de *marketing*.

A formulação de um plano de ação em *marketing* tem por objetivo atingir metas. As estratégias são um conjunto de ações que conduzem às metas. Como aponta Kotler e Keller (2018, p. 56), "[...] todo negócio deve elaborar uma estratégia para alcançar seus objetivos, que consiste em uma estratégia de *marketing* compatível com uma estratégia de tecnologia e uma estratégia de busca de recursos [...]".

As definições estratégicas costumam ser mais amplas e genéricas. Elas são pautadas na missão, na visão e nos valores da empresa, nos objetivos de *marketing* e financeiros, bem como nas necessidades que o produto ou serviço oferecido deve satisfazer. Uma fase mais específica do pensamento estratégico é a definição tática de *marketing*, ou seja, a organização das atividades que serão realizadas para a marca viabilizar as suas estratégias de *marketing*. Nessa fase, segundo Kotler e Keller (2018), são descritos os principais elementos que podem atrair consumidores: definição de preços, formas de distribuição e comunicação.

> **Fique atento**
>
> O pensamento estratégico de *marketing* deve considerar os objetivos de mercado, as necessidades e os desejos dos consumidores, perpassando atributos táticos que permitirão à marca atingir as metas definidas no seu planejamento de *marketing*.

Não é de hoje que o processo estratégico é um componente fundamental para as marcas. Sua eficácia é percebida como um elemento fundamental do *marketing* tradicional das empresas desde os anos 1950, quando surgiram os conceitos de *marketing mix*, ciclo de produto e segmentação de mercado.

Nos últimos anos, o *marketing* digital tem se tornado um complemento à estratégia de *marketing* das organizações. Seu desenho deve permitir, por exemplo, a conquista de novos mercados consumidores, construir e fortalecer a reputação de uma marca, potencializar a conexão das empresas com seus consumidores, entre outras possibilidades.

Atualmente, é cada vez mais difícil encontrar empresas que não incorporam ferramentas digitais aos seus negócios. Um pequeno e despretensioso restaurante, por exemplo, pode não realizar campanhas de *marketing* digital constantemente, mas é provável que tenha um perfil em redes sociais, receba avaliações de clientes no Google Maps, utilize aplicativos de mensagem para realizar reservas ou atender aos pedidos e, provavelmente, esteja credenciado em algum serviço de *delivery*, como o iFood.

No entanto, adotar uma estratégia de *marketing* digital tem se tornado uma prática cada vez mais corriqueira no ambiente corporativo. Um dos motivos é a possibilidade de o *marketing* digital atrair consumidores, que estão cada vez mais conectados à internet e realizam pesquisas na Web para encontrar o que necessitam, incluindo produtos e serviços. Empresas que investem em estratégias de *marketing* digital percebem o poder da internet, mecanismo que permite alcançar diferentes segmentos de mercado em pouco tempo.

Dessa forma, o advento da internet tem impacto nas estratégias de *marketing* das marcas e, por isso, ocorre forte crescimento de negócios nessa área, em detrimento do *marketing* tradicional. Por ser muito acessível, a internet serve aos interesses estratégicos das empresas de diferentes portes, o que permite, por exemplo, a criação de campanhas *on-line*, seja por meios gratuitos, como conteúdos para redes sociais, seja em plataformas pagas, via anúncios publicitários, que, embora exijam mais investimento, são estratégias mais elaboradas.

As ferramentas estratégicas de *marketing* digital são, muitas vezes, métodos mais acessíveis às empresas, principalmente às de pequeno porte, do que as mídias usualmente utilizadas no *marketing* tradicional, tais como televisão, rádio e meio impresso. Além disso, tais estratégias normalmente exigem menos investimentos.

Embora estejam cada vez mais presentes nos planos de *marketing*, as ações de *marketing* digital ainda são vistas, muitas vezes, como uma opção ou complemento às estratégias traçadas para os meios tradicionais. É importante você ter em mente que a quantidade de investimento em ações digitais e em meios tradicionais depende de uma série de itens, como verba, prazos, objetivos, etc. Assim, o mais assertivo não é decidir qual método (tradicional ou digital) utilizar, mas em que proporção, pois dificilmente um plano de *marketing*, nos dias atuais, descartará o uso de mecanismos digitais; em muitos casos, tais mecanismos serão o único meio estratégico.

Estratégias de *marketing* digital

A presença das marcas na internet deve ser desenhada de forma estratégica. Por isso, desenvolver um bom planejamento e definir claramente as métricas são ações cada vez mais fundamentais, seja para estabelecer uma comunicação eficaz junto ao público almejado, como na atuação em mídias sociais, seja no que tange às vendas, o que pode ser observado com a ascensão das vendas *on-line*.

O *e-commerce* — ou seja, as vendas que ocorrem na internet — tem crescido à medida que o uso de *smartphones* se populariza. Por isso, como observa Kotler e Keller (2018, p. 541), "[...] as empresas atuais devem criar e gerenciar sistemas complexos de canais e redes de valor em contínua evolução [...]". Isso quer dizer que é cada vez mais necessário definir estratégias e táticas que permitam integrar os canais de *marketing* e, dessa forma, desenvolver redes de valor.

Estabelecer uma comunicação digital eficaz com consumidores e realizar vendas *on-line* são ações importantes para as marcas. Contudo, para conquistar retorno significativo com a presença digital, é necessário utilizar outros elementos estratégicos, o que requer planejamento e métricas. Um exemplo é o investimento em ***inbound marketing***. Ou seja, criar e compartilhar conteúdo de qualidade e relevante para o público-alvo é cada vez mais importante como componente estratégico. O motivo é que essa ferramenta tende a atrair um público mais qualificado, aumentando as chances de negócios.

Os ***links* patrocinados** também são elementos estratégicos importantes para empresas que atuam com *marketing* digital. O mecanismo funciona como um anúncio para divulgar a empresa e seus produtos e serviços. Ele pode ser utilizado em buscadores da internet, como o Google, e também nas redes sociais. Muitos usuários tendem a evitar os *links* patrocinados, por isso o ***native advertising*** tem se tornado uma ferramenta estratégica eficaz. A prática consiste em publicar artigos e postagens patrocinados em meio ao conteúdo de um *site*, *blog* ou rede social. Apesar de serem identificados como conteúdo publicitário, esses materiais se misturam às demais postagens, o que facilita o engajamento do usuário.

Outra ferramenta importante usada como elemento estratégico no *marketing* digital é o ***e-mail marketing***. Ele é recomendado para criar relacionamento e engajar os consumidores, os quais recebem conteúdo por *e-mail* de acordo com seus interesses e características. O ponto de partida para a definição de estratégias de *marketing* digital é determinar se o **tráfego** (visitas de possíveis compradores aos canais digitais de uma empresa) será orgânico, pago ou de ambas as formas. O tráfego é um indicador muito importante para campanhas digitais, pois permite direcionar esforços tendo em vista, por exemplo, o número de usuários que visitam os canais digitais de uma empresa.

A **produção de conteúdo** tende a gerar resultados positivos. Quando um conteúdo gera tráfego intenso e atinge um número significativo de pessoas, é possível afirmar que se trata de um material relevante e que resultou em engajamento. Um conteúdo pode gerar, como você viu, dois tipos de tráfego: orgânico e pago.

O tráfego orgânico consiste na produção de conteúdo para atrair o público-alvo de forma espontânea. Esse recurso estratégico tem por objetivo atrair as pessoas para assuntos de seu interesse. É uma estratégia muito usada pelas marcas; afinal, quando um conteúdo cresce de forma orgânica na internet, a empresa não tem custos, pois não se trata de publicidade paga. A utilização de estratégias de otimização de pesquisa permite aumentar o tráfego e compreender melhor o que as pessoas buscam *on-line*.

As plataformas de pesquisa, ou seja, os buscadores existentes na internet, como o Google, determinam o que apresentar aos usuários que executam pesquisas. Essas ferramentas selecionam conteúdos que incidam nos termos de busca da pesquisa realizada e, ainda, que estejam nos *sites* mais visitados. É comum encontrar esses conteúdos nos *sites* das empresas.

Outra ferramenta estratégica importante é o **Search Engine Otimization** (SEO), estratégia que permite revelar um *site* ou *blog* ao internauta, facilitando o acesso a determinados conteúdos. Para gerar tráfego orgânico, as empresas investem em SEO. Um exemplo é o uso de palavras-chave em textos corporativos em ambiente digital. Quando repetidas inúmeras vezes ao longo do texto, tais palavras permitem que um assunto seja localizado pelo buscador e apareça como um dos primeiros resultados da busca realizada.

Para a criação de palavras-chave, é muito importante imaginar quais poderiam ser os termos usados pelos consumidores ao realizarem pesquisas sobre determinado produto ou serviço na internet. A identificação desses termos colabora para a criação de palavras-chave relevantes para uso em conteúdo produzido por meio da técnica SEO.

É importante que as empresas que investem em estratégias de *marketing* digital aprimorem os mecanismos que permitem crescimento do tráfego orgânico do público-alvo. A estratégia de *marketing* digital para a produção de conteúdo SEO deve causar impacto junto ao receptor da mensagem. Quando isso acontece, as marcas ganham mais credibilidade e melhoram a sua reputação. Além disso, cresce o número de visitas ao seu *site*, por exemplo.

Embora muito eficaz, a estratégia de SEO não garante que toda e qualquer marca seja melhor posicionada nos buscadores da internet. Afinal, há segmentos de mercado muito concorridos, como é o caso de calçados e cosméticos. Por isso, além de palavras-chave realmente relevantes, é fundamental investir em títulos que despertem o interesse dos internautas; tais títulos geralmente são listados nas primeiras páginas pelos buscadores.

Outra forma de gerar tráfego é por meio de técnicas que requerem **investimento publicitário**, também denominado "tráfego pago". O processo consiste, basicamente, em investir em ferramentas para promover, por exemplo, *links* e palavras-chave. O objetivo é possibilitar que o conteúdo pago fique bem posicionado na página inicial dos *sites* de busca. Esse tipo de divulgação, que ocorre por meio de anúncios publicitários na internet, aparece em destaque nos buscadores, e o pagamento é feito após os receptores da mensagem interagirem com os anúncios por meio de cliques.

A plataforma Google Ads, na qual é feita boa parte dos anúncios veiculados na internet, classifica os anúncios com base em um *ranking*. Dessa forma, determina os anúncios que serão exibidos em destaque. Para isso, segue critérios como: qualidade, relevância e lances por cliques.

A grande vantagem em gerar tráfego pago é a possibilidade de segmentação geográfica e demográfica do público-alvo. Em redes sociais, como Instagram e Facebook, também é possível realizar campanhas de tráfego pago. Essa estratégia é utilizada, por exemplo, quando uma pessoa faz uma pesquisa sobre um produto em um buscador na internet e mais tarde recebe anúncios desse mesmo produto na *timeline* de suas redes sociais.

Os métodos de tráfego (orgânico e pago), quando aplicados em conjunto, tendem a gerar melhores resultados para as campanhas de *marketing* digital. Atualmente, eles têm sido muito utilizados pelas marcas.

Saiba mais

O *showrooming* é um recurso que possibilita que os consumidores comparem preços em vários canais. Ele permite um contato prévio com produtos em lojas físicas, mas as compras podem ser realizadas, posteriormente, no *e-commerce* da empresa. No entanto, o mecanismo pode favorecer a concorrência, o que acontece, por exemplo, quando o consumidor encontra um preço menor ao comparar diferentes marcas.

Como explica Kotler e Keller (2018, p. 553), "[...] o *showrooming* foi impulsionado pelos celulares. Graças a seus dispositivos móveis, os consumidores nas lojas nunca estiveram tão bem equipados para decidir se devem comprar [...]". As marcas, agora, além de investir em mecanismos para atrair os consumidores, necessitam vencer o obstáculo das comparações prévias que os clientes trazem consigo. Tais comparações são realizadas, por exemplo, por meio de aplicativos como o Price Check, da Amazon, que permite comparar preços instantaneamente.

Percebe-se, assim, que uma das preocupações dos varejistas é combater o *showrooming*. Um dos recursos para isso é investir em promoções e cupons virtuais que pode ser resgatados no ato da compra. Outra estratégia é cobrir preços da concorrência.

Investir na experiência do cliente em lojas físicas é outra tendência para estimular as compras e evitar o *showrooming*. Integrar os ambientes virtuais e físicos dos varejistas e intensificar a fidelização (via programas de pontos, por exemplo) também são meios encontrados pelas marcas para minimizar o *showrooming*. Tal mecanismo não é novidade, pois os consumidores sempre executaram comparações de preços e informações sobre produtos. Contudo, ele ganha maior dimensão com as facilidades da internet *mobile*. Assim, encontrar formas de reduzir o seu impacto é crucial para os resultados de empresas que atuam no varejo.

Desenvolvimento de estratégias de *marketing* digital

Para desenvolver estratégias de *marketing* digital, você deve conhecer as características do meio digital. As principais são listadas a seguir.

- **Segmentação:** o mundo digital conta com mecanismos que facilitam a segmentação do público-alvo a ser atingido. É possível direcionar uma campanha ou anúncio, por exemplo, por meio de dados geográficos e demográficos, mas também por nível de interesse em determinado assunto, sendo esse um dos principais diferenciais em relação aos meios tradicionais de *marketing*. Dessa forma, alcançar o público-alvo pretendido tende a ser uma tarefa mais simples e assertiva.
- **Rapidez:** ações *on-line* desenvolvidas por meio do *marketing* digital são mais rápidas em comparação aos meios disponíveis no *marketing* tradicional, principalmente no que tange à veiculação. Prova disso é o fenômeno viral, que consiste na rápida divulgação de determinado conteúdo — via redes sociais, por exemplo —, de modo que tal conteúdo que ganha proporções gigantescas em termos de compartilhamento e alcance. Por isso, é importante esclarecer que o alcance de uma campanha *on-line* pode ser definido previamente pelo profissional de *marketing* de acordo com os seus interesses.
- **Investimento:** ações de *marketing* digital costumam exigir menos investimento do que ações nos meios tradicionais. Por exemplo, na criação de um anúncio na plataforma de publicidade do Google (Google Ads), o investimento é definido pelo anunciante, algo impossível de ser feito em outros veículos, cujos valores são fixos. Isso significa que é possível acompanhar os resultados da campanha e pausar, manter ou aumentar o valor do investimento.
- **Interação:** é a possibilidade de a marca estabelecer um relacionamento com o seu público-alvo. Isso é uma característica intrínseca do meio digital e um importante fator para o êxito de determinada campanha *on-line*. A interação se relaciona ao grau de engajamento do público, por exemplo, ao comentar a campanha em redes sociais, compartilhar ou curtir. A interação é uma das principais métricas do *marketing* digital.
- **Métricas:** o retorno e o engajamento de campanhas de *marketing on-line* podem ser medidos com mais precisão do que os resultados das campanhas veiculadas nos meios tradicionais. Isso ocorre pois as ferramentas *on-line* permitem obter dados, por exemplo, da quantidade exata de cliques e de conversões que determinado anúncio obteve, o que permite gerenciar com mais eficácia o investimento realizado.

E-mail marketing

Embora muitos acreditem que o *e-mail marketing* é uma ferramenta obsoleta, ele ainda é relevante para a comunicação das empresas. Afinal, muitas pessoas possuem pelo menos uma conta de *e-mail* e a checam com frequência. Vale lembrar que muitas contas de consumo, tais como as de cartão de crédito e internet, são enviadas por *e-mail*, uma vez que as empresas buscam diminuir custos com papel e postagem. Essas contas, por serem mensais, obrigam as pessoas a checarem os seus *e-mails* com mais frequência.

O *e-mail marketing* requer baixo investimento, pois não necessita de impressão ou intermédio de um veículo de comunicação, que cobraria pelo espaço. Além disso, essa ferramenta confere conveniência e permite mensurar o retorno das ações com mais eficiência, pois gera informações para a identificação da origem dos *leads* que chegam ao canal da empresa.

Muitas marcas estão frustradas com o custo das redes sociais, o que favorece a aposta no *e-mail marketing*, meio que tem apresentado novos *layouts* e mais investimento em conteúdo relevante, além de ter incorporado vídeos e aprimorado as *newsletters*. Um estudo da empresa de pesquisa de mercado americana Litmus mostrou que as marcas que enviam *e-mail marketing* obtêm um retorno do investimento 38 vezes maior do que o valor investido (MATTHEWS, 2019). Já o levantamento Panorama das Agências Digitais, de Ribas, Fonseca e Buriham (2016), aponta que 76% dos serviços prestados pelas agências de *marketing on-line* são relativos às campanhas de *e-mail marketing*, o que comprova a relevância dessa ferramenta para o *marketing* digital.

Landing pages

As *landing pages* ("páginas de aterrissagem") são uma ferramenta estratégica muito importante para o *marketing* digital. Elas são páginas customizadas inseridas em *sites* institucionais das marcas e contam com elementos para aumentar a conversão de clientes, ao mesmo tempo em que geram *leads*. A taxa de conversão oriunda de *landing pages* costuma ser superior à de outras páginas dos *sites* nos quais elas estão inseridas.

O mecanismo de funcionamento é simples: em um buscador *on-line*, ao clicar no resultado da pesquisa, o internauta é direcionado para uma *landing page*; somente depois ele acessa o destino procurado no *site*, como a *home page*. A principal função desse processo é encorajar o internauta a continuar a navegação no *site*. Dessa forma, a informação disponível e o visual da página devem ser atrativos e impactantes, e o texto deve ser esclarecedor.

Quanto mais *landing pages* houver, maior é a probabilidade de a empresa atrair diferentes públicos, gerar tráfego e oportunidades de negócios. É comum que as empresas solicitem o preenchimento de um cadastro em suas *landing pages*. O objetivo disso é colher dados dos visitantes em troca de benefícios, como o *download* de um *e-book* gratuito.

Produção de conteúdo

A criação e a produção de conteúdo são ferramentas-chave para o *marketing* digital, assim como os anúncios publicitários são recursos importantes para a propaganda e o *marketing* tradicionais. Como observa Vaz (2009), na internet, a propaganda dá lugar à publicidade, aqui compreendida como um tipo de informação semelhante à veiculada pelos textos jornalísticos.

O conteúdo se torna uma forma de identificação com os consumidores e, por isso, exige mais atenção e investimentos das marcas, que devem selecionar o que de fato é relevante e merece ser entregue ao *target*. É necessário identificar e explorar o que pode despertar e atrair a atenção do internauta, bem como o que gera engajamento. Atualmente, o conteúdo é um elemento prioritário para as marcas, uma vez que é ele que vai ser visto, apreciado e compartilhado nas redes sociais, tornando-se peça-chave no leque de ferramentas estratégicas disponíveis no *marketing*.

Fique atento

Como você sabe, o brasileiro é assíduo no uso de redes sociais. Nesse contexto, a produção de conteúdo para alimentar os perfis das marcas nas redes sociais e em *sites* e *blogs* próprios permite que as empresas conheçam melhor o perfil dos seus clientes, seus hábitos *on-line* e seus interesses.

Quanto mais se conhece o consumidor, mais fácil se torna a venda. As mídias sociais e os *blogs* têm a capacidade de aumentar o alcance das empresas, tornando-as conhecidas por mais usuários.

Inbound marketing

Também chamada de "*marketing* de atração", a técnica denominada *inbound marketing* é, como descreve Turchi (2012), uma forma de criar caminhos estratégicos para engajar consumidores por meio de determinado conteúdo atrativo e relevante.

O processo se inicia quando a empresa busca atrair o consumidor por meio de mensagens direcionadas, que permitem capturar a atenção dele e sensibilizá-lo. O objetivo central da estratégia é fazer com que as marcas "joguem iscas" para atrair clientes, sendo que um conteúdo relevante e bem preparado desempenha o papel de isca.

O mais comum é atrair o consumidor para uma plataforma da marca na qual ele forneça espontaneamente seus dados. A partir daí, estabelece-se proximidade, o que ocorre por meio de diferentes canais de comunicação institucional. Isso permite à empresa conhecer melhor esse consumidor e aumentar as possibilidades de engajamento e conversão.

O *inbound marketing* é estruturado por meio de quatro pilares:

1. atrair o *target* por meio de conteúdo relevante;
2. executar a conversão desse *target* em *leads*;
3. fechar a venda;
4. estabelecer uma relação duradoura com os consumidores.

Em resumo, é fundamental que as marcas compreendam os desejos, necessidades e anseios dos consumidores. Por isso, é necessário adotar uma metodologia que permita escutá-los previamente, para somente depois produzir um conteúdo significativo. Isso é possível com a implantação das técnicas de *inbound marketing*.

Além disso, utilizar uma gama de mecanismos — como campanhas de *e-mail marketing*, ferramentas para gerar tráfego orgânico e pago, mídias sociais, entre outros — permite que as marcas se aproximem de *leads* e consumidores. Dessa forma, elas podem potencializar e aprimorar os mecanismos de comunicação a fim de gerar mais engajamento e conversão.

Referências

KOTLER, P.; KELLER, K. L. *Administração de marketing*. 15. ed. São Paulo: Pearson, 2018.

MATTHEWS, K. *13 email marketing statistics that are shaping 2019 and beyond*. 2019. Disponível em: https://www.convinceandconvert.com/digital-marketing/email-marketing-statistics/. Acesso em: 27 nov. 2019.

RIBAS, J.; FONSECA, L.; BURIHAM, M. L. *Panorama das agências digitais*: resultados digitais. São Paulo: [s. n.], 2016.

TURCHI, S. *Estratégias de marketing digital e e-commerce*. São Paulo: Atlas, 2012.

VAZ, C. A. *Google marketing:* o guia definitivo de *marketing* digital. São Paulo: Novatec, 2009.

Fique atento

Os *links* para *sites* da Web fornecidos neste capítulo foram todos testados, e seu funcionamento foi comprovado no momento da publicação do material. No entanto, a rede é extremamente dinâmica; suas páginas estão constantemente mudando de local e conteúdo. Assim, os editores declaram não ter qualquer responsabilidade sobre qualidade, precisão ou integralidade das informações referidas em tais *links*.

Canais de *marketing* digital

Objetivos de aprendizagem

Ao final deste texto, você deve apresentar os seguintes aprendizados:

- Definir canais de *marketing*.
- Identificar como os canais de *marketing* podem interagir com os consumidores.
- Classificar os principais canais de *marketing* digital.

Introdução

Conhecer os fatores que levam ao sucesso das empresas que atuam no comércio eletrônico é cada vez mais importante e necessário para os profissionais de *marketing*. Para entender como as organizações lidam com esse formato de distribuição, você precisa se familiarizar com os canais de *marketing* digital, as suas características, os seus modelos e as suas funcionalidades. Por isso, neste capítulo, você vai estudar os mecanismos estratégicos dos canais de *marketing* digital.

O que são canais de *marketing* digital?

Com a rápida transformação do comércio em função da popularização da internet, os canais de *marketing*, ou seja, tudo o que se refere à distribuição de bens e serviços para os consumidores, passaram por profundas mudanças e por uma ampliação.

Os canais de *marketing*, conforme Telles e Strehlau (2006, p. 26), envolvem "[...] a gestão da distribuição [...], estrutura e administração de bens e serviços com a finalidade de torná-los disponíveis para as trocas [...]". Essa atividade de gerenciamento dos agentes presentes nos canais envolve as operações de atacado e varejo, distribuição física, planejamento logístico (armazenamento e transporte), entre outras variáveis que conectam quem produz e quem consome.

Já segundo Kotler e Keller (2018), os canais de *marketing* são formados por organizações interdependentes, isto é, há diferentes membros na cadeia que cumprem papéis diversos e funcionam de forma conjunta. Esses canais são responsáveis por um processo cujo objetivo é disponibilizar, basicamente, itens de consumo para o usuário final.

A estrutura dos canais de *marketing* envolve dois elementos fundamentais: os membros (os principais são os fabricantes, intermediários e usuários finais) e a administração dos canais. Esses fatores permitem estabelecer foco nos segmentos em que se deseja gerar negócios, como canais digitais, os quais têm apresentado cada vez mais possibilidades lucrativas.

Os canais de *marketing* desempenham um papel econômico de grande importância, o que favorece o escoamento de itens e a conexão entre produção e consumo. Desempenham, ainda, operações e atividades que colaboram para o processo produtivo e a comercialização. Além disso, facilitam a busca de produtos pelo consumidor, ao mesmo tempo em que fazem o ajuste para equilibrar a oferta e a procura de produtos. Dessa forma, os intermediários criam utilidade para o usuário, pois permitem encontrar um item desejado de forma mais fácil e rápida.

Em relação aos participantes do canal de *marketing*, destacam-se três elementos: produtores e fabricantes, intermediários e usuários finais. Os **produtores** e **fabricantes** são as empresas envolvidas na produção de um produto, o qual necessita estar disponível no mercado, sendo esta a função dos canais de *marketing*: realizar a distribuição dos produtos, atividade que implica questões relativas a custo, tempo, transporte, armazenamento, etc. Já os **intermediários** são empresas independentes que dão suporte aos produtores e aos consumidores finais. Elas desempenham negociações e atividades de distribuição e operam no atacado e no varejo. Por fim, há os **usuários finais**, que são os consumidores ou as empresas.

Como visto, os canais de *marketing* podem ser definidos, de forma geral, como os meios utilizados pelas empresas a fim de atingir possíveis consumidores. Já um canal de *marketing* eletrônico ou digital, segundo Telles e Strehlau (2006, p. 115), pode ser entendido como "[...] a plataforma digital que suporta a oferta e acesso a produtos e compra lógica pelo mercado-alvo, através de mediação eletrônica [...]". Essa mediação viabiliza um suporte à oferta, o que garante a disponibilidade dos produtos, bem como informações corretas sobre cada item vendido. A compra lógica é o ato de realizar pedidos *on-line* sem que o comprador tenha acesso imediato ao produto, sendo que isso ocorre também para quem vende, pois este não tem acesso aos recursos do consumidor.

A atuação das empresas em ambiente digital provocou mudanças significativas nos canais de *marketing*, principalmente no que se refere à logística. A diversificação dos canais exigiu das marcas mudanças na forma de se relacionar com os clientes. O motivo é que, atualmente, gerar conexões duradouras com o consumidor é fundamental para alcançar resultados positivos. Isso ocorre porque os consumidores estão mais ativos e participativos por conta das múltiplas possibilidades de expressão disponíveis na internet, a exemplo das redes sociais, o que exige mais empenho das marcas, sobretudo em ambiente digital.

É por isso que conhecer as potencialidades dos diferentes canais permite aos profissionais de *marketing* refletir acerca das possibilidades de cada um e, em especial, dos canais digitais, que têm se mostrado cada vez mais eficazes para atrair e converter novos consumidores. Não é incomum, portanto, que os novos formatos de compras superem as expectativas dos consumidores em comparação ao comércio tradicional. Diante desse cenário, os profissionais de *marketing* devem estar atentos às necessidades dos consumidores no ambiente *on-line* e também investir em ações necessárias a fim de garantir uma experiência positiva ao cliente, o que se dá, por exemplo, por meio da eficiência e da rapidez nos processos logísticos, a fim de tornar a distribuição eficaz e satisfatória.

Há vários tipos de empresas que atuam no comércio eletrônico, mas as mais comuns são, como observa Kotler e Keller (2018, p. 566), as "[...] inteiramente virtuais, que começaram com um *site* [...], e empresas virtuais e físicas (*brick--and-click*), [...] que acrescentaram um *site* de informações e/ou *e-commerce* a suas operações [...]". A internet viabilizou negócios antes inexistentes. Dessa forma, surgiram inúmeras empresas inteiramente virtuais, como o Google e redes sociais como Facebook e Twitter. Além disso, surgiram empresas em muitos outros segmentos da economia. No setor financeiro, destacam-se as *fintechs*, que são bancos digitais, como Original e Nubank.

Muitas empresas que hoje atuam em ambiente físico e ambiente digital tinham, inicialmente, dúvidas quanto a aderir ao comércio eletrônico, uma vez que poderia haver conflitos entre os dois canais e desconforto e insatisfação de varejistas, representantes comerciais, lojas próprias e franqueadas. Com a transformação do comportamento de consumo, boa parte dos grandes varejistas aderiu ao comércio eletrônico, que se fortaleceu como mais uma opção de canal de distribuição. Hoje, o desafio dos profissionais de administração e de *marketing* é propiciar integração entre os ambientes físicos e *on-line*.

Algumas estratégias citadas por Kotler e Keller (2018) podem ser adotadas para diminuir esses conflitos. Por exemplo: oferecer marcas e produtos diferentes pela internet, ou seja, itens não oferecidos nos demais canais; elevar as comissões dos parceiros convencionais, receber pedidos *on-line*; e delegar entrega e cobrança aos canais de distribuição físicos.

Se inicialmente havia dúvidas de que os canais digitais substituiriam os canais tradicionais, percebe-se agora que a tendência é o *marketing* digital se tornar um aliado que, em conjunto com outros canais de *marketing*, entrega agilidade e soluções para os consumidores. Por isso, a coexistência dos comércios físico e virtual é uma das tendências no que se refere à estrutura dos canais de *marketing* das empresas.

Exemplo

Um bom exemplo de como harmonizar os diferentes canais de *marketing* das empresas é a maneira encontrada pela empresa O Boticário. A marca brasileira do segmento de cosméticos e perfumaria tinha receio de atuar em diversos canais. A principal preocupação era evitar que os franqueados, tão essenciais para a empresa, ficassem insatisfeitos com a introdução do *e-commerce* e do sistema de venda direta, realizada por revendedores autônomos, pois esses canais poderiam provocar redução nas vendas das lojas franqueadas.

A solução encontrada pela marca foi optar por um modelo de venda direta e de *e-commerce* no qual as lojas franqueadas se tornam polos centralizadores. Dessa forma, os franqueados comandam coordenadores de vendas e estes gerenciam os revendedores que atuam no sistema de venda direta (porta a porta). Além disso, compras efetuadas no *e-commerce* da empresa podem ser retiradas nas lojas físicas, estratégia conhecida como *omnichannel*, que permite unir esforços dos canais tradicionais e digitais. O *omnichannel* acaba sendo um bom negócio para as franqueadas, que podem oferecer outros itens ao consumidor no ato da retirada.

A incorporação do *e-commerce* do O Boticário possibilitou à marca desenvolver previsões de vendas, gerenciar de forma mais assertiva estoques e intercambiar informações com os fornecedores e outros intermediários. Assim, a transformação da rotina de pessoas tem impactado os canais de *marketing*, os quais também exigiram mudanças das empresas, principalmente no que se refere à agilidade para atender às demandas na era da tecnologia.

Conexões com consumidores por meio dos canais de *marketing*

Para gerar conexões positivas com os consumidores, a escolha assertiva dos distribuidores é fundamental. Isso possibilita, por exemplo, que o objetivo dos canais de *marketing* seja alcançado de forma eficiente e eficaz. É importante, assim, conhecer os três sistemas de distribuição possíveis: exclusivo, seletivo e intensivo. Veja a seguir.

- **Distribuição exclusiva:** é aquela em que a empresa escolhe um canal que deve trabalhar apenas com o seu produto. Ou seja, ela garante exclusividade para o seu produto e impede a atuação de concorrentes. Um exemplo são as franquias.
- **Distribuição seletiva:** a empresa utiliza alguns canais focados em seu público-alvo para evitar a inclusão de seu produto em qualquer ponto de venda. As grifes de moda são um bom exemplo de distribuição seletiva, pois costumam vender seus produtos apenas em determinadas lojas.
- **Distribuição intensiva:** é aquela em que uma empresa coloca os seus produtos no maior número possível de pontos de vendas, a exemplo dos itens de grande rotatividade, tais como cremes dentais, refrigerantes e *commodities* alimentícios.

O desenho do canal de *marketing*, que se refere basicamente às decisões quanto à incorporação de novos canais ou à modificação dos já existentes, é uma decisão importante para as empresas desenvolverem um contato mais próximo com os consumidores. Trata-se de um aspecto estratégico, uma vez que é um fator crucial para ajudar a empresa a ter um diferencial relevante. Assim, os canais podem ser:

- convencionais, quando um produtor negocia de forma independente com um intermediário;
- horizontais, resultantes da união de esforços de duas empresas, normalmente de segmentos diferentes, que exploram uma oportunidade de distribuição de forma integrada;
- verticais, que visam a maiores eficiência e competitividade dos canais devido à centralização de sua gestão.

Para que o desenho de um canal de *marketing* seja eficaz, as empresas devem atentar à escolha dos intermediários, pois isso é fundamental às decisões de negócio, a exemplo da ampliação de cobertura e do aumento de acesso aos pontos de venda. Alterações do volume de consumo, diferentes capacidades de armazenagem ou a saída de um intermediário do canal podem comprometer um desenho prévio. Por isso, a seleção de membros do canal deve seguir a ordem: identificação de intermediários potenciais; avaliação comparativa dos intermediários; efetivação dos membros do canal.

As necessidades dos consumidores almejados pelas empresas devem moldar os canais de *marketing* das organizações e das marcas. A estratégia do canal de *marketing*, portanto, deve ser orientada para o mercado a fim de atender às mais diferentes demandas. Para fazer isso de forma eficiente e eficaz, os canais de *marketing* devem considerar as várias dimensões dos mercados à medida que se relacionam com diferentes intermediários e consumidores.

Um bom exemplo de canal de *marketing* que tem se tornado cada vez mais eficiente para atender às demandas dos consumidores é o digital. A internet é um meio que se caracteriza por estabelecer conexões diretas entre consumidores e marcas. Essa característica possibilita que os canais eletrônicos eliminem alguns intermediários, a exemplo de varejistas e atacadistas.

Essa diminuição do número de intermediários é denominada por Rosenbloom (2002) de **processo de desintermediação**. Para compreender o conceito, imagine uma marca que fabrica celulares e que os vende unicamente por meio de seu canal digital, diretamente ao consumidor. Nesse modelo, a marca não depende de intermediários, ou seja, os varejistas, o que pode, em tese, aumentar o seu faturamento.

Embora a estratégia de desintermediação seja adotada por alguns setores, o que tem sido mais comum é a reintermediação, que se refere ao conjunto de canais de *marketing* que atuam de forma integrada no processo de distribuição. Esse modelo está por trás de estratégias surgidas por conta da internet, como as livrarias virtuais, que, embora sejam canais tipicamente de *marketing* digital, com frequência utilizam atacadistas em vez de negociar exclusivamente com as editoras.

Como você pode observar, o comércio eletrônico muitas vezes é dependente da distribuição física e das etapas dos processos logísticos comuns, tais como armazenar, estocar, empacotar, processar pedidos e expedi-los. Cabe às empresas analisar e definir qual forma é mais eficaz e econômica para o processo, se o sistema de desintermediação ou o de reintermediação. Para isso, é preciso considerar os aspectos estratégicos da marca e as necessidades dos clientes.

Outro desafio que os canais eletrônicos enfrentam a fim de estabelecer conexões com seus consumidores é agilizar o fluxo de informação. Isso é necessário no momento em que o comprador *on-line* aguarda para ter acesso ao produto. O fluxo físico, ou seja, todo processo físico que ocorre para que o item chegue ao comprador, não pode ser digitalizado, o que, em comparação com a rapidez da compra *on-line*, é classificado como moroso.

Para agilizar essa etapa, o canal digital necessita de bons intermediários para executar as funções logísticas, ou seja, de bons métodos para disponibilizar produtos vendidos em um local e adquiridos em outro. O sistema logístico é um mecanismo que permite eficiência aos elementos que compõem o processo logístico, ao mesmo tempo em que estabelece relações entre eles. Esse sistema é composto por transporte, manuseio de materiais, processamento de pedidos, controle de estoque, armazenamento e embalagem.

Desse sistema, são fundamentais para os canais de *marketing* digital o armazenamento, que se refere à manutenção e à preservação de estoques, e a distribuição, que é a movimentação de bens do produtor ao consumidor. A administração ineficiente desses processos acaba sendo um fator limitante aos canais eletrônicos. Por isso, não seria equivocado considerar os canais de *marketing* digital como incompletos, uma vez que costumam depender de outros canais logísticos para a sua atividade.

Investir em mecanismos que facilitem o fluxo físico de itens negociados em ambiente digital é fundamental para as empresas que executam vendas *on-line*. Um bom exemplo é o *market place* Mercado Livre, que percebeu a necessidade de melhorar seus processos logísticos e criou centros de distribuição, cujo objetivo é reduzir os prazos de entrega de encomendas e enfrentar as investidas da concorrência de forma mais eficaz.

Ainda que apresentem limitações, os canais eletrônicos contam com muitas vantagens competitivas. A principal é o alcance. Interessados em adquirir determinado produto podem realizar pesquisas e comparações virtualmente entre marcas, de forma rápida e simples. Essa característica também é válida para quem produz, ou seja, é possível vender de qualquer localidade. Os canais eletrônicos favorecem a conveniência para quem compra, uma vez que tendem a ser mais simples e rápidos, permitindo economizar tempo e custos com deslocamento.

Outra característica que pode ser apresentada como uma vantagem dos canais de *marketing* digital é a facilidade na conexão entre consumidores, os quais promovem intercâmbio de informações sobre produtos, serviços e marcas. Isso colabora, por exemplo, para a segmentação de mercados e, ainda, para a identificação de consumidores pela marca, de modo a estabelecer ações mais eficazes.

É comum que os canais eletrônicos proporcionem redução de custos em relação à distribuição. Isso se dá pelo fato de esse tipo de comércio eliminar uma parte da força de vendas e dos custos com instalações físicas. No entanto, os canais digitais apresentam condições limitantes para a conquista de clientes. Uma das principais é a experiência, ou seja, o contato físico, muitas vezes necessário para alguns produtos. É o caso, por exemplo, do segmento de moda. Nesse setor, as vendas *on-line* apresentam como principal ponto fraco a devolução de itens por conta de a numeração apresentada no *site* não condizer com a usual do consumidor.

A ausência de experimentação pode inviabilizar a compra em canais eletrônicos, mas algumas ferramentas podem colaborar para minimizar isso. As marcas do setor de moda têm investido em estratégias e ferramentas para aumentar a confiança do consumidor e reduzir as devoluções e trocas. Para muitas, têm sido cada vez mais usual criar tabelas de medidas com tamanhos mais abrangentes. Afinal, se os consumidores têm de deduzir o tamanho real de uma peça, é comum a não aquisição ou a aquisição, por exemplo, de duas numerações distintas, no intuito de devolver a que não se adequa ao corpo, o que aumenta os gastos com logística reversa.

Atualmente, as empresas que atuam no comércio *on-line* têm investido mais em segurança, mas isso ainda é uma desvantagem para o setor. Os crescentes casos de crimes em ambiente digital afetam a confiança de quem faz compras na internet. Entregar a compra de forma ágil é uma forma de garantir a segurança de quem compra e de criar um elo de confiança entre as partes.

Em relação às transações de pagamento e à privacidade de informações e dados, as empresas que efetuam vendas *on-line* devem investir constantemente em segurança para obter a confiança dos seus consumidores. Investir em agilidade de navegação e simplificar as etapas de transação *on-line* também são ações que colaboram para estabelecer conexões positivas para quem compra no ambiente virtual.

O cliente espera que a sua experiência ao realizar uma compra seja agradável. Por isso, facilitar as etapas do processo de compra é fundamental. Oferecer bons recursos de atendimento, como *chat on-line*, pode ser importante para impedir o abandono do carrinho. Além disso, para uma comunicação eficaz, é necessário estabelecer proximidade com os consumidores. Para isso, a empresa precisa compreender o que eles buscam e como se comunicam. Investir em conteúdo relevante, com informações realmente úteis e importantes, tende a atrair a atenção e envolver o consumidor.

Estrutura dos canais de *marketing* digital

Os canais de venda de uma empresa no ambiente digital são denominados "canais de *marketing* digital", a exemplo do *e-commerce*. Cada canal de *marketing* apresenta características próprias, e as diferenças dizem respeito a questões como: o melhor método para abordar o consumidor, o tipo de cliente a se conquistar, o modo de definir o orçamento necessário, os objetivos e metas a alcançar, etc. Por isso, a *expertise* dos profissionais de *marketing* é imprescindível ao se optar por um ou mais canais de *marketing*, ainda que o fator determinante na atualidade seja o retorno objetivado pela empresa.

Dessa forma, é necessário conhecer melhor os canais de *marketing* digital a fim de avaliar as especificidades de cada um, compreender as métricas possíveis e, ainda, observar as possibilidades de retorno que eles oferecem. É isso que você vai ver a seguir.

Um dos principais canais de *marketing* é o ***e-commerce***, termo em inglês que significa "comércio eletrônico". Segundo Kotler e Ketler (2018, p. 566), "[...] os *sites* comerciais vendem toda espécie de bens e serviços, principalmente livros, discos, brinquedos, seguros, ações, roupas e serviços financeiros [...] e usam várias estratégias para competir [...]". A forma mais comum de os consumidores chegarem ao *e-commerce* de uma empresa é por meio de anúncios publicitários, principalmente os veiculados na própria internet, meio no qual é possível segmentar o público com mais precisão.

As **redes sociais** também podem ser classificadas como canais de *marketing* digital, pois permitem que as empresas alcancem consumidores potenciais e corriqueiros de forma mais ágil e interativa. Nelas, é possível apresentar conteúdos relevantes e autorais, veicular anúncios publicitários e executar vendas. O **call center** é outro canal de *marketing* muito usado, de forma estratégica, no *marketing* digital. A ferramenta permite identificar se os investimentos de *marketing* e, principalmente, de comunicação trazem o retorno almejado. Além disso, ela colabora para a empresa identificar quais estratégias geram mais respostas dos consumidores.

Um canal de *marketing* bastante utilizado é o ***e-mail***, que tem se posicionado como uma das principais ferramentas de comunicação digital. Muitas empresas estabelecem conexões com possíveis compradores e clientes habituais por meio de *e-mail marketing* ao produzir *newsletters* com conteúdo atrativo e interessante.

Outro canal de *marketing* muito importante para as empresas é a **busca orgânica**, que envolve ferramentas de busca como o Google e o Bing. As empresas devem dar atenção especial a esse canal, pois quando um usuário efetua uma pesquisa para obter alguma informação sobre um produto, serviço ou marca, ele tem grande interesse na compra. Dessa forma, é fundamental fazer com que o consumidor se depare com as informações de uma empresa que ofereça o que ele busca.

Para analisar cada canal de *marketing* digital, é importante conhecer as ferramentas que facilitam a classificação do tráfego de diferentes origens. Uma forma é compreender o uso das ***tags* UTM** (Urchin Traffic Monitor ou "monitor de tráfego de Urchim", sendo que Urchim é o nome de uma empresa adquirida pelo Google). As UTMs são as principais formas de classificação dos canais. Por isso, são muito utilizadas pelos profissionais de *marketing* digital. A ferramenta permite rastrear os canais digitais, o que colabora, por exemplo, para identificar quais resultados são orgânicos e quais são oriundos de anúncios pagos.

A ferramenta é relativamente simples. Para mensurar cada ação de comunicação, é necessário inserir o termo *utm* no *link* dessa ação, por exemplo: *utm_source*. Dessa forma, quando o internauta acessar o *site* por meio do *link* criado com *utm*, é possível identificar a origem da visita. Assim, os profissionais de *marketing* podem aumentar o investimento em origens que geram mais tráfego ou retorno e até eliminar ou alterar anúncios de origens pouco rentáveis.

Por fim, vale destacar que outro canal de *marketing* digital importante é o **comércio eletrônico B2B** (*business-to-business*), ou seja, a transação que ocorre de empresa para empresa. Esse setor sofreu grandes transformações com o advento do *e-commerce*. No comércio eletrônico B2B, a coleta de informações do mercado se torna mais rápida, fácil de acessar e eficaz. Há mais informações disponíveis sobre produtos e novas opções e formas de negociar, a exemplo dos leilões *on-line* e dos novos intermediários que interligam as empresas compradoras às que vendem.

> **Fique atento**
>
> O principal atributo positivo do B2B no meio digital é o aumento da transparência da política de preços e da competitividade entre empresas fornecedoras, pois os mecanismos digitais permitem, por exemplo, a comparação de preços.

Os principais objetivos do *marketing* digital são: propiciar aumento do volume de vendas, gerar diferenciação, construir posicionamento de marca, compreender melhor o mercado e suas tendências. Esses são pontos que devem ser considerados na tomada de decisão dos canais eletrônicos.

A adoção de cada canal gera impacto nas estratégias de *marketing*. Assim, a gestão de canais deve ser feita com critérios claros, uma vez que a distribuição desempenha um papel importante nos objetivos e nas estratégias das empresas. É necessário avaliar a relação do produto com o mercado, bem como a estrutura dos canais eletrônicos, a fim de propiciar um ambiente mais competitivo e que, ao mesmo tempo, crie vantagens competitivas.

A seleção dos canais de *marketing* digital deve reconhecer as necessidades da empresa. Só assim é possível escolher a melhor estrutura, o que colabora com o processo de distribuição. Desse modo, a análise das possibilidades de desintermediação ou reintermediação ganha relevância. Para garantir a eficiência do processo de distribuição, é preciso adicionar funções aos canais eletrônicos, incorporando-os aos canais tradicionais. Dessa forma, a integração dos canais proporciona às empresas mais êxito e mais resultados positivos, ao mesmo tempo em que possibilita aumentar a chance de contatos e de experiências do consumidor com a marca.

Saiba mais

Imagine a seguinte situação: em uma loja física, um cliente entra, escolhe alguns itens, experimenta, resolve comprar alguns, efetua o pagamento, mas sai sem levar nenhum produto. Por mais estranho que possa parecer, é esse o conceito de *guide shop*. A experiência incomum tem atraído algumas marcas que atuam em território brasileiro, principalmente as ligadas à moda, como a Amaro, uma das pioneiras.

O modelo de negócios *guide shop* da Amaro não conta com caixas de pagamento. As lojas físicas da marca apresentam peças vendidas exclusivamente no *e-commerce*. Com a ajuda de vendedores, as compras são feitas no próprio *site* da marca por meio de *tablets* e computadores espalhados na loja física. O local funciona como uma espécie de vitrine dos produtos da página da marca e, por isso, a ideia é ter pouco estoque. O cliente pode experimentar os artigos na loja (há apenas uma peça de cada tamanho) e, quando tiver interesse, efetua o pagamento. Depois, o item é enviado à sua residência, normalmente no mesmo dia.

Há inúmeras vantagens nesse conceito de loja. O fator economia é um dos que merece destaque, pois as lojas ocupam menos espaço físico, uma vez que há menos itens a serem estocados. Outra vantagem é garantir segurança ao consumidor que tem receio de errar escolhas de roupas e acessórios em compras *on-line* por conta de tamanho, caimento e cores. Para receber o item em domicílio, o cliente precisa informar seus dados, os quais alimentam a base cadastral da marca e permitem conhecer melhor os gostos e desejos dos consumidores, o que colabora para vendas futuras e para estabelecer conexões de longo prazo. Em síntese, o modelo de *guide shop* é um exemplo de como os canais de *marketing* digital podem cooperar com os canais físicos.

Referências

KOTLER, P.; KELLER, K. L. *Administração de marketing*. 15. ed. São Paulo: Pearson, 2018.

ROSENBLOOM, B. *Canais de marketing:* uma visão gerencial. São Paulo: Atlas, 2002.

TELLES, R.; STREHLAU, V. I. *Canais de marketing & distribuição:* conceitos, estratégias, gestão, modelos de decisão. São Paulo: Saraiva, 2006.

Leitura recomendada

ALVES JR., D. São Paulo do futuro: o que as lojas estão adotando. *Veja*, São Paulo, 24 jan. 2019. Disponível em: https://vejasp.abril.com.br/cidades/sao-paulo-do-futuro--consumo/. Acesso em: 26 nov. 2019.

Fique atento

Os *links* para *sites* da Web fornecidos neste capítulo foram todos testados, e seu funcionamento foi comprovado no momento da publicação do material. No entanto, a rede é extremamente dinâmica; suas páginas estão constantemente mudando de local e conteúdo. Assim, os editores declaram não ter qualquer responsabilidade sobre qualidade, precisão ou integralidade das informações referidas em tais *links*.

Redes sociais

Objetivos de aprendizagem

Ao final deste texto, você deve apresentar os seguintes aprendizados:

- Definir redes sociais.
- Identificar os elementos que compõem as redes sociais.
- Correlacionar *marketing* e redes sociais.

Introdução

Neste capítulo, você vai conhecer algumas definições de redes sociais e compreender a diferença entre os conceitos de rede social e de mídia social. Você também vai conhecer dados e estatísticas sobre o comportamento do brasileiro em relação às redes sociais e as principais características de algumas dessas redes. Por fim, vai compreender o que é *Social Media Marketing* (SMM), assim como as principais diferenças entre as mídias de massa e as mídias sociais.

Definição

Uma rede social pode ser definida como uma estrutura social composta por pessoas ou empresas, conectados por diversos interesses, sejam eles por amizade, afinidade, financeiro, crenças, entre outros (GABRIEL, 2010, p. 196). Essencialmente, as redes sociais têm a ver com o relacionamento entre pessoas, e não com tecnologias e computadores. A base das redes sociais é a comunicação, sendo que as tecnologias são elementos catalisadores que facilitam as interações e o compartilhamento entre os usuários. O que possibilitou o desenvolvimento das redes sociais nas plataformas que você conhece hoje foi a interatividade da *Web* 2.0, proporcionada pela disseminação da banda larga em grande escala e pela queda no custo de aquisição dos dispositivos de acesso (computadores, *notebooks* e *smartphones*).

Recuero (2009) define uma rede social como um conjunto de dois elementos: atores (pessoas, instituições ou grupos, os nós da rede) e suas conexões (interações ou laços sociais). Nesse contexto, a construção da identidade de um ator social é feita, por exemplo, para expressar elementos de sua personalidade ou individualidade. A autora acrescenta que as redes sociais são compostas por pessoas. São elas que fazem uma rede social ser interativa ou ser uma rede de troca de informação.

> **Link**
>
> Você pode conhecer as mais de 250 redes sociais disponíveis no mundo acessando o *site* da Social Media List, disponível no *link* a seguir.
>
> https://qrgo.page.link/BSqVt

Para Recuero (2009, p. 89), existem quatro valores que embasam a atuação dos atores nas redes sociais. Veja a seguir.

> **Popularidade:** está diretamente ligada à audiência, que por sua vez também é facilitada nas redes sociais na internet. Por meio da internet, a audiência pode ser medida pelo número de visitas a um perfil, por exemplo.
> **Visibilidade:** a presença nas redes sociais permite que os atores estejam sempre visíveis para compartilhamento e interação.
> **Reputação:** é a percepção de alguém construída pelos demais atores, isto é, a impressão que as outras pessoas têm sobre certo indivíduo.
> **Autoridade:** é o poder de influência de um usuário na rede social. É a medida da influência efetiva de um ator social com relação à sua rede, juntamente à percepção dos demais usuários a respeito da reputação dele.

Mas qual é a diferença entre rede social e mídia social? Se, por um lado, redes sociais reúnem pessoas conectadas em função de um interesse comum, mídias sociais associam conteúdos (texto, imagem, vídeo) gerados e compartilhados pelas pessoas nas redes sociais. Em outras palavras, uma rede social é um *site* em que uma pessoa pode se conectar com outras pessoas ou grupos de pessoas por meio de um perfil. A proposta principal da rede social é a interação entre as pessoas. Kaplan e Haenlein (2010, p. 61) definem mídias sociais como "[...] um grupo de aplicações para internet construído com base nos fundamentos ideológicos e tecnológicos da *Web* 2.0, permitindo a criação e compartilhamento de conteúdo gerado pelo usuário".

Dessa forma, tanto no caso das redes sociais quanto no das mídias sociais, a tecnologia apenas facilita e favorece a interação das pessoas, assim como a criação e o compartilhamento de conteúdos. Veja o que afirma Gabriel (2010, p. 202):

> Os *sites* de redes sociais, como o Facebook, por exemplo, são plataformas que possibilitam, facilitam e potencializam a conexão de pessoas com outras pessoas, ampliando o alcance das redes sociais pessoais, e ferramentas de armazenamento e compartilhamento que alavancam o volume de mídias sociais criadas pelas pessoas.

Na Figura 1, a seguir, veja a penetração da internet, dos dispositivos *mobile* e das mídias sociais no Brasil.

População total	Número de celular	Usuários de internet	Usuários de mídias sociais	Usuários de mídias sociais por meio de celular
211.6 Milhões	215.2 Milhões	149.1 Milhões	140.0 Milhões	130.0 Milhões
Urbanização: 87%	vs. População: 102%	Penetração: 70%	Penetração: 66%	Penetração: 61%

Figura 1. Usuários de internet e de mídias sociais no Brasil em janeiro de 2019.
Fonte: Adaptada de Kemp (2019).

Como você pode notar, do total de 211,6 milhões de habitantes, cerca de 149,1 milhões (70%) têm acesso à internet e 140 milhões (66%) são usuários de mídias sociais, sendo que 130 milhões (61%) acessam as mídias sociais de seus dispositivos móveis (celulares).

Elementos que compõem as redes sociais

Para o MLabs (QUAIS..., 2018), as redes sociais *on-line* podem operar em diferentes níveis, como redes de relacionamentos, redes de entretenimento, redes profissionais e redes de nicho. As **redes sociais de relacionamento** têm como objetivo principal ligar pessoas e fomentar o compartilhamento de conteúdo. Facebook, Instagram e Twitter são alguns exemplos dessa categoria.

Por sua vez, as **redes sociais focadas em entretenimento** são aquelas em que o objetivo é o consumo de conteúdo. YouTube e Pinterest são as plataformas que se encaixam nesse conceito. O mercado corporativo também se beneficia das redes sociais. O LinkedIn é o principal exemplo de **rede profissional**. Por meio de sua plataforma, os usuários podem fazer *networking*, conhecer e contatar empresas, acessar e divulgar vagas de emprego e projetos, participar de grupos de discussão profissional, etc. Finalmente, as **redes sociais de nicho** são conhecidas por serem voltadas para um nicho de mercado altamente segmentado. Um exemplo nessa categoria é o Skoob, rede social voltada para leitores.

No Quadro 1, a seguir, veja quais são as plataformas de mídias sociais mais utilizadas pelos brasileiros em janeiro de 2019. A seguir, você vai conhecer algumas características das quatro mídias principais: YouTube, Facebook, WhatsApp e Instagram.

Quadro 1. Plataformas de mídias sociais mais acessadas no Brasil em janeiro de 2019

YouTube	95%
Facebook	90%
WhatsApp	89%
Instagram	71%
FB Messenger	67%
Twitter	43%
LinkedIn	36%
Pinterest	35%
Skype	31%
Snapchat	23%
Tumblr	18%
Badoo	16%
Twitch	15%
Wechat	16%
Redde	13%
Viber	12%

Fonte: Adaptado de Kemp (2019).

O **YouTube** é um *site* de compartilhamento de vídeos enviados pelos usuários por meio da internet. A plataforma de vídeos surgiu em 2005 e foi desenvolvida por Chad Hurley, Steve Chen e Jawed Karim. A ideia de criar o *site* surgiu devido à dificuldade que existia na época para partilhar vídeos na internet. Juntos, Hurley, Chen e Karim criaram um *site* simples que em pouco tempo conseguiu um enorme sucesso. Em 2006, foi comprado pela empresa Google por 1,65 bilhão de dólares.

O YouTube foi se tornando uma plataforma de rede social à medida em que foram sendo implementados recursos como a possibilidade de avaliar os vídeos alheios, comentar e seguir canais. A ideia é idêntica à da televisão, em que existem vários canais disponíveis. A diferença é que os canais são criados pelos próprios usuários. Além disso, é possível compartilhar vídeos sobre os mais variados temas. No YouTube, os vídeos estão disponíveis para qualquer pessoa que queira assisti-los. Também é possível adicionar comentários sobre os vídeos.

O YouTube hospeda uma imensa quantidade de filmes, documentários, videoclipes musicais e vídeos caseiros, além de transmissões ao vivo de eventos. A popularidade conseguida por alguns vídeos caseiros dá fama a muitas pessoas desconhecidas, consideradas "celebridades instantâneas" e também chamadas de **influenciadores digitais**.

Link

Acesse o *link* a seguir e descubra quem são os principais influenciadores digitais do Brasil. As categorias pesquisadas são: humor, entretenimento, *fitness*, LGBT, moda, beleza, estilo de vida, celebridades, viagem, família, *games* e educação.

https://qrgo.page.link/Ayxho

O **Facebook** é uma rede social criada em 2004 por Mark Zuckerberg, Eduardo Saverin, Dustin Moskovitz e Chris Hughes, alunos da Universidade de Harvard (RODRIGUES *et al.*, 2016). Desde a sua criação, o Facebook tinha como objetivo configurar um espaço em que as pessoas poderiam encontrar seus amigos e, com isso, dividir opiniões e fotografias. Ele é uma ferramenta que permite ao usuário manter uma rede de contatos tanto pessoais como profissionais, oferecendo serviços como: bate-papo entre amigos, compartilhamento de fotos e vídeos, jogos, entre outros. Além disso, o Facebook oferece várias opções de ações que podem ser utilizadas no *marketing*, como criação de grupos e páginas promocionais.

Boyd e Ellison (2007) afirmam que o Facebook funciona por meio de perfis e comunidades. Os perfis podem ser de usuários individuais ou de empresas, as chamadas *fanpages*. As comunidades ou grupos servem para discutir sobre determinado tema. Nos grupos, é possível perceber a opinião dos usuários sobre produtos, serviços e marcas. Além disso, cada usuário pode curtir, compartilhar ou comentar publicações de seus amigos ou das páginas que segue. O sistema é muitas vezes percebido como mais privado do que outros *sites* de redes sociais, pois apenas usuários que fazem parte da mesma rede podem ver o perfil uns dos outros. Outra inovação significativa do Facebook é a possibilidade de os usuários criarem aplicativos para o sistema. O uso de aplicativos é hoje uma das formas de personalizar um pouco mais os perfis.

> **Link**
>
> Para saber como utilizar estratégias de *marketing* digital no Facebook, acesse o *e-book Facebook Marketing: engajamento para transformar fãs em clientes* (2013), de Camila Porto, disponível no *link* a seguir.
>
> https://qrgo.page.link/9PmjW

O **WhatsApp** é um aplicativo multiplataforma de mensagens instantâneas e chamadas de voz para *smartphones*. Além de mensagens de texto, os usuários podem enviar imagens, vídeos e documentos em PDF, além de fazer ligações grátis por meio de uma conexão com a internet. Em 2015, também passou a ser utilizado pelo computador, por meio dos navegadores Google Chrome, Mozilla Firefox e Opera. A empresa foi fundada em 2009 por Brian Acton e Jan Koum, ambos veteranos do Yahoo!. Em fevereiro de 2014, o Facebook adquiriu o WhatsApp pelo montante de 16 bilhões de dólares.

Conforme Orsoli (2015), o WhatsApp vem se tornando uma das ferramentas mais utilizadas. Embora seja muito usada em situações informais, essa ferramenta também pode trazer benefícios para empresas. Funções como criação de grupos privados podem permitir que as equipes internas compartilhem informações que visam a melhorar a produtividade de todos. Por exemplo, uma equipe comercial pode compartilhar informação em tempo real a respeito de um negócio prestes a ser fechado. Outro uso bastante comum do WhatsApp é como central de atendimento. A empresa pode divulgar que utiliza o WhatsApp e os clientes, por sua vez, podem usar o aplicativo para se comunicar de forma mais prática e eficiente.

Finalmente, o **Instagram** foi criado por Kevin Systrom e Mike Krieger em 2010, sendo adquirido pelo Facebook em setembro de 2012. De acordo com Aguiar (2018), o Instagram é uma rede social para usuários de dispositivos móveis — Android e iPhone. O objetivo do Instagram é difundir conteúdo por meio de imagens e vídeos. Ele é uma rede social principalmente visual, na qual um usuário pode postar fotos e vídeos de curta duração, aplicar efeitos a eles e também interagir com publicações de outras pessoas por meio de comentários e curtidas. Além disso, um usuário pode seguir o outro para acompanhar suas postagens e suas atividades na rede, sendo que o número de seguidores contribui para a visibilidade do perfil.

No Instagram, também são usadas *hashtags* (#), que servem como um mecanismo de busca das publicações. A ideia é que seja possível encontrar imagens relacionadas a um mesmo tema, mesmo que as pessoas que tiraram essas fotos não sejam suas amigas. As *hashtags* também ajudam a segmentar o público no caso de páginas de empresas ou marcas. Por exemplo, a empresa pode postar imagens de produtos, *teasers* de campanhas publicitárias, experiências de clientes com os produtos, etc.

> **Link**
>
> Para saber mais sobre estratégias de *marketing* digital no Instagram, acesse o *e-book Instagram para negócios* (2017), de Cristiane Thiel, disponível no *link* a seguir.
>
> https://qrgo.page.link/cCsKA

Marketing e redes sociais

O Brasil está entre os três países do mundo nos quais a população passa, em média, mais de 9 horas por dia navegando na internet e onde o tempo diário gasto nas redes sociais supera 3 horas e meia. Os dados mostrados na Figura 2 são do relatório *2019 Global Digital*, da We Are Social e da Hootsuite. Analisando esses dados, você pode ter uma ideia da importância das redes sociais para a estratégia digital de *marketing* de uma empresa.

Figura 2. Tempo médio diário que o brasileiro passa na internet e em redes sociais (janeiro de 2019).
Fonte: Adaptada de Kemp (2019).

Tempo médio gasto diariamente acessando à internet via qualquer dispositivo: 9H 29M

Tempo médio gasto diariamente usando mídias sociais por meio de qualquer dispositivo: 3H 34M

Tempo médio gasto diariamente assistindo TV: 3H 26M

Tempo médio gasto diariamente ouvindo música: 1H 19M

Conforme Silva (2016), no meio digital existem várias tecnologias e plataformas que podem ser suporte de estratégias de *marketing*. No caso das redes sociais, a plataforma seria o suporte em que se desenvolve a rede social, por exemplo, o Facebook. As estratégias digitais podem relacionar vários tipos de tecnologia. Assim, uma estratégia de presença digital pode ser a combinação de *site*, *blog* e Facebook. Para alcançar o objetivo de *marketing* proposto, é preciso definir as estratégias de *marketing* que vão determinar as ações utilizadas. É viável, inclusive, utilizar tecnologias e plataformas digitais aliadas a tecnologias e plataformas tradicionais.

Veja o que afirma Silva (2016, documento *on-line*):

> [...] a presença digital deve seguir a perspectiva do posicionamento de marca estabelecido pela organização. Inicialmente, para construir estratégias de *marketing* em redes sociais como Facebook, YouTube e outras, é fundamental a elaboração de um plano de *marketing* e, após, selecionar as mídias capazes de satisfazer os objetivos de *marketing* traçados. Sendo assim, as estratégias em redes sociais iniciam pelo desenvolvimento do plano de *marketing* com a definição dos objetivos, do público-alvo, da análise de ambientes, dos produtos e outros. Para as estratégias em rede social, deve-se conhecer bem a plataforma da rede, seu público e seus atributos.

As mídias sociais possuem características bastante diferentes das mídias tradicionais de massa (Quadro 2). Isso faz com que as estratégias de *marketing* também precisem se adequar.

Quadro 2. Comparativo entre mídias sociais e mídias de massa

Fator	Mídias de massa	Mídias sociais
Alcance	Possuem escala e capacidade para alcançar uma plateia global, baseada em uma estrutura centralizada.	Como as mídias de massa, possuem escala e capacidade para alcançar uma plateia global, mas de forma descentralizada, menos hierárquica e diversa, devido à multiplicidade de pontos de produção e distribuição de conteúdo.
Acessibilidade	Sua produção e sua divulgação dependem de recursos onerosos, sendo reservadas a grandes empresas e governos.	Devido ao seu baixo valor de produção de conteúdo, aglutinam uma quantidade de geradores limitados a fatores de interesse pessoais, tecnológicos e intelectuais.
Usabilidade	Requerem conhecimentos e habilidades especializadas, com elevados custos de capacitação.	Exigem habilidades cotidianas de acesso a conteúdo digital, com pouca necessidade de treinamento para interação.
Imediatismo	A lacuna temporal entre conceituação, produção e distribuição é longa. A apropriação de características das mídias sociais aponta para uma tendência de redução de tempo.	Virtualmente instantâneas.
Permanência	Uma vez distribuído o conteúdo, ele é de impossível edição/alteração.	O conteúdo pode ser editado instantaneamente e sem necessidade de aprovação do seu detentor.

Fonte: Adaptado de Pugas Filho (2011).

No caso das estratégias para mídias sociais, é importante que as técnicas utilizadas considerem o significado e a dimensão da palavra "social", pois se utilizam de plataformas que envolvem pessoas. Logo, na opinião de

Gabriel (2010), as ações nas mídias sociais devem promover o engajamento dos consumidores conforme o tipo de comportamento que estes apresentam. A seguir, veja como se dividem os usuários.

- **Usuários que assistem:** pessoas que apenas consomem conteúdo, como visitar redes sociais, ler *blogs* ou ver vídeos em busca de entretenimento ou informação.
- **Usuários que compartilham:** pessoas que atualizam perfis em redes sociais, fazem *upload* ou compartilham fotos, vídeos, artigos, etc. São pessoas que querem compartilhar informações com outros para ajudá-los e também para demonstrar conhecimento sobre determinado assunto.
- **Usuários que comentam:** pessoas que respondem ao conteúdo dos outros, com comentários em *blogs* ou notícias, *reviews* ou avaliações de produtos. Buscam participar, dar ideias e opiniões.
- **Usuários que produzem:** pessoas que criam e publicam seu próprio conteúdo em *sites*, *blogs* ou *podcasts*. Desejam expressar sua identidade, ser ouvidas e reconhecidas.
- **Usuários que fazem curadoria:** pessoas que moderam ou estão envolvidas em comunidades *on-line* como Wikipédia, páginas de fãs ou fóruns de discussão.

Essas ações devem fazer parte de uma estratégia de SMM. Para Gabriel (2010), SMM é o processo de promover um *site*, produto ou marca nas redes sociais de forma a atrair *links*, visitantes e seguidores. Ações de SMM internas do *site* são conhecidas como *Social Media Optimization* (SMO). Elas visam a melhorar a otimização do *site*, de modo que seu conhecimento e seu conteúdo sejam facilmente divulgados pelos usuários e visitantes nas mídias sociais e comunidades *on-line*. Já as ações de SMM externas são postas em prática fora do *site*, tendo como interesse as redes sociais. Nesse caso, são usadas técnicas para a criação e a distribuição de conteúdos por meio das mídias sociais na forma de *marketing* viral *Word of Mouth Marketing* (WOMM).

A SMO é um conjunto de atividades realizadas nas mídias sociais via *web*. Tais atividades possuem o objetivo de atrair visitantes ao *site* ou *blog* e posicionar perfis de pessoas em mecanismos de busca. Ações de SMO, segundo Gabriel (2010), envolvem melhorar o *design* e a usabilidade. A ideia é criar páginas com conteúdos interessantes, relevantes, criativos e originais, que atraiam as pessoas para o *site*, o *blog* e as redes sociais da empresa. Para o criador do termo SMO, Rohit Barghava, existem cinco regras principais que definem uma estratégia de *marketing* adequada a redes sociais (ZANELLA, 2012). Veja a seguir.

1. Aumentar a quantidade de conteúdos com *links* no *site* e no *blog*, com *posts* e vídeos publicados pela empresa: é necessário criar conteúdos que contenham informações relevantes para o público-alvo.
2. Permitir que os usuários curtam e compartilhem facilmente nas redes sociais o conteúdo publicado no *site*: para isso, é necessário adicionar botões para compartilhar no LinkedIn, no Facebook, no Twitter, etc.
3. Verificar quem direcionou *links* para a página da empresa e retribuir linkando de volta (quando possível): essa é uma boa prática para favorecer o crescimento de *links* de entrada.
4. Viralizar o conteúdo na internet compartilhando-o por meio do Twitter, do Facebook, do YouTube, do LinkedIn, etc.: a ideia é que o conteúdo atinja o maior número possível de pessoas.
5. Incentivar o uso de conteúdos como referência, autorizando a sua utilização por outras pessoas: a partir disso, é possível gerar *links* direcionados ao *site* da empresa.

Link

Para saber mais sobre as estratégias de SMO, acesse o *link* a seguir.

https://qrgo.page.link/iPC26

Referências

AGUIAR, A. *Instagram:* saiba tudo sobre esta rede social! *In:* ROCKCONTENT. [*S. l.: s. n.*], 2018. Disponível em: https://rockcontent.com/blog/instagram/. Acesso em: 5 out. 2019.

BOYD, D.; ELLISON, N. Social network sites: Definition, history, and scholarship. *Journal of Computer-Mediated Communication,* v. 13, n. 1, 2007. Disponível em: https://onlinelibrary.wiley.com/doi/full/10.1111/j.1083-6101.2007.00393.x. Acesso em: 7 out. 2019.

GABRIEL, M. *Marketing na era digital.* São Paulo: Novatec, 2010.

KAPLAN, A. M.; HAENLEIN, M. Users of the world, unite! The challenges and opportunities of Social Media. *Business Horizons,* v. 53, n. 1, 2010. Disponível em: https://www.sciencedirect.com/science/article/pii/S0007681309001232. Acesso em: 7 out. 2019.

KEMP, S. Digital 2019: Brazil. *In:* DATAREPORTAL. [*S. l.: s. n.*], 2019. Disponível em: https://datareportal.com/reports/digital-2019-brazil. Acesso em: 5 out. 2019.

ORSOLI, F. *Introdução às mídias sociais.* São Paulo: SEBRAE, 2015. Disponível em: http://www.rafaelfelipesantos.com.br/wp-content/uploads/2015/07/ebook-2-midias-sociais.pdf. Acesso em: 6 out. 2019.

PUGAS FILHO, J. M. O uso das mídias sociais como ferramentas de gestão de stakeholders: o caso Jumo.com. *In:* CONGRESSO NACIONAL DE EXCELÊNCIA EM GESTÃO, 7., 2011. *Anais* [...]. Disponível em: http://www.inovarse.org/sites/default/files/T11_0452_2158.pdf. Acesso em: 7 out. 2019.

QUAIS são as diferenças entre as principais redes sociais? *In:* MLABS. São José dos Campos: [*S. n.*], 2018. Disponível em: https://www.mlabs.com.br/blog/diferencas-entre-as-principais-redes-sociais/. Acesso em: 5 out. 2019.

RECUERO, R. *Redes sociais na internet.* Porto Alegre: Sulina, 2009. Disponível em: http://www.ichca.ufal.br/graduacao/biblioteconomia/v1/wp-content/uploads/redessociaisnainternetrecuero.pdf. Acesso em: 5 out. 2019.

RODRIGUES, G. O. *et al.* Análise do uso do Facebook como ferramenta de *marketing* por empresas brasileiras de comércio eletrônico. *Sistemas & Gestão Revista Eletrônica*, v. 11, n. 1, 2016. Disponível em: http://www.revistasg.uff.br/index.php/sg/article/view/878/404. Acesso em: 6 out. 2019.

SILVA, V. B. da. Marketing digital como ferramenta estratégica e as oportunidades nas redes sociais. *E3*, v. 2, n. 1, 2016. Disponível em: https://revistas.ponteditora.org/index.php/e3/issue/view/3. Acesso em: 5 out. 2019.

ZANELLA, G. O que é SMO (Social Media Optimization)? *In:* ODIG. [*S. l.: s. n.*], 2012. Disponível em: https://odig.net/o-que-e-social-media-optimization/. Acesso em: 5 out. 2019.

Leituras recomendadas

MATHIAS, L. Quem são os principais influenciadores digitais de 2019? *In:* MINDMINERS. [*S. l.: s. n.*], 2017. Disponível em: https://mindminers.com/blog/influenciadores-digitais-2019/. Acesso em: 5 out. 2019.

PORTO, C. *Facebook marketing:* engajamento para transformar fãs em clientes. Curitiba: [S. n.], 2013. Disponível em: https://www.camilaporto.com.br/e-book-facebook-marketing-engajamento-para-transformar-fas-em-clientes/. Acesso em: 5 out. 2019.

REDES sociais. *In:* SOCIAL MEDIA LIST. [*S. l.: s. n.*], 2018. Disponível em: https://socialmedialist.org/redes-sociais.html. Acesso em: 5 out. 2019.

THIEL, C. R. *Instagram para negócios.* [*S. l.: s. n.*], 2017. Disponível em: https://cristianethiel.com.br/ebook-gratuito-instagram-para-negocios/. Acesso em: 5 out. 2019.

WOEBCKEN, C. O que é SMO e como otimizar seu conteúdo para as mídias sociais. *In:* ROCKCONTENT. [*S. l.: s. n.*], 2019. Disponível em: https://rockcontent.com/blog/smo/. Acesso em: 5 out. 2019.

Branded content

Objetivos de aprendizagem

Ao final deste texto, você deve apresentar os seguintes aprendizados:

- Definir *branded content*.
- Identificar a diferença entre o *branded content* e a publicidade tradicional.
- Reconhecer como o *branded content* pode fortalecer a relação com o consumidor.

Introdução

Neste capítulo, você vai conhecer o conceito de *branded content* a partir do ponto de vista de diversos autores. Você também vai verificar como essa técnica era utilizada antes do surgimento das tecnologias digitais. Em seguida, você vai conhecer as diferenças entre publicidade tradicional e *branded content*. Por fim, você vai ver algumas técnicas utilizadas na estratégia de *branded content* na contemporaneidade, assim como exemplos de empresas que as utilizam.

O que é *branded content*?

Para Politi (2019), o *branded content*, também chamado de *marketing* de conteúdo, objetiva gerar resultados para empresas a partir da entrega de conteúdo relevante ao seu público-alvo. A ideia é obter resultados significativos (novos negócios, clientes fiéis, boas associações com a marca e valor agregado), e não somente resultados vinculados à comunicação (audiência, interação, etc.). Segundo o autor, a definição mais utilizada em âmbito global é a de autoria de Joe Pulizzi, fundador do Content Marketing Institute:

> *Marketing* de conteúdo é o processo de *marketing* e negócios que consiste na criação e distribuição de conteúdo valioso e convincente para atrair, adquirir e engajar um público-alvo claramente definido e compreendido — com o objetivo de gerar ações rentáveis de clientes (PULIZZI, 2017 *apud* POLITI, 2019, documento *on-line*).

O *marketing* de conteúdo pode ser desenvolvido em diferentes formatos, tanto *off-line* (revistas impressas, filmes, programas de rádio ou televisão, eventos presenciais) como *on-line* (vídeos, *white papers*, *e-books*, *posts*, guias, artigos, *webinars*). Nesse sentido, o *branded content* é uma estratégia para produção de conteúdos de alto valor para públicos determinados. Tais conteúdos devem auxiliar nas etapas do processo decisório de compra e atrair os públicos de forma natural e espontânea.

Para Neto (2008), o *branded content* é uma forma de fazer os consumidores vivenciarem experiências e relacionarem-se com as marcas. O **entretenimento** é uma das estratégias do *branded content* para atrair os consumidores em seus momentos de lazer, assim como para que eles relacionem a marca a memórias positivas.

A necessidade de as marcas estabelecerem diálogo com seus consumidores não surgiu na era digital. Os primeiros indícios de *branded content* no mundo datam do final do século XIX, quando a John Deere, empresa que fabrica equipamentos agrícolas, publicou a revista *The Furrow*, em 1895, com informações importantes para os agricultores daquela época. O lançamento da revista teve grande impacto no meio agrícola, já que até então não havia um material do gênero para levar informações aos profissionais do campo. Em 1912, a publicação atingia cerca de 4 milhões de pessoas nos Estados Unidos.

Portanto, o *branded content* é uma estratégia que pode ser aplicada a todos os produtos e serviços, sem limitações que a tornem exclusivamente digital. Existem inúmeros casos de aplicações bem-sucedidas de *branded content* em meios tradicionais de comunicação. O *Guia Michelin* é um deles. Ele foi publicado pela primeira vez em 1900, na França. A empresa Michelin, fabricante de pneus francesa, teve a ideia de criar seu próprio guia de viagem, que oferecia aos motoristas conteúdos sobre manutenção de automóveis, hotéis, restaurantes e pontos turísticos. Esse material buscava incentivar os motoristas a viajar em seus carros com mais frequência, utilizando o guia. Assim, o consumidor faria maior uso dos seus pneus, lembrando-se da marca Michelin quando o momento da troca chegasse. Atualmente, o guia está disponível também na internet.

> **Exemplo**
>
> No Brasil, os livros de receitas da marca de açúcar União são um exemplo de *branded content* bem-sucedido. A primeira edição foi lançada em 1958 e tornou-se referência na memória afetiva dos brasileiros. Nos anos 1950, a empresa costumava receber muitas receitas enviadas pelas consumidoras como forma de agradecimento pela qualidade do produto. Daí surgiu a ideia de publicar essas receitas em formato de livro. A iniciativa foi um sucesso: o livro teve 25 edições e 15 milhões de exemplares distribuídos. Em 2011, a União lançou uma biblioteca virtual disponibilizando mais de 2 mil receitas em formato digital.

Branded content digital

A partir do século XXI, com a popularização da internet, o *branded content* ganhou importância no mercado da comunicação mundial em função de uma nova atitude do consumidor em relação à publicidade interruptiva, aquela utilizada nos meios de comunicação tradicionais: "[...] com a publicidade sendo apontada em pesquisas como algo em que o consumidor não confia e não presta atenção, as marcas estão buscando formas alternativas de promover com melhor eficiência os seus produtos" (NETO, 2008, documento *on-line*).

O *branded content* digital consiste em desenvolver materiais ricos em informação para que a audiência da marca se sinta atraída a interagir com ela, acompanhando sua evolução como agente influenciador na rede. No meio digital, esses conteúdos podem ser publicados em formato de textos, artigos, *e-books*, *podcasts*, vídeos, infográficos, *templates*, *quizz*, etc.

Para Gabriel (2010), a partir do desenvolvimento da Web 2.0, houve uma explosão na produção de conteúdo pelos consumidores, com a Web sendo usada como plataforma de participação. Nela, além de consumir informações, o usuário pode inserir conteúdos em *blogs*, serviços de mensagens instantâneas (como o WhatsApp) e redes sociais (como o Facebook). Na Web 2.0, é fácil publicar e compartilhar conteúdos com qualquer pessoa. Por outro lado, como a internet possibilita a multiplicação massiva desses conteúdos em grande velocidade e sem controle sobre a sua qualidade, surge a necessidade de filtros e validação de conteúdos. Por exemplo, a grande proliferação de *fake news* levou à criação de mecanismos de confirmação de informações.

> **Saiba mais**
>
> As *fake news* ("notícias falsas") consistem na distribuição deliberada de boatos via jornal impresso, televisão, rádio ou ainda em plataformas *on-line*, como nas mídias sociais. Esse tipo de notícia é escrito e publicado com a intenção de enganar, a fim de se obterem ganhos financeiros ou políticos. As notícias, muitas vezes, empregam manchetes atraentes ou inteiramente fabricadas para aumentar o número de leitores, os compartilhamentos e as taxas de cliques na internet. Atualmente, o Brasil possui três agências certificadas pela International Fact-Checking Network (IFCN), uma organização internacional que estabelece princípios de verificação de fatos, garantindo a qualidade e a seriedade da apuração. São elas: Agência Lupa, Aos Fatos e Pública (11 SITES..., 2018).

Diferenças entre *branded content* e publicidade tradicional

Em 2012, o mercado publicitário deu um importante passo para reconhecer trabalhos que envolvem *branded content* em suas estratégias. O festival de criatividade Cannes Lions criou a categoria *Branded Content and Entertainment*, que premia ideias e iniciativas envolvendo esse conceito. Farnworth (2016) apresenta algumas das principais diferenças entre a publicidade tradicional e o *marketing* de conteúdo. Veja no Quadro 1, a seguir.

Quadro 1. Comparativo entre publicidade tradicional e *marketing* de conteúdo

Publicidade tradicional	Marketing de conteúdo
Necessita de altos investimentos em mídia, espaços publicitários e produção. Acessível, na maioria dos casos, somente a grandes corporações.	O anunciante é proprietário da própria mídia, que pode ser um *site*, *blog*, canal de vídeo, perfil em redes sociais, etc.
Geralmente tem curto prazo, com campanhas que costumam durar de 3 a 6 meses.	Focado no médio e no longo prazos, buscando construir autoridade e desenvolver a confiança dos públicos.
O foco da comunicação é o produto ou serviço, e a ideia é aumentar o retorno sobre o investimento.	Cerca de 90% do orçamento é investido para criar conteúdos que educam, inspiram e entretêm o usuário. O foco não é o produto ou serviço.

(Continua)

(Continuação)

Quadro 1. Comparativo entre publicidade tradicional e *marketing* de conteúdo

Publicidade tradicional	Marketing de conteúdo
A mensagem desaparece ao fim da campanha, além de o tempo de exposição dos anúncios e espaços de mídia ser limitado.	O conteúdo está sempre disponível, podendo ser localizado em resultados orgânicos nos mecanismos de busca, sem custo. Além disso, pode ser compartilhado pelos usuários em redes sociais.
Relação de apenas uma via: o consumidor é passivo ao receber as mensagens.	O consumidor não é apenas o receptor do conteúdo. Há uma abertura para a criação de um relacionamento interativo.

Fonte: Adaptado de Fanworth (2016).

Farnworth (2016) também aponta uma diferença entre o *marketing* de conteúdo e o conteúdo em si. O primeiro é uma estratégia que objetiva trazer audiência para a marca, gerando interação com os consumidores. Já o segundo consiste simplesmente nas informações disponibilizadas em materiais de venda e de comunicação.

Conforme Hollis (2007), outra confusão pode ocorrer entre as definições de *branded content* e *merchandising* editorial. A diferença é que, na estratégia de *branded content*, a marca é a produtora ou distribuidora do conteúdo, enquanto no *merchandising* editorial ela apenas coloca seu produto em um contexto já existente. Em outras palavras, o *merchandising* editorial envolve a contratação de uma empresa para colocar o produto em um contexto predeterminado, enquanto a produção de conteúdo é um compromisso de longo prazo que exige investimentos mais consistentes de tempo, dinheiro e recursos.

Saiba mais

Para saber mais sobre *marketing* de conteúdo, leia o livro *Marketing de Conteúdo — A Moeda do Século XXI* (2016), de Rafael Rez.

O *branded content* e a relação com o consumidor

Segundo Parker (2013), existem diferentes abordagens para a produção de conteúdo, tanto *on-line* quanto *off-line*. É possível produzir textos, imagens, vídeos, *podcasts*, eventos ou experiências sensoriais que representem aquilo que a marca quer dizer aos consumidores. O autor propõe quatro técnicas de *branded content*, apresentadas na Figura 1, a seguir.

Os 4 tipos de estratégias de *marketing* de conteúdo

Eixo vertical: Razão para compartilhar — Baixa (lo) a Alta (hi)
Eixo horizontal: Razão para se importar — Baixa (lo) a Alta (hi)

Conversacional
- **Voz:** "vamos falar de nós"
- **Motivo:** publicidade
- **Exemplo:** *Mashable*

Viral
- **Voz:** "vamos falar sobre nós"
- **Motivo:** provocação
- **Exemplo:** *Kony* 2012

Vaidade
- **Voz:** "vamos falar sobre mim"
- **Motivo:** propaganda
- **Exemplo:** *Press release*

Convicção
- **Voz:** "vamos falar sobre você"
- **Motivo:** personalização
- **Exemplo:** *blog Livestrong*

Figura 1. Quatro estratégias de *marketing* de conteúdo.
Fonte: Adaptada de Parker (2013).

A seguir, saiba mais sobre cada uma das técnicas.

- **Conteúdo de vaidade:** é a pior técnica entre as quatro. Esse conteúdo tem pouca relevância para o consumidor e também oferece poucas razões para ser compartilhado. É como se a marca dissesse: "Vamos falar de mim?".
- **Conteúdo conversacional:** é uma técnica razoável. Busca facilitar o acesso a notícias, informações e entretenimento. A marca se coloca no mesmo contexto do consumidor a partir de assuntos importantes para ambos. É como se a marca dissesse: "Vamos falar de nós?".

- **Conteúdo de convicção:** é uma boa técnica. Essa abordagem funciona bem quando focada nos consumidores por trás dos produtos e em histórias relacionadas com a marca. É um conteúdo que provoca discussões e desencadeia diversas ações a partir do que foi proposto. É como se a marca dissesse: "Vamos falar sobre você?".
- **Conteúdo viral:** é a melhor técnica. É o conteúdo que provoca o consumidor e desperta o seu interesse. Ao fazer isso, incentiva o consumidor a compartilhá-lo de maneira espontânea, nas redes sociais ou por meio do boca a boca. É como se a marca dissesse: "Vamos falar juntos sobre isso?".

Por sua vez, Hollis (2007) propõe três fatores que as marcas devem considerar ao desenvolver as suas técnicas de *branded content*. São elas: foco, adequação e fama. Estabelecer **foco** significa compreender o motivo pelo qual os consumidores de uma marca gastam seu tempo consumindo determinado conteúdo produzido por ela em detrimento de outros conteúdos. O autor aconselha que a marca produza conteúdo focado em nichos de mercado, em vez de massificá-lo.

Adequação significa que a marca deve falar a mesma língua do consumidor, ou seja, oferecer aquilo que ele quer ouvir, da maneira que ele espera e de forma estimulante. Finalmente, o fator **fama** mantém viva a relação do consumidor com a marca. A fama aumenta conforme a quantidade de ações de sustentação que a marca propõe. Isso significa que as ações devem ser constantes e envolver todos os pontos de contato do consumidor com a marca.

Assim, conforme Paiva (2015), quanto mais a marca faz parte da vida do consumidor, mais relevante ela é. Uma das maneiras de atingir esse objetivo é contando histórias. Histórias transformam informação em significado, permitindo que o consumidor se conecte emocionalmente com uma marca. Para dar significado a seus conteúdos, as empresas devem ser capazes de contar histórias que sejam mais significativas do que seus produtos e serviços, apresentando conteúdos consistentes e envolventes, visando a entreter e engajar seus consumidores. Isso remete ao conceito de ***storytelling***.

Na área de *marketing*, *storytelling* consiste na partilha de uma história única e real de uma empresa ou de um produto, criando uma relação de proximidade entre a marca e o cliente. Uma boa história revela a grande vantagem que a empresa em questão trouxe para a vida do consumidor.

Exemplo

Hayfaz (2018) apresenta um exemplo de marca que utiliza o *storytelling* de forma eficiente: o Spotify coleta dados contínuos sobre as músicas, *playlists* e artistas selecionados por seus 30 milhões de usuários. O serviço de *streaming* de música combina então essas informações com os dados de localização dos ouvintes e dados demográficos, usando-os para criar conteúdo original. No final de 2017, o Spotify realizou uma campanha de mídia externa na cidade de Londres, com chamadas espirituosas, intitulada *Goals 2018* ("Objetivos para 2018"). As frases serviam como resoluções divertidas de Ano Novo, usando os hábitos dos ouvintes do Spotify em 2017 para sugerir estratégias bem-humoradas de lidar com a vida em 2018 (Figura 2).

Figura 2. Anúncio do Spotify em Londres: "Seja tão carinhoso quanto a pessoa que colocou 48 músicas de Ed Sheeran em sua *playlist* 'Eu amo ruivos'".
Fonte: Hayfaz (2018, documento *on-line*).

Finalmente, Jay Baer (2013 *apud* POLITI, 2013), autor reconhecido quando se trata de conteúdo, criou o conceito de **youtility**. Esse conceito afirma que o *marketing* que traz mais resultado é aquele que se faz útil às pessoas de alguma forma. O segredo para isso é pensar de maneira colaborativa, seguindo as três leis do *youtility*: informação *self service*, transparência radical e relevância em tempo real.

No modo *self service*, o consumidor vai até o produto ou serviço e decide como vai utilizá-lo. Com as informações sobre as marcas, também deve ser assim, ou seja, o consumidor deve conseguir encontrá-las rápida e facilmente.

Para combater a desconfiança natural que os consumidores têm em relação às marcas, o autor sugere a transparência radical. Isso significa oferecer conteúdo autêntico, exclusivo e honesto aos consumidores.

Já a relevância em tempo real é a criação de conteúdos interessantes de acordo com as tendências e os interesses imediatos do consumidor. Estar conectadas com o que acontece no mundo é essencial para que as marcas acompanhem os interesses dos consumidores, oferecendo conteúdos coerentes com os anseios de seus clientes.

Em síntese, o principal objetivo das marcas que investem em *marketing* de conteúdo é educar o público-alvo do seu negócio. Com isso, é possível atrair um público mais qualificado para a empresa, o que aumenta as chances de conversão, ou seja, de que o consumidor realmente adquira o produto ou serviço.

Exemplo

Um exemplo de empresa que se encaixa no conceito de *youtility* é o Airbnb, um serviço de aluguel de casas por temporada. O seu real objetivo é entregar experiências únicas para cada cliente, criadas por uma comunidade global de usuários. Isso inclui o acesso a conteúdos relevantes e autênticos. No Instagram, a empresa posta fotos e vídeos das casas dos anfitriões, além de descrever histórias pessoais e tudo o que o usuário pode viver de diferente se escolher o Airbnb e não uma rede de hotéis convencionais. A cada postagem, a empresa mostra ao cliente o benefício de explorar lados únicos de cada cultura, deixando claro que proporciona uma viagem mais próxima da realidade de cada local.

Referências

11 SITES para checar de notícias falsas, fatos, fake news. *In:* MUNDOINTERPESSOAL. [*S. l.: s. n.*], 2018. Disponível em: http://mundointerpessoal.com/2018/07/checagem-de-fatos-e-fake-news.html. Acesso em: 28 out. 2019.

BAER, J. Youtility. Portfolio: [*S. n.*], 2013. Resenha de: POLITI, C. *Resenha de livro:* youtility. Tracto: [*S. n.*], 2013. Disponível em: https://www.tracto.com.br/wp-content/uploads/2018/04/youtility.pdf. Acesso em: 28 out. 2019.

FARNWORTH, D. Content *marketing* and advertising meet in a dark alley: who wins, and why? *Copyblogger*, fev. 2016. Disponível em: http://www.copyblogger.com/content-marketing-vs-advertising/. Acesso em: 28 out. 2019.

GABRIEL, M. *Marketing na era digital*. São Paulo: Novatec, 2010.

HAYFAZ, A. Exemplos de storytelling geniais de marcas que você precisa conhecer. *In:* VOOOZER. [*S. l.: s. n.*], 2018. Disponível em: https://vooozer.com/blog/melhores-praticas/exemplos-de-storytelling/. Acesso em: 28 out. 2019.

HOLLIS, N. Branded content: more than just showing up. *In:* MILLWARD BROWN. London: [*S. n.*], 2007. Disponível em: http://www.millwardbrown.com/docs/default-source/insight-documents/points-of-view/millwardbrown_pov_brandedcontent.pdf?sfvrsn=2. Acesso em: 28 out. 2019.

NETO, G. Conteúdo de marca ganha força no Brasil. *In:* TUDO É CONTEÚDO. [*S. l.: s. n.*], 2008. Disponível em: https://tudoeconteudo.wordpress.com/2008/08/05/a-evolucao-do-branded-content/. Acesso em: 28 out. 2019.

PAIVA, J. M. *O poder da relevância:* o digital branded content no Facebook da marca Itaú. Monografia (Graduação) - Universidade Federal do Rio Grande do Sul, Faculdade de Biblioteconomia e Comunicação, Porto Alegre, 2015. Disponível em: https://lume.ufrgs.br/handle/10183/122676. Acesso em: 28 out. 2019.

PARKER, A. How to spot the best and worst content *marketing* strategies. *Social Fresh*, sep. 2013. Disponível em: https://www.socialfresh.com/best-worst-content-marketing/. Acesso em: 28 out. 2019.

POLITI, C. O que é content *marketing*? *In:* TRACTO Content Marketing. [*S. l.: s. n.*], 2019. Disponível em: https://www.tracto.com.br/o-que-e-content-marketing/. Acesso em: 28 out. 2019.

ROCHA, H. Marketing de conteúdo: o que é, como fazer e exemplos. *In:* KLICKPAGES. [*S. l.: s. n.*, 201-?]. Disponível em: https://klickpages.com.br/blog/marketing-de-conteudo-o-que-e/. Acesso em: 28 out. 2019.

As mídias sociais e os influenciadores digitais

Objetivos de aprendizagem

Ao final deste texto, você deve apresentar os seguintes aprendizados:

- Conceituar influenciador digital.
- Relacionar os tipos de influenciadores digitais.
- Descrever o papel dos influenciadores digitais no *marketing* digital.

Introdução

O uso das mídias sociais por empresas de qualquer porte ou segmento tem sido a grande tendência nas ações de *marketing* digital. Esse novo panorama — repleto de possibilidades e conexões e da ampliação do relacionamento entre marca e consumidor — trouxe consigo intensas transformações tecnológicas e culturais. Tais transformações modificaram profundamente o ambiente de *marketing*.

Todas as possibilidades que o ambiente digital oferece só podem ser vislumbradas se você entender quais mudanças ocorreram e como elas transformaram o comportamento dos consumidores. Assim, conhecer as funcionalidades e o perfil dos usuários que produzem conteúdo e utilizam as mídias sociais é essencial para planejar qualquer ação de *marketing*.

Neste capítulo, você vai estudar os influenciadores digitais. Você vai ver quais são os principais tipos de influenciadores digitais e qual é o poder deles em relação ao comportamento de compra dos consumidores, verificando por que se tornaram peças-chave nas estratégias de *marketing* digital.

O poder da influência no mundo digital

De tempos em tempos, a humanidade passa por momentos de profundas transformações, alterando a sua herança cultural e a sua forma de produzir conhecimento. Essas transformações ficam cada vez mais complexas com o impacto das novas tecnologias, como é o caso das mídias sociais. Essas novas mídias causaram uma mudança profunda e alteraram significativamente o modo como as pessoas produzem e tratam as informações, influenciando também a maneira de elas se relacionarem e de consumirem.

Foi a partir do século XXI, com o acesso em massa à internet e aos novos meios de comunicação, que surgiu o fenômeno das redes e mídias sociais. Como pontua Telles (2011, p. 7), "[...] a revolução das mídias sociais aconteceu sem se derramar uma gota de sangue, diferentemente da Revolução Francesa [...]". Essa comparação mostra a importância das mídias sociais para a transformação e a mudança de comportamento da sociedade.

Outro aspecto importante é que, sob a óptica do *marketing*, as redes sociais ou *sites* de relacionamento estão inseridas no contexto das mídias sociais. Desse modo, as estratégias de *Social Media Marketing* (SMM) são estratégias de *marketing* digital, que por sua vez está inserido no grande guarda-chuva do *marketing*. Portanto, você deve compreender que os principais pressupostos do *marketing* tradicional também se aplicam ao ambiente digital, com as adequações necessárias. Além disso, tenha em mente que as expressões "redes sociais" e "mídias sociais" precisam ser compreendidas não como sinônimas, mas como conceitos distintos.

As redes sociais são os ambientes cujo foco é reunir pessoas, ou seja, são os chamados *sites* de relacionamento. É o caso de Facebook, Instagram, MySpace, entre outros. Já as mídias sociais são os *sites* construídos para oferecer um espaço de criação colaborativa de conteúdo, interação social e compartilhamento de informações em diversos formatos (TELLES, 2011). Portanto, as redes sociais relacionam-se com a conexão entre as pessoas em função de um interesse comum. Já as mídias sociais estão associadas a conteúdos gerados e compartilhados pelas pessoas nas redes sociais. Como afirma Gabriel (2010, p. 202), "[...] tanto redes sociais como mídias sociais, em sua essência, não têm nada a ver com tecnologia, mas com pessoas e conexões humanas. A tecnologia apenas facilita e favorece a interação das pessoas e a criação e compartilhamento de conteúdo por elas [...]".

Com toda essa transformação, as mídias sociais vêm se tornando cada vez mais relevantes para o *marketing* e para os negócios. Como relata Terra (2011, p. 24), "[...] as redes sociais deixaram de servir apenas ao entretenimento de adolescentes para serem cada vez mais usadas pelas empresas como ferramenta de relacionamento [...]" e também de negócios. Para utilizar as mídias sociais como uma ferramenta estratégica de *marketing*, é fundamental compreender como as pessoas se comportam nas redes e quem são aquelas com maior poder de influência, os chamados influenciadores digitais. Portanto, entender quem são e qual é o papel dos influenciadores digitais é essencial para você se posicionar no ambiente digital e desenvolver estratégias efetivas de *marketing*.

Influenciadores digitais: definição e conceito

Os influenciadores digitais são pessoas que produzem algum tipo de conteúdo para a internet e se popularizam nas redes sociais como Facebook, Instagram e YouTube. Por ganharem bastante notoriedade nesse meio, eles passam a influenciar a tomada de decisão de seus seguidores. A produção de conteúdo pode estar relacionada à formação de opiniões sobre determinados temas, como política, ideologia, moda, estilo, interesses e entretenimento. Além disso, essas opiniões tendem a influenciar o comportamento e a opinião do público que acompanha o influenciador digital.

O surgimento desse novo usuário com grande poder de influência transformou radicalmente o processo de compra. Afinal, a opinião de influenciadores passou a ganhar mais importância do que informações de veículos oficiais como rádio, jornal e televisão, como destaca uma pesquisa realizada pelo Instituto QualiBest em 2018, que identificou os influenciadores digitais como a segunda fonte de informações para a tomada de decisão na compra de um produto.

Essa virada na pirâmide de influência colocou em xeque as antigas estratégias de *marketing*. Segundo Terra (2011), está havendo uma mudança da tradicional pirâmide de influência, aquela que vinha de cima para baixo, para um modelo mais fluido, colaborativo e horizontal. Neste, marcas e reputações corporativas são construídas em constante relacionamento e diálogo com consumidores/usuários. Desse modo, os influenciadores digitais são pessoas ou grupos que produzem conteúdo em formato de texto, vídeo ou imagem em diferentes mídias sociais e que conseguem influenciar o comportamento de determinado segmento de pessoas no ambiente digital.

O poder de um influenciador digital reside no fato de que ele conquistou um papel de autoridade para seus seguidores, estejam eles em qualquer rede social. É exatamente por isso que esses produtores de conteúdo se tornam excelentes canais de venda para as empresas. Eles têm uma audiência segmentada que os ouve e que se interessa pelo que dizem. Como os influenciadores podem trazer maior alcance, repercussão e autoridade para um negócio, é importante conhecer quais são os tipos de influenciadores digitais e qual é o mais adequado para cada estratégia de *marketing*.

> **Link**
>
> No *link* a seguir, confira uma pesquisa sobre o poder dos influenciadores digitais na tomada de decisão dos consumidores. Ela foi realizada pelo Instituto QualiBest em 2018.
>
> https://qrgo.page.link/QSVLt

O tripé da influência

Para entender como os produtores de conteúdo conseguem influenciar seu público, é importante entender e conhecer o tripé da influência. O que caracteriza o grau de influência que uma pessoa efetivamente exerce sobre o público que a acompanha é o bom desempenho em três aspectos: alcance, relevância e ressonância.

O **alcance** refere-se ao potencial que um influenciador tem de atingir as pessoas e espalhar a sua mensagem. Assim, se o influenciador possui muitos seguidores, o seu alcance tende naturalmente a ser grande. Esse alcance pode se tornar ainda maior se entre os seguidores houver outras pessoas com um grande número de seguidores, ampliando ainda mais o poder que o influenciador tem de impactar as pessoas.

Já a **ressonância** diz respeito ao engajamento do influenciador, ou seja, ao quanto as pessoas estão efetivamente interagindo com o influenciador e passando a sua mensagem adiante por meio de comentários, compartilhamentos e engajamento em discussões. Esse elemento é crucial, pois é a diferença entre os influenciadores reais e aqueles que compram seguidores falsos.

A **relevância** é a importância que o influenciador digital assume dentro de um segmento ou nicho, ou seja, o nível de respeitabilidade e credibilidade que o conteúdo do influenciador possui. Portanto, o influenciador não precisa ter um número imenso de seguidores, mas precisa ser relevante dentro do grupo que se propõe a influenciar.

Esse conceito do tripé de influência é conhecido em inglês como os **3 Rs do *marketing* de influência**, fazendo alusão às palavras: *reach, ressonance* e *relevance*. Analisar esse tripé é fundamental para entender a classificação dos influenciadores e avaliar que a atuação desses profissionais está além do número de seguidores ou interações em um *post*.

> **Saiba mais**
>
> Quantos *likes* são necessários para alguém se tornar um influenciador digital? Para medir o grau de influência de um influenciador digital, é preciso ir além das métricas de alcance e impressão. Por exemplo, em 2019, o Instagram decidiu esconder parcialmente o número de curtidas de cada *post*, o que obriga qualquer pessoa a fazer uma análise mais completa se quiser tirar uma conclusão sobre o desempenho da publicação. Essa ação reforça a ideia de que o impacto de uma publicação não está apenas no número de *likes*, mas na interação e no engajamento que a publicação consegue.

Os tipos de influenciadores digitais

Existe um universo grande e variado de influenciadores digitais que podem contribuir para as estratégias de *marketing*. Assim, classificá-los de acordo com o seu potencial de alcance é fundamental. Ao considerar a quantidade de seguidores, é possível tipificar os influenciadores em macro e microinfluenciadores.

Os **macroinfluenciadores** são os influenciadores digitais que agregam milhões de seguidores. É o caso dos *youtubers* Whindersson Nunes e Camila Coelho. Embora tratem de temas bem diferentes, pois Whindersson produz conteúdo humorístico e Camila fala sobre moda e estilo de vida, ambos conseguem alcançar uma grande audiência e ter influência em massa. O fator que amplia ainda mais esse alcance é o fato de que os dois influenciadores possuem facilidade para expandir os temas dos quais tratam, abordando assuntos amplos e genéricos. Por isso, agradam mais pessoas e conquistam mais seguidores.

Já os **microinfluenciadores** são aqueles perfis com menos de 10 mil seguidores e, normalmente, costumam ser de nicho específico. Ou seja, trabalham com temas mais definidos dentro de um assunto maior e tornam-se referência nesse assunto. É exatamente por isso que eles são tão estratégicos para empresas: o microinfluenciador digital tem o poder de falar com a audiência certa. Dentro dessa classificação, há, por exemplo, pequenos influenciadores que falam de um tipo de estilo na moda, *chefs* especializados em um tipo de gastronomia, profissionais de *marketing* que desenvolvem projetos somente para empresas de certo porte ou *gamers* que falam sobre jogos com determinada característica (ALVES, 2019).

O tamanho da audiência não é o único critério para definir se alguém é um macro ou um microinfluenciador digital. Em 2018, a empresa Comunique-se lançou um infográfico mostrando cinco perfis de influenciadores. Com base nessa análise, mais recentemente, a cofundadora da youPIX, Granja (2017), publicou um artigo no LinkedIn categorizando os influenciadores em sete tipos. Em ambas as classificações, foram levados em consideração três fatores principais: o alcance (tamanho da audiência); a ressonância (repercussão e capacidade de engajamento junto à audiência); e relevância (proximidade com o assunto ou os valores da marca). A seguir, veja quais são os principais tipos de influenciadores.

Top celebridade

São classificadas nessa categoria as celebridades que já atingiram a fama fora do ambiente digital — como atores de telenovela, cantores e apresentadores — e também pessoas que ganharam fama na internet — como Whindersson Nunes e Felipe Neto. Os influenciadores desse tipo normalmente não apresentam proximidade com a marca, mas, por alcançarem grande audiência, ajudam a falar com um número elevado de pessoas ao mesmo tempo. No entanto, como não possuem relevância direta para o tema ou os valores do produto e/ou serviço, podem não ser a melhor estratégia para gerar conversão em vendas.

Fit celebridade

Os influenciadores digitais categorizados como *fit* celebridades são pessoas que alcançaram a fama tanto dentro como fora do ambiente digital, mas apresentam proximidade e relevância em relação aos assuntos da marca. Esse tipo de influenciador tem alcance, ressonância e relevância muito altos. Desse modo, a estratégia ideal é selecionar uma celebridade que apresente sinergia total com os assuntos promovidos pela marca. Essa tática é uma ótima oportunidade para a empresa alcançar grandes *targets* e transformá-los em público consumidor. No entanto, por apresentarem grande visibilidade, as *fit* celebridades acabam exigindo uma alta remuneração para trabalhos associados a marcas. Quanto maior o tamanho da audiência, mais difícil é estabelecer uma relação afetiva entre marca e consumidor.

Esse tipo de influenciador é indicado como estratégia em ações que envolvam campanhas de percepção da marca (*awareness*) ou propostas que envolvam algum tipo de resultado direto, como conversão em vendas e geração de *leads*. Um exemplo de *fit* celebridade é a brasileira Camila Coelho, que em 2010 resolveu criar um *blog* e um canal no YouTube sobre maquiagem e moda, tornando-se famosa na internet. Com o êxito do *blog* e do canal, a maquiadora passou a estampar capas de revistas e a ser requisitada por diversas marcas, como Le Postiche, Natura, Riachuelo e Lâncome.

Autoridade

O influenciador autoridade apresenta baixo alcance, mas gera muito engajamento e tem alta relevância. Esse perfil é caracterizado por dominar determinado assunto e, por isso, é bastante respeitado dentro de um segmento, comunidade e até região. A sua audiência também costuma ser influente. O influenciador que é especialista em determinado tema, por ter grande proximidade com a comunidade de interessados e falar com ela a partir de uma linguagem especializada, auxilia na percepção sobre a marca e também a converter usuários em uma escala menor. Os seus argumentos e a sua credibilidade são seus maiores ativos.

Ecossistema

Essa categoria engloba um conjunto de pequenos influenciadores digitais que atuam dentro de um nicho. Segundo Granja (2017), o que diferencia o perfil ecossistema do perfil autoridade é o poder de repercussão do primeiro. Os influenciadores da categoria ecossistema possuem um alcance baixo e média ressonância, mas alta relevância. Trata-se, portanto, de pequenos influenciadores que fazem conteúdo segmentado e que têm bastante proximidade e relevância com usuários de um mesmo segmento, como decoração, empreendedorismo, esporte, *games*, etc.

Trendsetter

Os influenciadores que se enquadram nessa categoria possuem como características a *expertise* e o reconhecimento em determinados temas ou causas. Portanto, são respeitados como autoridades no assunto ou como líderes de causa e/ou discussões, vistos como precursores de determinado nicho. Com alta credibilidade, esse perfil de influenciador é uma excelente estratégia para as marcas que desejam trabalhar o seu posicionamento. Desse modo, a marca estabelece uma parceria com pessoas de alto grau de respeitabilidade para reafirmar seus valores.

Enquadram-se nessa categoria os influenciadores ativistas, conhecidos por defenderem causas sociais, ambientais, etc. Contudo, os influenciadores do tipo *trendsetter* dificilmente vinculam seu nome a empresas que não têm de fato valores e princípios parecidos com os seus. Um exemplo é a *youtuber* Jout Jout, que ficou popular na internet depois de falar abertamente sobre os sinais e efeitos de relacionamentos abusivos. Atualmente, várias empresas querem tê-la como embaixadora de suas marcas pelo seu alto poder de engajamento.

Jornalista

O profissional de mídia não ficou de fora da influência digital. Os jornalistas influenciadores digitais apresentam um alcance bastante elevado por atuarem nos veículos de comunicação de massa e por cobrirem uma vasta gama de pautas e assuntos. Exatamente pelo seu contato amplo com diversos assuntos, os graus de ressonância e de relevância dos jornalistas também variam, dependendo do quão engajados eles estão com determinado assunto ou tema da marca. Um exemplo é o jornalista Ricardo Amorim, que em 2015 foi eleito pela *Revista Forbes* uma das 100 pessoas mais influentes do Brasil e escolhido pelo LinkedIn como o maior influenciador do Brasil.

Público interno

Os influenciadores digitais tipificados como público interno são os funcionários da própria marca que atuam como microinfluenciadores. Por apresentarem uma visão interna e dos "bastidores" da empresa, acabam sendo uma ótima estratégia para humanizar a marca e promover a cultura e os princípios da empresa. Essa é a primeira categoria de influenciadores que a marca precisa trabalhar; afinal, se uma empresa possui colaboradores que não acreditam nem confiam no produto e/ou serviço com que trabalham diariamente, algo deve estar errado. Os influenciadores do tipo público interno possuem baixo alcance e ressonância, mas alto grau de relevância, uma vez que não há nenhum outro influenciador que entenda tão bem a marca e possua tanta autoridade para falar sobre ela.

Algumas considerações

A classificação dos influenciadores em sete tipos específicos ainda não é unânime no *marketing* digital. Inclusive, ela não contempla diversas outras categorias de influenciadores, como é o caso de influenciadores que ganharam fama momentânea devido a um *meme* ou momento engraçado. Um exemplo da utilização desse tipo de influenciador como estratégia de *marketing* é o caso dos primos que ficaram famosos pela frase "Taca-lhe pau, Marco véio". Com um vídeo caseiro e uma narrativa espontânea da descida do primo Marcos em um carrinho de rolimã, eles ganharam os olhares da Fórmula 1. Aproveitando o momento e o *frisson* causado pelo vídeo, os meninos foram convidados para gravar um comercial da temporada GP Petrobras do Brasil de Fórmula 1 em 2014.

> **Link**
>
> No *link* a seguir, confira o vídeo completo da propaganda do lançamento da temporada GP Petrobras do Brasil de Fórmula 1 em 2014.
>
> https://qrgo.page.link/35vcE

Conhecer os tipos de influenciadores auxilia o analista de *marketing* digital a desenhar a melhor estratégia para a sua ação. No entanto, nem todos os perfis adequados para a empresa precisam se enquadrar em alguma dessas categorias. O que você deve notar é que a parceria estabelecida entre influenciador e marca tem como objetivo promover uma conversa mais próxima com o público. A ideia é desenvolver um relacionamento por meio de pessoas e conteúdos que se aproximam da realidade e, portanto, podem gerar autoridade, engajamento e conversão real em vendas. Desse modo, o profissional de *marketing* consegue avaliar se o perfil desejado tem potencial para ajudar a marca a alcançar seus objetivos e atingir o público que almeja.

Influenciadores como estratégia de *marketing* digital

As transformações promovidas pela internet vieram para revolucionar o relacionamento entre marca e consumidor. O novo contexto promovido pelas mídias sociais exige que as empresas repensem suas antigas suposições sobre como alcançar seu *target* e influenciar o processo de tomada de decisão dos consumidores. Como destaca Jenkins (2009, p. 47), "[...] se os antigos consumidores eram tidos como passivos, os novos consumidores são ativos [...]. Se o trabalho de consumidores de mídia já foi silencioso e invisível, os novos consumidores são agora barulhentos e públicos [...]". Ou seja, se antes os consumidores eram vistos como previsíveis e leais, hoje eles são imprevisíveis e migratórios, atuam de forma conectada e em rede.

O guru do *marketing* Kotler, Kartajaya e Setiawan (2017) também destaca essa mudança no comportamento do consumidor. Para ele, o conceito de confiança passou a ser horizontal: se no passado os consumidores eram facilmente influenciados por campanhas publicitárias e buscavam a credibilidade em autoridades e especialistas, atualmente eles estão conectados e são influenciados mais fortemente por fatores sociais como amigos, família e, em segundo lugar, por influenciadores digitais. "A maioria pede conselhos a estranhos nas mídias sociais e confia neles mais do que nas opiniões advindas da publicidade e de especialistas [...]", destaca Kotler, Kartajaya e Setiawan (2017, p. 27). Com essa mudança de panorama, o autor revela que as marcas devem estabelecer um novo tipo de relacionamento com os consumidores, pois eles não atuam como mero público-alvo. Está em jogo um relacionamento de indivíduos que valorizam a marca e se identificam com a percepção dela sobre princípios e valores.

Essa mudança é corroborada por uma pesquisa realizada em 2018 pelo Instituto QualiBest, que identificou o poder dos influenciadores no comportamento dos consumidores. "Um dos dados apurados mostra que eles são a segunda fonte de informações para a tomada de decisão na compra de um produto, citada por 49% dos respondentes, perdendo apenas para amigos e parentes, citados por 57% dos respondentes [...]" (INSTITUTO QUALIBEST, 2018, documento *on-line*).

Outro autor que destaca essa ruptura no processo de decisão de compra é Longo (2014, p. 197), que afirma: "[...] vivemos uma nova era e a pós-digitalidade exige novos parâmetros [...]". O autor destaca ainda que o poder do consumidor nessa nova era fez dele um novo veículo de comunicação. Dependendo da rede de relacionamentos virtuais de um sujeito e da sua capacidade de atingir outras pessoas, uma mensagem divulgada por ele pode viralizar as suas opiniões. "E mais, pode ter também bastante credibilidade nesses círculos. Isso aumenta exponencialmente o número de forças que incidem sobre as decisões de compra, sobre a imagem das marcas e sobre o planejamento estratégico da comunicação [...]" (LONGO, 2014, p. 197).

Desse modo, ao tomar decisões de compra, os consumidores em geral têm sido fortemente influenciados por uma rede de proximidade e por influenciadores digitais, categoria de profissionais que vem crescendo a cada ano. Atualmente, segundo a pesquisa realizada pelo Instituto QualiBest (2018), o poder do influenciador é alto, mas ainda vai crescer. Os dados apurados pela pesquisa revelam que 71% dos entrevistados seguem influenciadores de categorias como beleza, saúde, gastronomia, viagem, decoração, celebridades e espiritualidade. Além disso, 52% dos entrevistados revelaram que já compraram algum produto motivados por um influenciador. Esses dados demonstram a importância de se conhecer o papel dos influenciadores no *marketing* digital, atentando ao seu poder de persuasão na tomada de decisão de compra.

O poder do influenciador digital, segundo a pesquisa realizada pelo Instituto QualiBest (2018), tem a ver com a independência de opinião e a fala livre e descompromissada que essas pessoas apresentam. Embora os seguidores saibam que muitos dos influenciadores recebem patrocínio, ainda prevalece um ar de isenção e credibilidade em suas opiniões. Por isso, é fundamental para o analista de *marketing* acompanhar com atenção o movimento promovido por esses influenciadores.

Como porta-voz de uma marca, o influenciador digital passou a assumir o mesmo papel da publicidade tradicional, mas com formatos diferentes e canais distintos. Se antes o consumidor se deslumbrava com as campanhas publicitárias apresentadas no intervalo da novela, hoje o usuário encontra esse encanto nos vídeos do YouTube ou no *lifestyle* de um influenciador no Instagram. Desse modo, o influenciador conquista a sua audiência por demonstrar alto poder de convencimento por meio da "isenção" de opinião.

Exemplo

Em janeiro de 2017, o Canal Brasil convidou a jornalista e *youtuber* Julia Tolezano, a Jout Jout, para divulgar a Mostra Cine-Delas. A influenciadora divulgou um vídeo em que falava sobre a relevância de projetos como aquele e apresentava a mostra, além de divulgar os filmes e horários de exibição, explicando ainda o que era o Canal Brasil.

A estratégia utilizada pela emissora promoveu o Canal Brasil, fortaleceu a marca e alcançou grande visibilidade para a mostra, que ocorreu entre janeiro e abril de 2017. Segundo dados do Canal Brasil, com apenas um vídeo, Jout Jout conseguiu mais de 280 mil visualizações para o projeto.

Outro aspecto que você deve considerar ao analisar o papel do influenciador digital nas estratégias de *marketing* digital é o seguinte: mais importante do que o alcance do influenciador, é o seu poder de representar uma marca, produto ou serviço sem que pareça uma propaganda. "A comunicação tem que ser leve e integrada aos temas que ele trata, mantendo a áurea de isenção e de liberdade de opiniões [...]" (INSTITUTO QUALIBEST, 2018, documento *on-line*).

O tamanho e o alcance da audiência não são os únicos critérios para a escolha de um influenciador digital. Primeiramente, você deve considerar que um influenciador digital é aquele indivíduo que possui, além de seguidores consumindo o seu conteúdo, um público altamente engajado com aquilo que ele produz. São seguidores que curtem e compartilham, perguntam, votam, requisitam assuntos, comentam e interagem com fotos, vídeos e textos. Seja em qualquer mídia social ou até em outros canais *on-line*, essa relação de proximidade e confiança é que gera influência real sobre as pessoas.

Portanto, o profissional de *marketing* precisa mudar a sua abordagem em relação ao planejamento de ações, recursos, objetivos e consequências de cada interação. É necessário compreender a complexidade do comportamento de compra do consumidor e as mudanças na pirâmide de influência.

Referências

ALVES, L. *Digital influencer:* o guia para o sucesso na internet. [2019]. Disponível em: https://blog.bume.io/digital-influencer/. Acesso em: 20 out. 2019.

GABRIEL, M. *Marketing na era digital.* São Paulo: Novatec, 2010.

GRANJA, B. *7 tipos de influenciadores e suas principais contribuições para as marcas.* 2017. Disponível em: https://pt.linkedin.com/pulse/7-tipos-de-influenciadores-e-suas--principais-para-marcas-bia-granja?utm_source=blog&utm_campaign=rc_blogpost. Acesso em: 20 out. 2019.

INSTITUTO QUALIBEST. *Estudo sobre os influenciadores digitais.* 2018. Disponível em: https://www.institutoqualibest.com/wp-content/uploads/2018/07/InstitutoQuali-Best_Estudo_InfluenciadoresV4.pdf. Acesso em: 20 out. 2019.

JENKINS, H. *Cultura de convergência.* São Paulo: Aleph, 2009.

KOTLER, P.; KARTAJAYA, H.; SETIAWAN, I. *Marketing 4.0.* Rio de Janeiro: Sextante, 2017.

LONGO, W. *Marketing e comunicação na era pós-digital:* as regras mudaram. São Paulo: HSM do Brasil, 2014.

TELLES, A. *A revolução das mídias sociais:* cases, conceitos, dicas e ferramentas. São Paulo: M. Books do Brasil, 2011.

TERRA, C. F. *Mídias sociais... e agora?* O que você precisa saber para implementar um projeto de mídias sociais. São Caetano do Sul: Difusão, 2011.

Leituras recomendadas

5Seleto. *Descubra 3 cases de sucesso de estratégias com influenciadores.* 2017. Disponível em: http://5seleto.com.br/cases-de-sucesso-de-estrategias-com-influenciadores/. Acesso em: 20 out. 2019.

LEÃO, M. *Conheça os 7 tipos de influenciadores digitais e descubra qual se encaixa mais na sua estratégia.* 2018. Disponível em: https://rockcontent.com/blog/tipos-de-influencia-dores/. Acesso em: 20 out. 2019.

CRM (*Customer Relationship Management*)

Objetivos de aprendizagem

Ao final deste texto, você deve apresentar os seguintes aprendizados:

- Conceituar CRM (*Customer Relationship Management*).
- Identificar como o CRM pode auxiliar no relacionamento da empresa com seus clientes.
- Relacionar ações e táticas do uso do CRM no *marketing* digital.

Introdução

Durante séculos, os fabricantes individualizaram os seus produtos, mas com a Revolução Industrial se iniciou a era da produção em massa. Hoje, porém, os clientes voltaram a compreender a importância do produto e do contato individualizados. Essa mudança no panorama comercial modificou também o processo de compra, impactando as ações de *marketing*.

Para se adequar aos novos tempos, o *marketing* passou a desenvolver ações para criar um relacionamento sólido com o cliente. A ideia é maximizar o valor do cliente cultivando um relacionamento de longo prazo. Nesse processo, surgiram aliados como a gestão do relacionamento com o cliente (CRM).

Neste capítulo, você vai conhecer os principais conceitos de CRM, verificando as diferenças de aplicação e os fundamentos que embasam a sua utilização. Além disso, vai identificar como a estratégia de CRM pode auxiliar as empresas no relacionamento com seus clientes. Por fim, vai ver como ações conjuntas de CRM em *marketing* digital podem contribuir para a construção de relacionamentos sólidos com os clientes e a promoção de ações assertivas.

Conceitos básicos

Em um mercado cada vez mais competitivo, é fundamental compreender os desejos e as necessidades dos clientes. O que antes era tratado como um diferencial hoje é um pressuposto básico na gestão de qualquer empresa. Com a mudança no mercado, o *marketing* também se modificou. Como esclarece Kotler (2006), o foco das ações de *marketing* passou do produto para o cliente. Desse modo, as ações estratégicas de relacionamento ganharam um novo espaço no planejamento de *marketing*.

Considerando essas transformações no mercado, conquistar o cliente para que ele seja fiel ao produto e/ou serviço é um grande desafio. Segundo Kotler (2006), essa necessidade surgiu quando as empresas passaram a compreender a real importância de desenvolver vínculos mais fortes com os clientes, maximizando o valor do consumidor e promovendo um relacionamento de longo prazo. "Hoje, as empresas estão abandonando o perdulário *marketing* de massa e optando por um *marketing* mais preciso, desenvolvido para criar um relacionamento sólido com o cliente" (KOTLER, 2006, p. 150). Para auxiliar as empresas nessa árdua tarefa, surge o *marketing* de relacionamento, além de ferramentas estratégicas como o CRM.

As múltiplas definições do CRM

Embora pareçam simples, as definições de CRM ainda causam grande confusão. Isso ocorre porque o CRM é tanto um método quanto um sistema. Em uma revisão da literatura, passando por autores como Pedron e Saccol (2009), é possível encontrar diferentes definições de CRM. Pode-se dividi-las em três abordagens principais:

- CRM como uma **filosofia** de fazer negócios, que está relacionada a uma cultura orientada para o cliente, interessada em construir e cultivar relacionamentos de longo prazo;
- CRM como **estratégia** organizacional que conduzirá planos e ações funcionais para a construção de relacionamentos com os clientes;
- CRM como uma **ferramenta** que visa a coletar, analisar e aplicar dados para construir e gerenciar relacionamentos com os clientes.

Desse modo, o método refere-se à estratégia de colocar o cliente no centro das ações. Já a ferramenta é um sistema que centraliza todo o contato que a empresa tem com seus clientes. Portanto, as conceituações de CRM a seguir são referentes à filosofia e à estratégia de gestão de relacionamento com os clientes. Os programas de *software* de CRM são entendidos apenas como ferramentas para otimizar a estratégia de CRM.

Kotler (2006, p. 151) define CRM como o "[...] gerenciamento cuidadoso de informações detalhadas sobre cada cliente e de todos os 'pontos de contato' com ele, a fim de maximizar sua fidelidade". Como resultado, o uso eficaz das informações obtidas por meio do CRM permite que as empresas ofereçam um atendimento de qualidade e personalizado para cada cliente. Segundo o autor, a importância do CRM reside no fato de ele atuar como um grande impulsionador da lucratividade com o valor agregado dos clientes.

Na prática, o CRM tem impacto direto nas estratégias de *marketing*, vendas, suporte e vários outros setores do negócio, já que todos são afetados pela relação com os clientes. Portanto, define-se CRM como um conjunto de estratégias e tecnologias que empresas podem usar para gerenciar e analisar as interações que têm com seus clientes. A ideia principal é colocar os consumidores no centro, voltando-se para as necessidades deles.

Nesse novo cenário centrado no cliente, o relacionamento também evoluiu. Surgiu o conceito conhecido como **experiência do cliente**. Assim, o CRM não é apenas centrado no cliente, mas vai além: é uma gestão 360° de vendas, *marketing*, atendimento e todos os pontos de contato. Portanto, o CRM ultrapassa uma simples plataforma ou *software* de contatos; ele é um processo estratégico para gerenciar e analisar as interações da empresa com os seus clientes. Além disso, auxilia na antecipação das necessidades e desejos dos clientes e nos *prospects*, bem como na otimização da rentabilidade, aumentando as vendas e personalizando campanhas para a captação de novos clientes.

Yanaze (2011) destaca que as organizações podem complementar a base de dados com informações sobre o perfil de consumo, incluindo registros de compras, intenções e interesses. "O CRM digital auxilia na customização não só da mensagem em *e-mails* e de ações promocionais, como pode ser utilizado na individualização e personalização de produtos e serviços" (YANAZE, 2011, p. 479). Além disso, existem empresas que utilizam o CRM para customizar seus produtos conforme a necessidade e o interesse de cada cliente. Portanto, o CRM auxilia não apenas na organização e na segmentação dos dados, mas em todo o processo de relacionamento com o cliente, seja na pré-venda ou no pós-venda, oferecendo suporte para a fidelização.

Fundamentos do CRM

Don Peppers e Martha Rogers idealizaram alguns dos fundamentos do CRM, que foram apresentados em uma série de livros. Os autores descrevem um modelo de quatro etapas para o *marketing* um para um, adaptado por Kotler (2006) para o CRM.

O primeiro fundamento é **identificar os clientes atuais e potenciais**. Ou seja, é necessário construir, manter e garimpar um banco de dados dos clientes, com informações oriundas dos diversos canais e pontos de contato. Kotler (2006, p. 151) define pontos de contato como "[...] qualquer ocasião em que o cliente tem contato com a marca ou o produto, isso inclui desde a experiência em si até uma comunicação pessoal ou de massa, ou mesmo uma observação casual".

O segundo fundamento é **diferenciar os clientes em termos de necessidades e de seu valor para a empresa**. Nessa etapa, é essencial dedicar mais tempo para os clientes mais valiosos. Para definir esse valor, Kotler (2006) indica a aplicação do método do custeio baseado em atividades, calculando o valor do cliente ao longo do tempo. Desse modo, é possível estimar o valor líquido dos lucros futuros provenientes de compras, níveis de margens e recomendações, subtraindo os custos específicos de atendimento ao cliente.

O terceiro fundamento é **interagir com os clientes de maneira individual e personalizada** para ampliar o conhecimento sobre as necessidades de cada um e, assim, **construir relacionamentos mais sólidos**. Essa interação, segundo Kotler (2006), pode ser realizada por meio de ações como o desenvolvimento de ofertas customizadas ou a comunicação personalizada.

Customizar produtos, serviços e mensagens para cada cliente é o quarto fundamento do CRM. Para Kotler (2006), é possível maximizar o uso do CRM ao se utilizarem as informações coletadas nos pontos de contato e no *site* da empresa, por exemplo, para facilitar a interação entre empresa e clientes. Com base nesses fundamentos, foram desenvolvidas quatro aplicações principais para a estratégia de CRM, que você vai conhecer a seguir.

As quatro aplicações do CRM

A estratégia de CRM conta com quatro tipos de funcionalidades específicas — ou aplicações do CRM —, que foram elaboradas por Rez (2017). Embora essas subdivisões sejam voltadas para atender a diferentes necessidades, o mais indicado é que todas sejam pensadas e utilizadas de forma integrada.

A **aplicação operacional** consiste em criar e manter canais de relacionamento com os clientes. Ela está ligada ao atendimento ao cliente, ao pós-venda e às equipes de suporte técnico. É por meio dessa aplicação operacional que podem ser descobertos problemas processuais, serviços que precisam ser melhorados e sugestões que podem servir de base para o desenvolvimento de novas soluções no futuro.

A **operação analítica** é a aplicação do CRM que visa a analisar os dados obtidos e conhecer melhor o cliente. Por meio de relatórios, é possível traçar perfis de clientes e identificar suas demandas de forma segmentada, auxiliando na tomada de decisão. Dessa forma, o contato com os clientes passa a ser mais personalizado e próximo, possibilitando a oferta da solução mais adequada para cada um deles.

A **aplicação colaborativa** trata de garantir que a informação flua de todos os pontos de contato e relacionamento com o cliente para todos os setores da empresa, visando à colaboração necessária para atender ao foco central: o cliente. As abordagens operacional e analítica fornecem os dados para que os setores somem esforços e busquem a sinergia, tendo como objetivo comum o foco nas necessidades dos clientes. Já a **aplicação social** do CRM é a interação com o cliente por intermédio de diversas mídias.

Você deve ter em mente que é necessária uma utilização estratégica de todas as aplicações. Ou seja, por meio de uma análise da competitividade do mercado, bem como das forças e fraquezas, oportunidades e ameaças da empresa, é possível determinar a melhor maneira de utilizar todas as aplicações do CRM (operacional, analítica, colaborativa e social) de forma integrada e com objetivos definidos.

Saiba mais

Você sabe qual é a diferença entre *marketing* de relacionamento e CRM? O *marketing* de relacionamento é um segmento do *marketing* que busca estabelecer um relacionamento ideal com os clientes. A ideia é que eles elejam a empresa como preferida, ou seja, que ela seja a sua primeira escolha. Desse modo, o *marketing* de relacionamento é bastante amplo e engloba ações como campanhas de mídia, *branding*, relações públicas e até posicionamento da marca.

Já o CRM é uma estratégia que auxilia o *marketing* de relacionamento no entendimento sobre os clientes, incluindo seus desejos e necessidades. Portanto, o CRM atua mais precisamente no contato direto com o cliente. Para realizar esse contato direto e manter esse relacionamento com o cliente, as empresas utilizam os sistemas de CRM, que são ferramentas tecnológicas auxiliares.

Em suma, quando uma empresa opta por uma estratégia mercadológica focada no relacionamento com o cliente, ela escolhe o *marketing* de relacionamento. Entre as táticas utilizadas no *marketing* de relacionamento, uma das mais importantes é o CRM. Assim, a empresa que pratica o *marketing* de relacionamento usa o CRM para organizar e gerenciar todos os contatos de seus clientes com o objetivo de extrair o máximo de informações deles e conhecê-los com mais profundidade.

Impacto do CRM na relação entre empresa e cliente

Como pontua Kotler (2006), no cenário atual, os clientes são mais difíceis de agradar. Isso ocorre porque eles são mais conscientes em relação aos preços e à qualidade dos serviços. Os clientes da contemporaneidade se tonaram mais exigentes com as empresas e, como acrescenta Jeffrey Gitomer (*apud* KOTLER, 2006, p. 153), "[...] o desafio não é deixá-los satisfeitos, isso vários concorrentes podem fazer. O desafio é conquistar clientes fiéis".

Nesse cenário, o CRM surge como uma estratégia para atrair e reter clientes. Como você já viu, o CRM é uma estratégia de gestão que busca gerenciar todos os relacionamentos e interações da empresa com seus clientes atuais e potenciais. O relacionamento é o principal caminho para reduzir o índice de perda de clientes.

Kotler (2006, p. 153) afirma ainda que existem duas maneiras de intensificar a retenção de clientes, uma delas "[...] é erguer barreiras elevadas para a impedir a mudança", o que envolve elevar os custos do capital e os custos relacionados à pesquisa de fornecedores. A segunda forma é o melhor método: "[...] entregar um alto grau de satisfação aos clientes. Isso torna difícil para os concorrentes ultrapassar as barreiras à mudança oferecendo simplesmente preços mais baixos ou incentivos" (KOTLER, 2006, p. 153). Outro ponto é o custo para a aquisição de novos clientes, que pode chegar a ser cinco vezes maior do que o custo de satisfazer e reter os clientes já existentes.

Fique atento

Cada vez mais as empresas reconhecem a importância de satisfazer e reter clientes. Como clientes satisfeitos constituem o capital de relacionamento da empresa (KOTLER, 2006), a estratégia de CRM torna-se ainda mais essencial.

Segundo a Salesforce ([201-?]), empresa líder mundial em sistemas de CRM, o relacionamento com os clientes começa pela atração, mas só ganha solidez com um atendimento pós-venda eficiente. Com uma estratégia de CRM, é possível desenvolver um atendimento ao cliente rápido e preciso. Com a implementação do CRM, o processo de pós-venda torna-se mais preciso pois há uma personalização no atendimento e uma antecipação para reverter eventuais problemas. Outra função essencial do CRM para otimizar o relacionamento entre clientes e empresa é permitir a integração entre todas as ações de pré-venda, venda e pós-venda, como também aprimorar as ações de atendimento ao cliente e o suporte multicanal.

Kotler (2006) também esclarece que a adoção da estratégia de CRM auxilia as empresas na gestão do relacionamento com o cliente. Se a estratégia for bem executada, ela cumpre os objetivos de: adquirir o cliente certo; elaborar a proposta de valor correta; implementar os melhores processos; motivar os funcionários; e reter clientes. Para o autor, a tecnologia de CRM pode ajudar ainda na análise de dados sobre receitas e custos com clientes. Isso é útil para identificar quem são os clientes de alto valor atual e futuro. Ademais, é importante para a empresa direcionar melhor os esforços de *marketing* e capturar dados relevantes sobre o comportamento de produtos e serviços. Por fim, o CRM auxilia na criação de novos canais de distribuição, no desenvolvimento de novos modelos de determinação de preço, na construção de comunidades e no monitoramento de índices de perda e retenção de clientes.

Para se manter um bom relacionamento com os clientes e se aumentar a taxa de retenção, são necessárias mudanças em toda a organização. Isso envolve adotar um modelo de gestão centrado no cliente e tomadas de decisões comerciais que priorizem os desejos e as necessidades dele. Para tal, é preciso mudar hábitos organizacionais, operações e tecnologias da empresa a fim de oferecer o melhor atendimento possível. Operacionalmente, essa mudança estratégica centrada no cliente precisa de todos os setores conectados; a ideia é que as áreas de *marketing*, desenvolvimento de produto e até suporte técnico estejam em sincronia o tempo todo.

Com as informações fornecidas pelo CRM em mãos, é possível transformar esses dados em aumento de vendas e eficácia das campanhas de *marketing*. Ao colocar o foco no cliente, a estratégia de CRM auxilia os gestores a entender, desvendar e saber mais sobre cada detalhe de seus clientes e de sua jornada de compras. Assim, é possível desenvolver ações para proporcionar um atendimento individualizado e personalizado. Portanto, o CRM entrega um relatório completo sobre o cliente para potencializar o relacionamento e as vendas. Ele é essencial também para gerenciar e organizar os processos de venda.

Fique atento

Clientes com estilos diferentes podem apresentar necessidades completamente distintas. Por isso, o CRM está totalmente relacionado com o *marketing* de relacionamento. Afinal, o relacionamento vai além de um bom atendimento. Um relacionamento sólido entre empresa e cliente requer entender o público e sempre conquistá-lo.

Em suma, a estratégia de CRM é a base de todo o relacionamento entre empresa e clientes. Ao colocá-la em prática, é possível compreender as necessidades do cliente e resolver os seus problemas com a solução mais adequada. Além disso, o CRM possibilita uma comunicação mais personalizada e focada nos assuntos que interessam ao cliente. Essa customização da mensagem é mais um dos benefícios de colocar em prática a estratégia de CRM. Entender profundamente os desejos e necessidades dos clientes favorece a construção de relacionamentos mais fiéis à empresa e de longa duração. Portanto, o CRM atua no gerenciamento dos hábitos de cada um dos clientes, realiza um atendimento diferenciado e antecipa soluções. Ao ouvir o cliente, em suas dúvidas e reclamações, a empresa pode antecipar a resolução dos problemas e ampliar suas oportunidades de vendas por meio de vendas cruzadas (*cross selling*) ou vendas ampliadas (*up selling*).

Estratégia de CRM no *marketing* digital

Muito mais do que um simples programa de gerenciamento de vendas, o CRM é uma estratégia que visa a organizar o processo comercial e aumentar o desempenho de vendas. Como o foco do CRM em *marketing* é sempre o cliente, a adoção dessa estratégia oferece um aporte significativo para entender e oferecer o que os clientes atuais e potenciais precisam, resolvendo os problemas com uma solução efetiva e personalizada.

Por isso, o relacionamento deve ser acompanhado e gerenciado desde o início — ou seja, desde o primeiro contato com o *prospect* —, durante a jornada de compra e até quando o consumidor se torna um cliente. Em *marketing* digital, a utilização do CRM ajuda na conversão dos *prospects* e amplia a visão da equipe sobre o funil de vendas.

Por se tratar de uma estratégia que impacta diretamente a *performance* de vendas de uma empresa e ser de uso fácil, o CRM é adotado por um grande número de empresas. Mesmo em equipes com profissionais sem conhecimento técnico, essa estratégia, se aplicada adequadamente, pode ser facilmente gerenciada. Afinal, trata-se de um processo intuitivo e que auxilia na dinâmica comercial.

Outro fator que normalmente facilita a implementação do CRM em ações do *marketing* digital é a integração com diversas ferramentas do ambiente digital. Como são responsáveis pela gestão do relacionamento com clientes, os programas mais comumente utilizados ajudam no enriquecimento do perfil comercial dos *leads*, além de auxiliarem na conexão com gerenciamentos de *e-mail marketing* e até ferramentas VOIP. Essa parceria é em grande parte estabelecida pela automação de *marketing*, que atua como um grande potencializador do CRM. Confira os principais benefícios do CRM para o *marketing* digital:

- facilita o acompanhamento do funil de vendas e do ciclo do cliente;
- incentiva o atendimento individual e personalizado;
- integra processos de *marketing* e vendas;
- obtém maior assertividade nas ações e abordagens;
- conecta-se com outros programas de *software* e soluções digitais (SOBANSKI, 2017).

Na utilização do CRM em ações de *marketing* digital, ocorre uma atuação conjunta do setor de *marketing* e do setor comercial, uma vez que ambos podem acompanhar o ciclo de vida do cliente desde o seu primeiro contato e interação, continuando durante a prospecção e a abordagem de vendas. Desse modo, é possível gerenciar os dados dos *leads* adquiridos por meio das ações de *marketing* digital e enriquecer o cadastro com informações relevantes, como principais dúvidas e reclamações, periodicidade de compra, papel na tomada de decisão, etc.

Outra vantagem do CRM é proporcionar um atendimento individualizado e personalizado. Com isso, as ações de *marketing* digital conseguem criar mensagens customizadas e personificar a comunicação. Por meio do CRM, é possível reunir dados relevantes dos potenciais clientes e, assim, produzir um *e-mail marketing* mais direcionado, estabelecendo uma relação confiável com os *prospects*, que se sentem ouvidos e compreendidos. O resultado de se estabelecer um vínculo mais forte entre empresa e clientes é a proximidade maior e a fidelização.

O CRM também promove a integração entre os processos de *marketing* e vendas, entregando *leads* mais qualificados e um funil de vendas de alto desempenho. Com a adoção de uma estratégia de CRM, é possível acompanhar todo o percurso do cliente dentro do funil de vendas. Como ambos os setores impactam o relacionamento com o cliente, o desenvolvimento de um banco de dados completo e um histórico de interações com os *prospects* possibilita a criação de estratégias mais assertivas. Essa relação entre CRM e *marketing* digital não consiste apenas em encontrar a melhor forma de vender mais. Ela proporciona valor ao cliente potencial, com o intuito de fornecer com mais exatidão e clareza os reais benefícios da solução que o negócio oferece.

Com a evolução das soluções digitais, o CRM veio ao encontro de muitos desejos do *marketing* digital, como conectar diversas plataformas para aumentar o contato com o cliente e, assim, obter um relacionamento mais sólido e duradouro. Com o CRM, é possível enriquecer o perfil dos *prospects* com dados relevantes e melhorar o relacionamento. Além disso, há plataformas de CRM que utilizam indicadores para gerenciar processos, como o andamento do funil de vendas e o agendamento de reuniões. Há, ainda, outros programas de *software* que integram essa metodologia com estratégias de engajamento, enviando *e-mails* de *follow-up* e adicionando o contato a fluxos de nutrição e automatização, por exemplo.

> **Fique atento**
>
> Sempre que se fala sobre relacionamento com o cliente, há grandes empresas que servem de modelo. Considere, por exemplo, o aplicativo de músicas Spotify. A plataforma reúne informações sobre os gostos musicais e a assiduidade dos usuários. Com base nesses dados, sugere álbuns e *playlists* relacionadas aos gostos musicais dos clientes. É algo simples, mas faz os usuários se sentirem extremamente especiais.

A RD STATION (2019), empresa brasileira líder em soluções de *marketing* digital, pontua a importância da atuação conjunta entre CRM e *marketing* digital. Para ela, a tendência é que, cada vez mais, os esforços de *marketing* e vendas sejam conjuntos. Portanto, a integração do *marketing* digital com o CRM reforça esse movimento e vem para maximizar os resultados que poderiam ser obtidos por cada estratégia separadamente. Com essa integração, o processo de atração, conversão, retenção, monitoramento e satisfação do *target* torna-se mais completo e eficiente.

A implementação do CRM aliado ao *marketing* digital facilita a gestão dos *leads* e amplia as oportunidades de vendas da empresa ao concentrar as informações e processos em um único local. Contudo, o CRM não deve ser tratado apenas como uma ferramenta. A adoção da estratégia de gestão de relacionamento com o cliente deve fazer parte da metodologia de vendas utilizada pela equipe comercial. Ou seja, todos os setores devem compreender a importância de centrar suas ações na satisfação do cliente. Portanto, integrar a estratégia de CRM ao *marketing* digital promove maior conhecimento a respeito do cliente e de sua jornada de compra, bem como leva à criação de produtos diferenciados e adequados. Além disso, auxilia na atração de novos clientes rentáveis, na fidelização e na retenção de clientes antigos.

Referências

KOTLER, P. *Administração de marketing*. São Paulo: Pearson Prentice Hall, 2006.

O QUE é CRM e quais os benefícios? *In:* SALESFORCE. [*S. l.: s. n.*, 201-?]. Disponível em: https://www.salesforce.com/br/crm/#por-que-o-crm-e-importante-e-quais-os-beneficios-scroll-tab. Acesso em: 23 out. 2019.

PEDRON, C. D.; SACCOL, A. Z. What lies behind the concept of customer relationship management? Discussing the essence of CRM through a phenomenological approach. *Brazilian Administration Review*, v. 6, n. 1, 2009. Disponível em: http://www.scielo.br/scielo.php?pid=S1807-76922009000100004&script=sci_arttext. Acesso em: 23 out. 2019.

RD STATION. *Guia do CRM:* um manual para você não deixar nenhuma venda passar. [*S. l.: s. n.*], 2019. Disponível em: https://www.rdstation.com/resources/ebooks/guia-do-crm/?external=1. Acesso em: 23 out. 2019.

SOBANSKI, S. Estratégia de CRM em marketing e vendas: por que adotá-la?. *In:* PIPZ. [*S. l.: s. n.*], 2017. Disponível em: https://pipz.com/br/blog/crm-em-marketing-e-vendas/. Acesso em: 23 out. 2019.

YANAZE, M. H. *Gestão de marketing e comunicação:* avanços e aplicações. São Paulo: Saraiva, 2011.

Inbound marketing

Objetivos de aprendizagem

Ao final deste texto, você deve apresentar os seguintes aprendizados:

- Definir *inbound marketing*.
- Descrever as vantagens do *inbound marketing*.
- Criar canais de *inbound marketing*.

Introdução

A transformação promovida pelo ambiente digital resultou em mudanças radicais no comportamento do consumidor, e isso alterou as regras do jogo para sempre. Diante desse novo cenário, as empresas precisaram criar formas de conquistar e manter seus clientes. Foi em meio a esse turbilhão de mudanças que o *marketing* digital explodiu e passou a ser a bola da vez. Entre as diversas opções de ações que podem ser desenvolvidas em *marketing* digital, o *inbound marketing* é a melhor se você considerar a relação custo-benefício.

Muitas empresas de diferentes portes e segmentos estão aderindo ao método *inbound* para conquistar mais clientes, gerar mais vendas e reforçar a sua autoridade perante a audiência. Em uma tradução livre, a expressão *inbound marketing* pode ser definida como "*marketing* de atração". A principal diferença entre esse "novo" *marketing* e o tradicional é o fato de as ações serem pensadas com o intuito de atrair o potencial cliente. A partir da atração, é feito todo um trabalho de relacionamento com essa pessoa.

Neste capítulo, você vai conhecer mais profundamente esse novo jeito de fazer *marketing* que vem conquistando tantas empresas e profissionais. Além disso, você vai descobrir as vantagens da implementação dessa metodologia e ver quais são os principais canais de *inbound marketing*.

O que é *inbound marketing*?

Com o crescimento da internet e do acesso a ela, os usuários passaram de um nível de escassez de informações para a abundância de mensagens e dados. Esse novo contexto trouxe transformações radicais ao comportamento do consumidor e ao seu modo de se relacionar com as empresas. Como consequência, o *marketing* também se modificou: o *marketing* tradicional, direto e agressivo, está dando lugar ao *marketing* de **relacionamento**, palavra-chave para os novos profissionais. Se antes eram desenvolvidas ações que ofereciam diretamente produtos e serviços, hoje o objetivo é criar pontos de relação, para então divulgar a proposta de valor da empresa, vendendo de maneira mais sutil.

Como pontua Rez (2016), atualmente é possível medir todas as etapas do relacionamento com o cliente, incluindo cliques, visitas, aberturas de *e-mail*, uso de buscadores e uma infinidade de informações que enriquecem o perfil do consumidor. O grande desafio, segundo o autor, é saber utilizar essas informações a fim de transformá-las em oportunidades de negócio.

Com o objetivo de desenvolver um relacionamento sólido com os clientes, o *marketing* digital está aliando-se a novas ferramentas e alternativas para cativar seu público-alvo; uma delas é o *inbound marketing*. A estratégia, também chamada de "novo *marketing*" ou "*marketing* de atração", já ocupa lugar de destaque no mercado e está entre as maiores aliadas das equipes comerciais. Isso ocorre porque sua utilização promete a efetivação da compra ou serviço e ainda vai além: o *inbound marketing* visa a transformar os clientes em embaixadores da marca.

Definições de *inbound marketing*

A expressão *inbound marketing* foi cunhada em 2006, quando dois empreendedores do mercado de tecnologia, Halligan e Shah, criaram a HubSpot, uma plataforma que reúne um conjunto de aplicativos integrados. Nela, as empresas podem atrair, envolver e encantar os clientes, oferecendo experiências relevantes, úteis e personalizadas. Essa experiência de atração foi denominada por eles de *inbound marketing*. Para divulgar o conceito, os empreendedores publicaram em 2007 um livro sobre o tema. Segundo Rez (2016), o livro reúne várias táticas paralelas para criar um conceito amplo do termo, sendo que o conteúdo é a peça central dessa estratégia, que se alia a outras técnicas usadas no ambiente digital e muito úteis ao *marketing*.

De acordo com a HubSpot (2019), o movimento *inbound* surgiu a partir da observação de seus criadores, Halligan e Shah, do descompasso entre o comportamento do comprador e as táticas de vendas das empresas. Em síntese, "[...] as pessoas transformaram como elas consomem informações, pesquisam produtos e serviços, tomam decisões de compra e compartilham suas visões e experiências. Mais do que nunca, o cliente tem o controle e recusa mensagens tradicionais de vendas e *marketing*" (HUBSPOT, 2019, documento *on-line*). Contudo, mesmo com essa mudança no comportamento do consumidor, as empresas ainda utilizam os mesmos mecanismos de vendas e *marketing* há décadas, sem se atualizar.

Desse modo, Halligan e Shah (2010) definem *inbound marketing* como um método para atrair, envolver e encantar pessoas a fim de alavancar uma empresa que oferece valor e constrói confiança. Com as mudanças promovidas pela tecnologia, a estratégia de *inbound* oferece uma forma de fazer negócios de um jeito mais humano e prestativo.

Rez (2016) revela que no Brasil algumas *startups* abraçaram essa ideia e começaram a divulgar largamente o conceito, como é o caso da Resultados Digitais, uma empresa de *marketing* digital e desenvolvedora do RD Station, ferramenta de *inbound marketing* e gestão de relacionamento com o cliente (*customer relationship management* — CRM). Segundo a Resultados Digitais (2016, documento *on-line*), o *inbound marketing* pode ser definido como "[...] um conjunto de estratégias que têm como objetivo atrair voluntariamente os consumidores para o *site* da empresa. É o contrário do *marketing* tradicional, baseia-se no relacionamento com o consumidor em vez de [em] propagandas e interrupções".

Valle (2016) esclarecer que *inbound marketing* trata-se de uma estratégia composta por uma série de ações *on-line* que têm como objetivo atrair tráfego para um *site* e trabalhar esse tráfego de forma a convertê-lo em *leads* ou consumidores efetivos. Esse mesmo aspecto é apontado por Rez (2016, p. 58), que afirma que "[...] uma característica evidente do *inbound marketing* é o foco na geração de *leads* e na nutrição deles através de um funil de vendas".

Portanto, o *inbound marketing* é definido como uma estratégia de *marketing* digital pela qual os clientes são atraídos para a empresa por meio de conteúdo. Ou seja, o *marketing* que tem foco no conteúdo e busca oferecer informações relevantes, agregando valor ao cliente em potencial, pode ser considerado *inbound marketing*.

> **Saiba mais**
>
> Você sabe qual é a diferença entre *inbound marketing* e *marketing* de conteúdo? Embora esses conceitos sejam entendidos por muitos profissionais como sinônimos, eles não possuem o mesmo significado, mas se complementam. O *marketing* de conteúdo é uma estratégia sinérgica ao *inbound marketing*. O *inbound marketing* implica um amplo planejamento e busca atrair clientes por meio da aplicação de diversas estratégias de *marketing* digital. Já o *marketing* de conteúdo é uma das principais estratégias adotadas pelo *inbound* para atrair as pessoas.
>
> Por isso, muitos profissionais afirmam que é possível fazer *marketing* de conteúdo sem *inbound marketing*, mas é impossível fazer *inbound marketing* sem conteúdo. Portanto, a essência do *inbound marketing* é produzir um conteúdo útil, informativo e de qualidade, que agregue valor ao cliente. Essa é uma estratégia sutil de venda, aproveitando a oportunidade para conhecer melhor o cliente e promover ações de valor. Assim, o *marketing* de conteúdo atua como uma estratégia de relacionamento com o cliente, enquanto o *inbound marketing* é uma estratégia focada em conversões e vendas.

O processo de *inbound marketing*

O *inbound* é um método de atrair, envolver e encantar pessoas a fim de alavancar uma empresa que ofereça valor e confiança. Com essa mecânica simples de ação, desde 2006, o *inbound marketing* vem ganhando fama como o mais efetivo método de *marketing* para fazer negócios no ambiente digital. Isso ocorre pois esse novo jeito de fazer *marketing* está baseado na criação de um conteúdo de qualidade que atrai as pessoas para um negócio ou produto. O desafio é promover um conteúdo alinhado com as soluções que os consumidores procuram. Ao desenvolver o conteúdo certo no *timing* correto, é natural atrair os visitantes, convertê-los em *leads* e, posteriormente, em clientes.

O que faz a estratégia de *inbound marketing* ser tão eficiente e útil para as ações de *marketing* digital é o seu processo de operação: a sua metodologia segue uma sequência lógica de etapas. Para conquistar o sucesso, é primordial que os profissionais conheçam detalhadamente as etapas, os públicos atingidos em cada uma delas e os canais utilizados para a atração. A metodologia do *inbound marketing* envolve quatro etapas principais: atrair, converter, vender e fidelizar.

- **Atrair:** consiste em conseguir tráfego qualificado para os canais digitais, ou seja, busca as conversões *on-line*. Nessa etapa, a estratégia de *inbound* trabalha para fazer com que os estranhos se tornem visitantes regulares por meio de conteúdo relevante. Para conseguir isso, são utilizadas ferramentas como: *posts* em *blogs* com conteúdo de qualidade e relevante, estratégias de otimização de mecanismos de busca (*search engine optimization* — SEO) e engajamento com as mídias sociais.
- **Converter:** a ideia é conseguir um grande número de visitantes convertendo-os em *leads*, ou seja, transformando esses contatos em oportunidades reais de venda. Nessa etapa, os *leads* são bem qualificados e entram no funil de vendas, pois chegaram à marca por meio do interesse no conteúdo publicado. Os canais mais adequados para essa etapa são: chamadas de ação — *calls to action* (CTAs) — nos conteúdos produzidos, *landing pages* para cadastro e obtenção de uma oferta (não necessariamente monetária, já que as ofertas podem ser algum benefício, como material exclusivo, *e-book*, infográfico, vídeo, *podcast*, etc.) e otimização para conversão (*conversion rate optimization* — CRO). A proposta é tornar a experiência do usuário mais amigável e intuitiva, ou seja, educar o usuário para a conversão.
- **Vender:** é a busca pela consolidação da venda. Ou seja, depois de nutrir os *leads* com conteúdos relevantes, é preciso avaliar em qual estágio eles se encontram na sua transformação em clientes. É nessa etapa que se desenvolvem as estratégias de relacionamento para identificar os estágios dos *leads* e auxiliá-los na conclusão da jornada de compra, transformando-os em clientes. As principais ferramentas utilizadas nessa etapa são *e-mail marketing*, automação por meio de CRM e *workflows*.
- **Fidelizar:** visa a transformar o cliente em embaixador da marca, ou seja, construir um relacionamento sólido com credibilidade e confiança. A estratégia de *inbound* busca continuar uma cooperação com os clientes já conquistados, seguindo com a oferta de conteúdo de qualidade e relevante. O resultado é o cliente se identificar e encantar-se pela marca, transformando-se em um embaixador e promovendo a empresa para seu círculo de contatos. As ferramentas mais utilizadas para fidelizar os clientes incluem monitoramento social, eventos e conteúdo personalizado.

> **Saiba mais**
>
> CRO é a prática de moldar a experiência do usuário de forma que, amigavelmente, suas ações sejam direcionadas ao propósito principal da página, que, no caso, é a conversão. Existem vários conceitos importantes que o CRO engloba, como *copywriting* (texto feito com uma argumentação precisa), teste A/B e outros.

A divisão da metodologia em quatro etapas é comumente utilizada no meio de *marketing* digital, mas não é unânime. A HubSpot (2019), empresa idealizadora do conceito e da metodologia, apresenta três divisões: atrair, envolver e encantar. Já a brasileira Resultados Digitais (2016) defende a metodologia de *inbound marketing* por meio de cinco etapas: atrair, converter, relacionar, vender e analisar. Ela ainda acrescenta à última etapa importantes ferramentas: a análise das métricas e o retorno sobre investimento (*return on investment* — ROI). Embora a quantidade de etapas não seja consenso, as ações realizadas em cada etapa o são, assim como as ferramentas mais adequadas para cada uma delas. Confira o resumo dessas etapas no Quadro 1, a seguir.

Quadro 1. Etapas do *inbound marketing*

Ação	Atrair	Converter	Vender	Fidelizar
Público-alvo	Visitante	*Lead*	Cliente	Promotor da marca
Ferramentas	Site, blog, SEO e redes sociais	Formulários, CTAs e *landing pages*	CRM, *e-mail marketing* e *workflows*	Monitoramento social, eventos e conteúdo personalizado

As vantagens do *inbound marketing*

Atualmente, o *marketing* convencional está em queda e dá lugar ao *marketing* de relacionamento, que entende as necessidades dos clientes de forma personalizada e individualizada. Aliado a isso, está o fato de as pessoas procurarem soluções rápidas e eficazes nos mecanismos de busca. Ademais, elas estão passando mais tempo nas redes sociais. Essas são mudanças de comportamento que não passam despercebidas. De acordo com a Resultados Digitais (2016), 67% da jornada de compra é feita digitalmente.

Nesse novo cenário, as estratégias incluem criar pontos de relacionamento para então promover os produtos e serviços com alto valor agregado. Essa nova abordagem, que consiste em atrair o público certo, é conhecida como *inbound marketing*. Construir uma estratégia de *inbound* consolidada é desenvolver ações alinhadas ao novo comportamento do consumidor. Isso permite que as marcas acompanhem o caminho percorrido por seus futuros clientes.

Com as mudanças de comportamento, os consumidores passaram a gostar da conveniência e da rapidez de encontrar as respostas para suas perguntas e problemas em plataformas digitais. Desse modo, o objetivo do *inbound marketing* é alcançar os usuários justamente no momento em que eles estão pesquisando sobre algo que desejam aprender ou adquirir. É por meio da disponibilização de um conteúdo relevante que essa estratégia de *marketing* entrega as informações pertinentes, no momento adequado, para o usuário certo e no lugar preciso.

> **Fique atento**
>
> A metodologia de *inbound marketing* vem se mostrando uma importante estratégia tanto para os grandes negócios como para as pequenas empresas, com pouco capital para investir. Ao atrair clientes em potencial por meio de conteúdo relevante, a marca obtém diversos benefícios.

Uma das principais vantagens do *inbound marketing* é o nível de segmentação do público. Por incluir uma série de ações que objetivam despertar o interesse das pessoas por meio de conteúdo relevante e útil, o *inbound marketing* atrai um público extremamente segmentado, ou seja, o *target* correto. Essa segmentação qualificada facilita a inserção do público no funil de conversão. Assim, uma estratégia de *inbound marketing* bem elaborada consegue aumentar um público e deixá-lo mais qualificado. Isso ocorre porque, segundo Peçanha (2019), em vez de simplesmente atrair tráfego de pessoas que não têm a mínima intenção de compra, o conteúdo atrai a atenção apenas daqueles que demonstram potencial de compra futura.

Outro grande argumento defendido por Peçanha (2019) é a aproximação com os clientes, uma vez que o *inbound marketing* atrai as pessoas por meio de um conteúdo relevante e cria uma relação de confiança e alta credibilidade. Além disso, como essa metodologia se baseia em uma comunicação aberta e simétrica, com interação constante, é possível saber com mais propriedade qual é a opinião do público e conhecer suas reações. Portanto, essa é a melhor fonte de *feedback* possível.

Outra vantagem do *inbound marketing* é a elevada taxa de conversão. As ações de *inbound marketing* apresentam um custo-benefício excelente, muito superior ao das campanhas de *marketing* tradicional com amplo alcance. Além de diminuir os custos de aquisição, o *inbound* também é relativamente mais barato do que soluções tradicionais, como anúncios e ativações de marca. O melhor é que essa redução dos custos não faz o negócio sofrer com perda de qualidade ou diminuição de resultados; pelo contrário, o investimento é mais eficiente.

A utilização do *inbound marketing* garante também um maior poder de persuasão, pois é uma estratégia baseada em informações sólidas e que se constrói ao longo do tempo. Durante todo o processo, a pessoa recebe exatamente o tipo de conteúdo de que precisa, o que lhe dá tempo para se convencer e continuar pesquisando sobre as soluções que a marca apresenta. É por isso que, segundo uma pesquisa da Social Media Trends de 2018, cerca de 51% das empresas que utilizam a estratégia disseram que um dos seus principais benefícios é ampliar as vendas e o número de clientes. Portanto, o relacionamento construído entre público e marca vai ser o grande diferencial na tomada de decisão durante a jornada de compra (VIANA, 2017).

O sucesso alcançado pelo *inbound marketing* é garantido pela mensuração de resultados, e um dos benefícios da metodologia é contar com mensuração de resultado em tempo real e contato direto com os *leads*. Segundo a HubSpot (2019), 72% das organizações que calculam o ROI, uma das métricas mais importantes, afirmam que a estratégia de *inbound marketing* é mais eficaz. Isso se deve ao fato de que os resultados das estratégias de *marketing* de conteúdo, redes sociais e SEO são acompanhados de perto e em tempo real. Mas vale destacar também que é essencial acompanhar o contexto geral do planejamento de *marketing* para alinhar as estratégias e alcançar os objetivos propostos.

Outro aspecto relacionado ao aumento do ROI conquistado pela estratégia *inbound* é o incremento do *ticket* médio. Ou seja, *leads* qualificados e bem informados durante o processo de venda se sentem mais confiantes para comprar e, por conta disso, costumam realizar compras de maior valor ou em maior quantidade, aumentando, portanto, o *ticket* médio da marca. Portanto, com a utilização da metodologia de *inbound marketing*, a marca conta com o suporte de diversas ferramentas para nutrir os *leads*, acompanhá-los de perto e construir relacionamentos sólidos. Isso resulta não apenas na conclusão de uma jornada de compra, mas na transformação de um cliente em embaixador da marca.

> **Link**
>
> No *link* a seguir, confira outros benefícios do *inbound marketing* e dados importantes sobre as mudanças no comportamento do consumidor.
>
> **https://qrgo.page.link/V98Ra**

Canais de *inbound marketing*

Como você viu, o *inbound marketing* é uma estratégia que atrai o cliente por meio do desenvolvimento de conteúdo gratuito e de qualidade. Ele consiste em uma abordagem sutil e indireta com o consumidor, que proporciona pontos de contato para que visitantes se tornem *leads* e, posteriormente, clientes. Para disseminar o conteúdo útil e relevante que chegará aos *prospects*, o *inbound* utiliza canais de distribuição. Como a estratégia de *inbound marketing* é baseada na produção de conteúdo relevante, tal conteúdo é oferecido de forma gratuita por meio de canais como: *blogs* associados ao *site* da marca; mídias sociais, como Facebook e Instagram; SEO; *e-mail marketing* e *landing pages*. A seguir, veja quais são as principais características desses meios de acesso para o *marketing* de atração.

Blog

Os *blogs* são definidos por Gabriel (2010) como *sites* em formato de diário com textos regulares e cronológicos chamados de *posts*. Originalmente, os *blogs* eram *sites* que os usuários utilizavam como diário *on-line* para registrar suas atividades, publicando desde pensamentos e opiniões até poesias. Contudo, essa ferramenta foi evoluindo e se diversificando ao ganhar novas configurações. Atualmente, ela é muito utilizada em estratégias de *marketing* pela facilidade de edição para a publicação de conteúdos e pelo ranqueamento em buscadores.

Como ferramenta estratégica, normalmente, o *blog* está atrelado ao *marketing* de conteúdo, que é um dos principais pilares do *inbound marketing*. Além disso, para utilizar o *blog* como uma ferramenta de *marketing*, é preciso ir além da publicação de textos aleatórios e de baixa qualidade; deve haver planejamento e frequência. Um *blog* bem feito produz conteúdo de qualidade baseado nos interesses de seu público e nas etapas da jornada de compra em que ele pode estar, além de criar um canal de relacionamento e identificação com o *target*.

Um *blog* associado ao *site* da marca é o início de todo o trabalho de *inbound marketing*, focado na atração do público certo. Assim, o *blog* cumpre a função de criar autoridade no ambiente digital sobre o mercado em que a organização atua e sobre o público-alvo. O conteúdo qualificado e relevante sobre a área da empresa atrairá as pessoas a esse canal de comunicação por meio de recomendações e, principalmente, pelas buscas orgânicas em buscadores como o Google, nos quais a empresa provavelmente estará bem ranqueada por ser referência no assunto.

Consequentemente, o *blog* se tornará uma ferramenta efetiva para a geração de *leads*, Afinal, quando as pessoas chegarem a ele, vão conhecer mais sobre a instituição e terão uma propensão maior de se interessar pelos serviços ou produtos da empresa. Se a marca conquistar a confiança do visitante, vai ter mais facilidade para captar seu *e-mail* e outros dados, transformando o usuário comum em *lead*, que aos poucos será educado sobre os produtos e serviços, culminando em um maior interesse para a efetivação da compra.

SEO

Segundo Gabriel (2010, p. 353), o SEO é um conjunto de técnicas de otimização para *sites*, *blogs* e páginas na Web que "[...] engloba técnicas de manipulação do conteúdo, código e estrutura das páginas, de forma a melhorar o posicionamento delas na busca orgânica [...]". Essas técnicas e ferramentas são desenvolvidas com base no funcionamento dos buscadores, ou seja, são técnicas que incluem códigos, conteúdos e estruturas das páginas. Elas melhoram a classificação, a indexação e o *ranking* dos buscadores. Gabriel (2010) destaca ainda que as técnicas de SEO dependem intrinsecamente das palavras-chave (*keywords*). Elas são o coração da técnica para otimizar o posicionamento de uma página. Além das palavras-chave, outro fator que afeta esse ranqueamento é a relevância (*page rank*), que varia de 0 a 10 e mede a importância da página segundo o relacionamento que ela mantém com outros *sites*, avaliando o fluxo de tráfego e menções.

Essas otimizações visam a alcançar bons *rankings* orgânicos, gerando tráfego e autoridade para um *site* ou *blog*. O principal objetivo do SEO, então, é aumentar o volume do tráfego orgânico e garantir mais visibilidade para as páginas. Portanto, o SEO é uma técnica que objetiva situar o *site* ou página em um local visível, para que as pessoas o encontrem ao fazerem pesquisas relacionadas ao nicho de mercado ao qual a marca pertence.

Os motores de busca apresentam na primeira página sempre os melhores resultados para o usuário, considerando o SEO. É isso que a utilização de técnicas de SEO oferece. Ou seja, a ideia é apresentar a melhor solução possível para o problema que motivou a pesquisa no buscador. A importância do SEO é tamanha que se reflete, inclusive, em outras ferramentas, como o *blog*. A respeito disso, a Resultados Digitais (2016, documento *on-line*) faz um alerta: "[...] ter um *blog* com conteúdos interessantes e não estar nos mecanismos de busca é o mesmo que ter uma ótima loja em uma rua pouquíssimo movimentada. Por isso, dê a devida atenção para esse assunto!".

Mídias sociais

Gabriel (2010, p. 202) conceitua redes sociais como "[...] plataformas que possibilitam, facilitam e potencializam a conexão de pessoas com outras pessoas, ampliando o alcance das redes sociais pessoais para interagir e compartilhar conteúdo". Já mídias sociais são definidas como *sites* que possibilitam o armazenamento e o compartilhamento dos conteúdos gerados pelos seus usuários. As redes sociais são entendidas, portanto, como locais digitais que promovem o relacionamento de pessoas conectadas em função de um interesse comum. É o caso de Facebook, Instagram e Twitter.

Desse modo, as redes sociais estão relacionadas à interação e ao relacionamento entre os usuários. Já as mídias sociais têm mais a ver com conteúdos compartilhados, como vídeos, imagens e textos. No entanto, Gabriel (2010, p. 202) reforça que "[...] tanto redes sociais como mídias sociais, em sua essência, não têm nada a ver com tecnologia, mas com pessoas e conexões humanas. A tecnologia apenas facilita e favorece a interação das pessoas e a criação e compartilhamento de conteúdo por elas".

De acordo com a Resultados Digitais (2016), as mídias sociais são excelentes canais para atrair o público para o *site*, pois uma a cada três pessoas no mundo utiliza alguma rede social. Então, é fundamental desenvolver uma estratégia *inbound* eficaz para usar esses canais. A principal maneira de utilizar as mídias sociais nessa estratégia de atração é divulgando conteúdos relevantes e de qualidade. Dessa forma, vai ocorrer o direcionamento para o *site* da marca. Além disso, as redes sociais facilitam o compartilhamento, ampliando a audiência e aumentando a quantidade de pessoas que podem ser atingidas pelo conteúdo. Outra forma de interação com os usuários é por meio de grupos e fóruns de discussão. Eles permitem uma abordagem menos agressiva e estática com o público.

As redes sociais atuam, ainda, como um meio de divulgar materiais informativos como *e-books* ou infográficos, reforçando a informação. O objetivo dessa ferramenta é criar um relacionamento mais próximo e pessoal com o público de interesse. Segundo a Resultados Digitais (2016), as mídias sociais também são fontes ricas de informações. A partir desses canais, é possível identificar o perfil e o interesse de grande parte dos usuários. Isso é fundamental para a estratégia de *inbound marketing*, uma vez que as interações com o público podem ser customizadas de acordo com o seu interesse.

E-mail marketing

Para Gabriel (2010), o *e-mail marketing* consiste no envio de mensagens por *e-mail* para se atingirem objetivos de *marketing*. Além disso, apresenta como características a permissão do usuário e o respeito às práticas éticas (*opt-in*). O *e-mail marketing* possibilita a segmentação e a personalização da mensagem e oferece mecanismos de mensuração, rastreamento e integração com outras plataformas. Outro diferencial da ferramenta é a possibilidade de enviar conteúdo em múltiplos formatos, mesclando texto, foto, vídeo e *links*.

Apesar de não ser uma ferramenta nova, segundo a Resultados Digitais (2016), o *e-mail marketing* continua se apresentando como um canal eficaz, com grande ROI. Isso ocorre porque essa ferramenta evoluiu muito e, com o desenvolvimento de estratégias eficientes de *marketing* digital, é possível obter uma boa segmentação do público e identificar o interesse dos *leads*. Outro motivo para a sua eficácia e o seu alto índice de ROI é o baixo custo para se alcançar a base de contatos, bem menor em comparação a outros meios como mídias sociais, por exemplo. O *e-mail marketing*, se bem utilizado, tende a trazer resultados palpáveis e de curto prazo (dependendo da oferta).

Na prática, são observados dois principais tipos de *e-mail*, os promocionais, que promovem uma ou mais ofertas, e os do tipo *newsletter*, que se apresentam como compilados de conteúdo e ofertas de diferentes níveis, sejam elas diretas ou indiretas.

Landing page

De acordo com Gabriel (2010), as *landing pages* são páginas digitais personalizadas que aparecem após um clique em um anúncio ou resultado de busca. Em uma tradução literal, uma *landing page* é uma "página de chegada"; na mídia impressa, o equivalente seria um *flyer*. "A função da *landing page* é realizar o objetivo do *marketing* que resultou no clique para a página, convertendo visitantes em usuários, de acordo com o plano estabelecido" (GABRIEL, 2010, p. 123). Ou seja, na prática, a *landing page* objetiva a conversão e a segmentação dos *leads*.

Portanto, quando a estratégia de *inbound* procura converter visitantes em *leads*, as *landing pages* são a ferramenta ideal, uma vez que são páginas concebidas e arquitetadas para convencer o usuário a realizar essa ação principal. Assim como o *e-mail marketing* tem características singulares, as *landing pages* costumam ter elementos básicos que auxiliam na transformação de visitantes em *leads*. Veja a seguir.

- **CTAs:** são elementos que estimulam o usuário a realizar uma ação. Normalmente, são trabalhados com botões, mas também podem ser usados em forma de *links*. São utilizados como acionadores de alguma ação, como o *download* de um material, ou mesmo um pedido de *trial* de uma ferramenta. É importante que sejam sempre chamativos.
- **Formulário:** é uma técnica para captar informações relevantes sobre os *leads* em troca da oferta da página. As informações que precisam ser solicitadas dependem de fatores como estágio do funil de vendas, complexidade da oferta, fonte de tráfego do *lead* ou até número de conversões do *lead*. No entanto, embora o formulário seja uma ferramenta flexível, é importante mantê-lo simples e facilmente compreensível, com informações de fato relevantes para o processo de vendas.
- *Headline* **(título):** busca captar a atenção do usuário e provocar bastante interesse com apenas uma frase.
- **Dobra:** é o tamanho da parte visível de uma página na tela do visitante. Toda página pode ser dividida em dobras, porém é muito mais comum o uso desse termo quando se trata de *landing pages*. Afinal, toda a estrutura de argumentação de uma *landing page* é pensada e dividida em dobras. Além disso, é importante ter cautela na hora de produzir uma *landing page* para evitar mais de um CTA por dobra. Também é fundamental investir tempo e conhecimento na produção da dobra inicial, já que ela será a primeira coisa que qualquer usuário verá quando acessar a página.

Referências

GABRIEL, M. *Marketing na era digital*. São Paulo: Novatec, 2010.

HALLIGAN, B.; SHAH, D. *Inbound marketing*: seja encontrado usando o Google, a mídia social e os blogs. Rio de Janeiro: Alta Books, 2010.

HUBSPOT. *O que é o inbound marketing?* [2019]. Disponível em: https://br.hubspot.com/inbound-marketing. Acesso em: 06 nov. 2019.

PEÇANHA, V. *O que é inbound marketing?* Tudo o que você precisa saber. [2019]. Disponível em: https://marketingdeconteudo.com/conteudo/o-que--e-inbound-marketing.pdf?__hstc=64741936.3ad5baf1c60768d42f24d9ea44a2ec73.1570302016558.1571093572822.1571194611093.14&__hssc=64741936.5.1571194611093. Acesso em: 06 nov. 2019.

RESULTADOS DIGITAIS. *O guia definitivo do inbound marketing*. [2016]. Disponível em: https://s3.amazonaws.com/rd-marketing-objects/ebook_inbound-mkt/guia-definitivo--inbound-marketing.pdf. Acesso em; 04 nov. 2019.

REZ, R. *Marketing de conteúdo*: a moeda do século XXI. São Paulo: DVS, 2016.

VALLE, A. *O que é inbound marketing*. 2016. Disponível em: https://www.academiado-marketing.com.br/o-que-e-inbound-marketing/. Acesso em: 06 nov. 2019.

VIANA, I. *Social Media Trends 2018*: panorama das empresas e usuários nas redes sociais. 2017. Disponível em: https://inteligencia.rockcontent.com/social-media-trends-2018/. Acesso em: 06 nov. 2019.

Leituras recomendadas

CARVALHO, H. *[Infográfico] inbound marketing*: a estratégia que está mudando a comunicação nos negócios. 2013. Disponível em: https://viverdeblog.com/inbound--marketing/. Acesso em: 06 nov. 2019.

FARIAS, F. *Inbound marketing & marketing de conteúdo: qual a diferença?* 2018. Disponível em: https://resultadosdigitais.com.br/blog/marketing-de-conteudo-e-inbound--marketing-qual-a-diferenca/. Acesso em: 06 nov. 2019.

ODIG DIGITAL EXPERTS. *Inbound marketing*. [2019]. Disponível em: https://odig.net/inbound-marketing/. Acesso em: 06 nov. 2019.

TUCUNDUVA, R. *7 benefícios do inbound marketing*: o caminho para + vendas. 2018. Disponível em: https://blog.lahar.com.br/marketing-digital/beneficios-do-inbound--marketing/. Acesso em: 06 nov. 2019.

Fique atento

Os *links* para *sites* da Web fornecidos neste capítulo foram todos testados, e seu funcionamento foi comprovado no momento da publicação do material. No entanto, a rede é extremamente dinâmica; suas páginas estão constantemente mudando de local e conteúdo. Assim, os editores declaram não ter qualquer responsabilidade sobre qualidade, precisão ou integralidade das informações referidas em tais *links*.

Motores de busca

Objetivos de aprendizagem

Ao final deste texto, você deve apresentar os seguintes aprendizados:

- Definir motores de busca.
- Identificar a importância dos motores de busca para uma estratégia de *marketing* digital.
- Reconhecer o papel dos motores de busca em relação à experiência do usuário.

Introdução

Hoje, o ser humano utiliza as ferramentas disponíveis no complexo mundo *on-line* para obter em tempo real respostas às suas necessidades e aos desafios do cotidiano. Entretanto, quanto mais aumenta o conteúdo disponível no ambiente digital, maior é a dificuldade de buscar informações. Diante disso, os motores de busca auxiliam os usuários, melhorando a sua experiência e tornando determinados *sites* mais visíveis.

De acordo com Enge *et al.* (2012), as buscas são um fenômeno global. Há mais de 20 anos, encontrar respostas para determinadas questões exigiria do usuário muita paciência e pesquisa em bibliotecas, mas hoje a demanda é suprida em questão de segundos. Assim, no *marketing* digital, os motores de busca são ferramentas essenciais para propiciar maior visibilidade aos negócios no ambiente *on-line*.

Neste capítulo, você vai estudar as principais definições de motores de busca, verificando a importância deles como estratégia de *marketing* digital. Além disso, você vai ver qual é o papel dos motores de busca nas experiências dos usuários contemporâneos, que exigem rapidez, praticidade e eficiência.

O que são motores de busca?

Nos últimos anos, a internet se popularizou muito. Isso se deve especialmente à facilidade com que os usuários encontram informações com assertividade nos motores de busca, ferramentas surgidas na década de 1990. Em 1994, o Yahoo foi o motor de busca pioneiro na Web; em 1998, iniciou-se a trajetória do Google, considerado hoje o maior, mais utilizado e mais difundido motor de busca (GABRIEL, 2010; COMSCORE, 2016). Na década de 1990, também surgiram o Altavista e o Lycos. Nas décadas seguintes, outros motores de busca vieram e desapareceram gradativamente; alguns deles se mantêm com uma pequena fatia de mercado até hoje. Os primeiros *softwares* automatizados eram chamados de *web crawlers*, expressão em inglês que significa "rastreadores da Web". Porém, os motores de busca também podem usar o processo de indexação e busca; atualmente, muitos possuem recursos mais tecnológicos.

De acordo com Gabriel (2010), a busca de termos nos ambientes digitais *on-line* é realizada por meio de mecanismos de busca (em inglês, *search engines*), que também são conhecidos como buscadores, motores de busca ou motores de pesquisa. Os buscadores têm a importante missão de aproximar potenciais consumidores dos negócios e do fechamento de vendas, constituindo estratégias de *marketing* digital de baixo custo para as empresas. Assim, a otimização de *sites* para mecanismos de busca (*Search Engine Optimization* — SEO) é um conjunto de técnicas e estratégias que tem como objetivo tornar mais visíveis em mecanismos de busca os *sites* com processo de indexação e posicionamento. Isso é essencial para que os negócios possam ter tráfego de usuários, gerar *leads* (potenciais clientes) e, por fim, vender.

Como você viu, há diversos motores de busca no mercado. Aqui, você vai conhecer detalhes sobre o Google, líder absoluto do setor. Ele tem como base a busca orgânica, e o resultado orgânico e natural é uma relação de *sites*. Ela é ordenada com os critérios da ferramenta de busca e geralmente possui muitas páginas (TORRES, 2009). Essa relação se constrói por meio da aplicação da ferramenta de *marketing* de busca, que, segundo o Google, valoriza *sites* bem desenvolvidos, indicação de *links* externos e bom conteúdo relacionado ao negócio, com quantidade e qualidade significativas. Isso tudo é fundamental para ser bem posicionado pelo motor de busca. Diante disso, os motores de busca, principalmente o Google, começaram a praticar o gerenciamento da publicidade *on-line*, que, com uma ideia simples e inovadora, transformou-se em um fenômeno rentável de negócios *on-line* (TORRES, 2009).

O Google atualiza constantemente a fórmula de otimização de *sites*, então pode ser que o nome de uma empresa apareça na primeira página em um dia, mas não no dia seguinte. Gabriel (2010) destaca que os buscadores têm como objetivo fornecer a melhor informação ao usuário por meio de mecanismos de busca que utilizam algoritmos em bases indexáveis. Os critérios de filtragem dependem da avaliação do motor de busca e são feitos por um robô. Assim, os buscadores podem incluir ou não uma empresa em seus filtros. Por exemplo, se uma papelaria do seu bairro não estiver na Web ou possuir pouco conteúdo em seu *site*, o motor de busca não lembrará que ela existe no mercado.

Em casos como o dessa suposta papelaria, a empresa deve utilizar as técnicas do *marketing* de busca, que têm como objetivo aperfeiçoar, otimizar e ajustar as informações de um *site* para que ele seja rapidamente encontrado pelos buscadores. Para isso, o *marketing* de conteúdo é fundamental (TORRES, 2009). Os motores de busca, portanto, têm importância significativa para os usuários, pois oferecem disponibilidade, conveniência e facilidade de uso. Em qualquer necessidade, o usuário procura palavras-chave no motor de busca e geralmente encontra as informações de que precisa. Caso a empresa não apareça na lista de resultados, o usuário opta pelas demais alternativas. Ou seja, os buscadores possuem o poder de mediar as escolhas no mundo digital, excluindo algumas empresas que existem no mundo real por elas não se enquadrarem em seus filtros. Desse modo, os motores de busca têm relevância, influência e poder na Web: eles podem determinar as escolhas dos usuários.

No ambiente *on-line*, as pesquisas são feitas por meio de mecanismos de busca automatizados, processados por um sistema que recupera ou busca informações armazenadas em ambientes computacionais. Geralmente, os motores de busca têm sua própria base de dados. Ao pesquisar no Google, por exemplo, você não está pesquisando na Web, mas no índice do Google da Web, que utiliza *softwares* chamados indexadores (ou *spiders*, em inglês, termo que significa "aranhas"), que seguem vários *links* para a montagem dos resultados (CORREA; WARPECHOWSKI; PINTO, 2014). Desse modo, no *marketing* digital, os mecanismos de busca são ferramentas essenciais para melhorar a visibilidade de marcas, produtos ou serviços em tempo real em meio ao ambiente digital *on-line* complexo e ao volume gigantesco de informações (GABRIEL, 2010). Em outras palavras, sem tráfego nas páginas da Web, é difícil que a empresa gere potenciais clientes ou vendas. Para vender, a empresa precisa ter tráfego frequente em seu *site* e estar com sua página bem posicionada nos resultados das buscas, destacando palavras-chave em títulos, deixando termos em negrito, entre outras técnicas.

Os motores de busca utilizam um *software* ou robô que analisa geralmente a primeira página de cada *site* por meio do seu endereço (*Uniform Resource Locator* — URL) (TORRES, 2009). Ao encontrar a correspondência para outras páginas por meio de *links*, o *software* as inclui na varredura e registra as informações no banco de dados da ferramenta de busca, criando uma enorme biblioteca de palavras-chave. No momento em que o usuário digita uma ou mais palavras no motor de busca, ele realiza uma pesquisa que é direcionada para esse banco de dados e exige o resultado. Torres (2009) esclarece que o motor de busca utiliza critérios para ordenar a lista, porém os 10 primeiros serão "premiados", ou seja, serão provavelmente os que o internauta acionará.

O tráfego dos mecanismos de busca pode trazer resultados para páginas, *sites* e *blogs*, por exemplo, como você pode ver na Figura 1. Vaz (2011) esclarece que o maior motor de busca do mundo, o Google, reúne todas as informações da Web em seus bancos de dados. Nesse contexto, é inquestionável que as empresas devem investir em *marketing* digital por meio dos motores de busca, pois eles são largamente utilizados pelos usuários e seu sucesso é indiscutível. Um total de 91% das pessoas pesquisadas no estudo da Pew Research (2012) afirmaram que sempre ou na maioria das vezes encontram as informações que procuram quando usam mecanismos de pesquisa. O estudo também revelou que 86% dos usuários aprenderam algo novo ou importante ao utilizar os motores de busca.

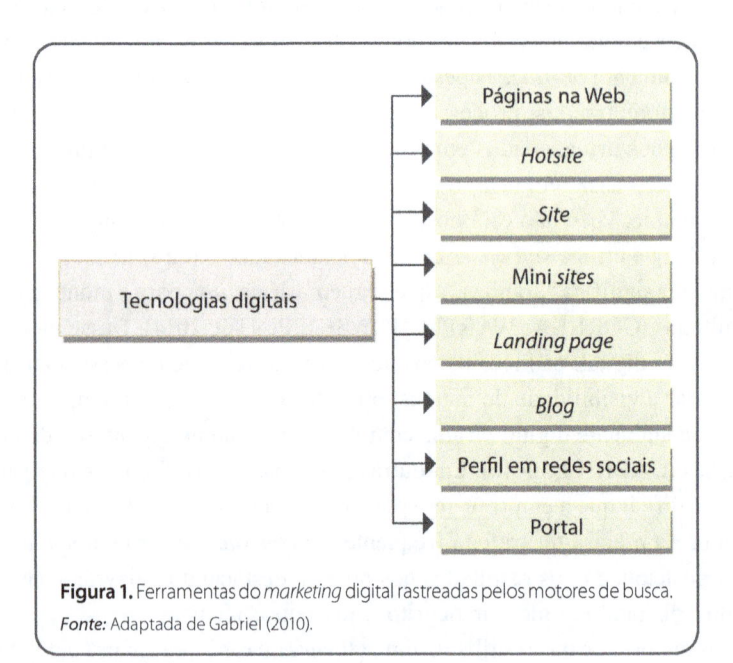

Figura 1. Ferramentas do *marketing* digital rastreadas pelos motores de busca.
Fonte: Adaptada de Gabriel (2010).

Portanto, os motores de busca possuem grande importância para os usuários, além de terem poder e influência para determinar as escolhas dos internautas. Logo, as empresas devem investir em técnicas e ferramentas de *marketing* digital para melhorar a sua visibilidade *on-line* e fazer parte da seleção dos motores de busca. Para isso, elas precisam melhorar as informações em suas páginas digitais, *sites*, *blogs*, redes sociais, etc.

Uma forte tendência é que os motores de busca aperfeiçoem cada vez mais a personalização dos resultados com base no comportamento dos usuários na Web, no histórico de dados do internauta e nas informações de buscas anteriores. Ou seja, se dois usuários diferentes pesquisarem a mesma palavra-chave no Google, por exemplo, pode haver resultados diferentes e personalizados para aumentar a relevância das informações para cada um deles. Isso exige a adoção de estratégias de *marketing* digital diferenciadas pelas empresas.

Saiba mais

Ao efetuar uma pesquisa nos motores de busca, é importante estar atento, pois buscadores especializados podem oferecer informações mais precisas e relevantes. Além disso, alguns *sites*, por serem mais especializados, oferecem mais segurança e precisão em seus resultados. Para conferir mais dicas, acesse o *link* a seguir.

https://qrgo.page.link/j5VUw

Motores de busca como estratégia

A expressão "*marketing* digital" designa o uso de uma tecnologia digital no composto de *marketing* — produto, preço, praça ou promoção (GABRIEL, 2010). Torres (2009) acrescenta que o *marketing* digital é a utilização da internet como ferramenta de *marketing*. Por sua vez, Ogden e Cescitelli (2007, p. 101) comentam que o objetivo do *marketing* digital é utilizar a Web para realizar um novo tipo de comunicação e de relacionamento com os consumidores, designado "[...] *marketing* interativo, no qual o relacionamento é bidirecional, isto é, o consumidor não é passivo, mas sim ativo ao longo do processo". Em síntese, o *marketing* digital possui como principais características a flexibilidade, a rapidez e o baixo custo, sendo a internet o meio usual de divulgação (OGDEN; CRESCITELLI, 2007).

Os motores de busca transformaram substancialmente o modo como o mercado atua com as informações. Eles funcionam por meio de mecanismos de localização de palavras-chave nas bases de dados e nos documentos da Web, como você pode ver na Figura 2. Assim, os motores de busca são importantes estratégias de *marketing* digital para as empresas, que precisam descrever seu negócio em *sites* e *blogs* com as palavras-chave mais relevantes e investir em *links* externos relacionados à sua área de negócio. Se a empresa desejar aparecer na primeira página do motor de busca, pode ser necessário pagar pelo anúncio.

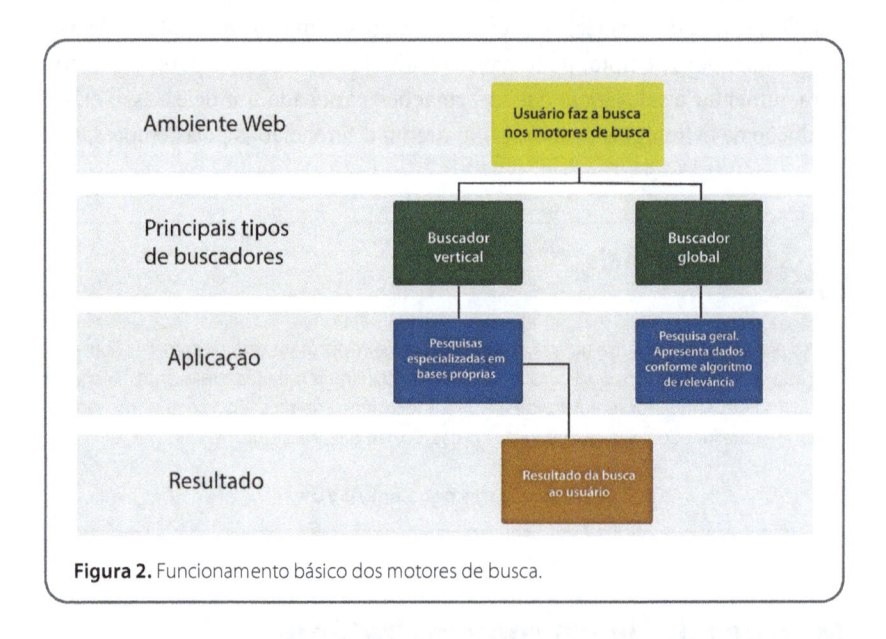

Ambiente Web	Usuário faz a busca nos motores de busca	
Principais tipos de buscadores	Buscador vertical	Buscador global
Aplicação	Pesquisas especializadas em bases próprias	Pesquisa geral. Apresenta dados conforme algoritmo de relevância
Resultado	Resultado da busca ao usuário	

Figura 2. Funcionamento básico dos motores de busca.

Os principais tipos de buscadores, conforme a Figura 2, classificam-se em globais e verticais. Os buscadores globais pesquisam as bases de dados na Web e desenvolvem a sua própria base. Eles são largamente utilizados. Como exemplos, considere o Google e o Yahoo. Já os buscadores verticais são especializados e procuram informações em bases próprias. No geral, esses buscadores são focados em algum tema ou possuem acesso restrito. Por exemplo, existem buscadores especializados em educação, como Google Acadêmico, ou buscadores de preço, como Buscapé ou Bondfaro. Existem também motores de busca privados para as empresas, por exemplo, que possuem acesso restrito.

Os motores de busca podem extrair dados da rede pública da Web ou de bancos de dados e diretórios com acesso permitido e aberto. Atualmente, os motores de busca utilizam tecnologias avançadas em seus *softwares* e possuem recursos como a tradução simultânea para o idioma nativo do usuário. O usuário digita as palavras-chave ou a frase que deseja nos motores de busca e instantaneamente recebe diversos resultados gerados por meio dos programas ou *softwares* de gerenciamento dos buscadores, que analisam e vasculham o ambiente virtual com acesso permitido e apresentam várias páginas de resultados. Enge *et al.* (2012) mencionam alguns critérios que a empresa deve adotar ao desenvolver o seu *site* ou outras ferramentas de *marketing* digital. Veja:

- usar as palavras-chave do negócio no título da página;
- postar textos-âncora nos *links* de entrada (*links* externos de outros *sites*) com palavras-chave;
- identificar a autoridade global dos *links* do *site*;
- utilizar palavras-chave importantes para o buscador nos *links* de entrada;
- utilizar as palavras-chave dos *links* do *site* relevantes na comunidade de tópicos;

Os motores de busca cobram taxas de empresas para a geração de publicidade, ou ainda alguns negócios pagam para estar nas primeiras páginas de pesquisa. Essas são algumas boas estratégias de *marketing* digital para organizações que procuram crescer e aumentar o seu faturamento. Além disso, o tráfego nas páginas é fundamental para atrair potenciais clientes e gerar vendas. De acordo com Turban e King (2004), o comportamento do consumidor é ativado por estímulos que influenciam o processo de decisão de consumo. Logo, muitas empresas patrocinam ou pagam os motores de busca para terem evidência aos olhos do usuário, como mostra o exemplo da Figura 3, em que a palavra "Anúncio" aparece ao lado do *link* da empresa. Ao anunciar, as empresas geram receitas para os motores de busca (VAZ, 2011).

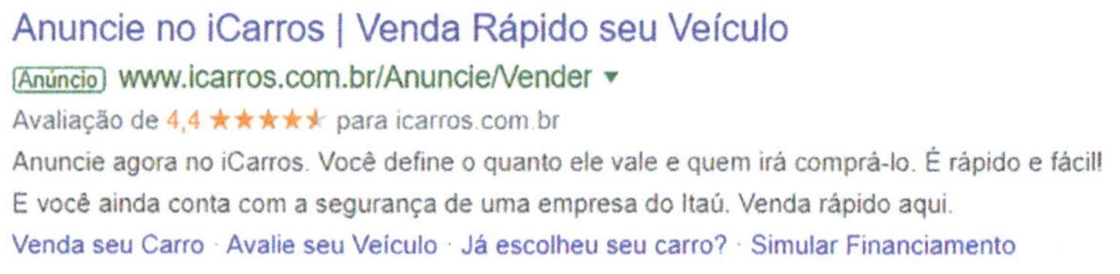

Anuncie no iCarros | Venda Rápido seu Veículo
[Anúncio] www.icarros.com.br/Anuncie/Vender ▼
Avaliação de 4,4 ★★★★★ para icarros.com.br
Anuncie agora no iCarros. Você define o quanto ele vale e quem irá comprá-lo. É rápido e fácil!
E você ainda conta com a segurança de uma empresa do Itaú. Venda rápido aqui.
Venda seu Carro · Avalie seu Veículo · Já escolheu seu carro? · Simular Financiamento

Figura 3. Anúncios pagos nos motores de busca.

A segmentação por necessidade e a associação de demandas apresentadas em tempo real, aliadas à publicidade, proporcionaram um vasto império ao principal buscador do mundo. No entanto, existem diversos motores de busca disponíveis no mercado, cada um com uma proposta específica. Na Rússia e na China, por exemplo, o Google não é o motor de busca dominante. Por isso, ao pensarem em *marketing* digital, as empresas podem ter um leque diverso de opções para realizar a publicidade. Elas devem observar, no entanto, a posição do motor de busca, bem como os seus objetivos e o seu foco enquanto organização. A seguir, veja algumas opções de motores de busca.

- **Google:** buscador mais utilizado no mundo, com base de dados própria em vários segmentos.
- **Bing:** buscador da Microsoft e o segundo mais usado no mundo.
- **Yahoo:** buscador popular, especializado em pesquisas de imagens.
- **Ask:** buscador similar ao Google, com opção de troca de informações entre usuários.
- **Zanran:** buscador de dados estatísticos.
- **Google Acadêmico:** buscador de trabalhos acadêmicos.
- **Mercado Livre:** buscador de produtos com *ranking* de preços.
- **Ecosia:** buscador ecológico.
- **Kompass:** buscador de empresas *business-to-business* (B2B) no mundo.
- **Facebook:** buscador de rede social.
- **LinkedIn:** buscador de rede social para profissionais.
- **Pinterest:** buscador de imagens.

Como você viu, os motores de busca são importantes estratégias de *marketing* digital para os negócios. A empresa deve considerar os acessos dos usuários nos buscadores e a reputação dos motores de busca. Uma pesquisa da Comscore (2016), líder em análise e medição do mundo digital, informou que nos Estados Unidos o Google é o buscador líder absoluto, com 64% de participação de mercado, seguido pelo Bing, com 21,4%, e pelo Yahoo, com 12,2%. Após, a Ask Network possui 1,6% das buscas, e a AOL Inc., 0,9%. Entretanto, essa é uma realidade americana. Por isso, é importante analisar o tipo de negócio da empresa e escolher as melhores estratégias em motores de busca, aliando-as às melhores alternativas no *marketing* digital.

> **Link**
>
> Você pode aprofundar os seus estudos acessando as informações de Vinhaes (2018), que apresenta conceitos, exemplos, tipos e diferenças entre os motores de busca, além de discorrer sobre os metamotores. Confira no *link* a seguir.
>
> https://qrgo.page.link/V1WjS

Os motores de busca e os usuários da Web

Longo (2014) afirma que a presença da tecnologia é tão ampla e frequente que não há fronteiras entre o mundo digital e o mundo real. Nesse contexto, os comportamentos dos usuários mudam de forma acelerada, pois as experiências estão sendo ampliadas de muitas maneiras diferentes. Além disso, um negócio promissor pode desaparecer em pouco tempo, o que sugere que é preciso estar em constante planejamento, antecipando tendências e comportamentos dos usuários. Os profissionais de *marketing* digital, portanto, necessitam dar atenção especial ao ambiente digital *on-line*, pois marcas, comportamentos, relações, produtos e negócios podem surgir e desaparecer rapidamente.

Com o advento da internet, as dinâmicas do mercado mudaram para os negócios e para os consumidores. Surgiram milhões de nichos, o que significa que se alteraram significativamente as estratégias das empresas quanto à comercialização de produtos e serviços. Ou seja, existe uma nova espécie de consumidor emergindo, com grande tendência à conectividade e à mobilidade (KOTLER; KARTAJAYA, SETIAWAN, 2016). Para o consumidor, há diversas possibilidades e alternativas, o que empodera os motores de busca para direcionar os usuários para as marcas selecionadas de acordo com seus critérios. Além disso, os usuários podem emitir opiniões sobre produtos, serviços, marcas e empresas em qualquer parte do mundo. Tais comentários podem ser rastreados facilmente por outros internautas para auxiliá-los na tomada de decisão de compra.

> **Exemplo**
>
> O Google, motor de busca mais usado no mundo, possui uma empresa específica para gerenciar anúncios patrocinados, a Google Adwords. Ela gera grande parte da receita da gigante digital. Quando o usuário faz uma pesquisa no Google, pode identificar os resultados pagos, pois ao lado deles aparece a palavra "Anúncio". No Google, geralmente, os primeiros itens da lista de resultados são anúncios. Para entender melhor como isso funciona, acesse o Google e pesquise a palavra "carros", por exemplo. Você vai ver a relação de empresas com anúncios pagos logo na primeira página de resultados.

Um estudo realizado por Fallows (2008) demonstra que a busca de informações é a segunda atividade mais popular na Web e que vem aumentando constantemente. Já o estudo de uso do mecanismo de pesquisa realizado pela Pew Research (2012) informa que os usuários *on-line* estão muito satisfeitos com o desempenho dos mecanismos de busca. Contudo, eles têm opiniões negativas sobre resultados de pesquisa muito personalizados que possam coletar informações pessoais de acessos realizados ou gerar publicidade direcionada (73% consideram isso invasão de privacidade). Na pesquisa, 65% dos usuários responderam ser ruim que o mecanismo colete suas buscas para fazer classificações de resultados futuros.

Entretanto, no estudo realizado pela Pew Research (2012), embora grande parte dos internautas afirmem não suportar pesquisas ou anúncios direcionados com publicidade, eles relatam experiências muito positivas quando se trata da qualidade das informações que a pesquisa fornece. Além disso, afirmam ter tido mais experiências positivas do que negativas usando a pesquisa por meio de motores de busca. Os resultados evidenciam que 91% dos internautas adultos que navegam na Web utilizam os motores de busca para encontrar informações, o que indica um número elevado de usuários que exploram a Web e podem ser alvos do *marketing* digital, que precisa ser explorado com cuidado e atenção pelas empresas. Geralmente, os usuários fazem buscas por segmentos de mercado categorizados, como diretórios, entretenimento, lojas, serviços, bate-papos, comunidades, viagens, saúde, informações/notícias, esportes, entre outros (ENGE *et al.*, 2012).

Um dado muito interessante é referente ao modo como os usuários brasileiros acessam a Web. O *smartphone* é muito utilizado no Brasil; os brasileiros foram os maiores consumidores de aparelhos celulares no mundo em 2015 (COMITÊ GESTOR DA INTERNET NO BRASIL, 2016). A mesma pesquisa informa que, em 2015, 58% da população brasileira com mais de 10 anos utilizava a internet. Dessa fatia da população, 89% realizava o acesso por *smartphones*. Em 2014, 76% dos brasileiros acessaram a Web pelo telefone celular, evidenciando um crescimento gradativo (COMITÊ GESTOR DA INTERNET NO BRASIL, 2016). Esses dados mostram como é importante que as empresas brasileiras estejam atentas aos usuários de *smartphones*.

Além disso, é interessante que as campanhas de *marketing* digital levem em conta a afirmação de Kotler, Kartajaya e Setiawan (2016): se anteriormente os consumidores eram facilmente influenciados por campanhas de *marketing*, pesquisas recentes demonstram que a maioria dos usuários acredita mais nas opiniões da família e de contatos em redes sociais do que naquelas advindas da publicidade e de especialistas. Isso sugere que motores de busca podem rastrear essas informações para ter maior assertividade no direcionamento de informações. A pesquisa também informa outros indicadores importantes, como você pode ver na Figura 4 (PEW RESEARCH, 2012).

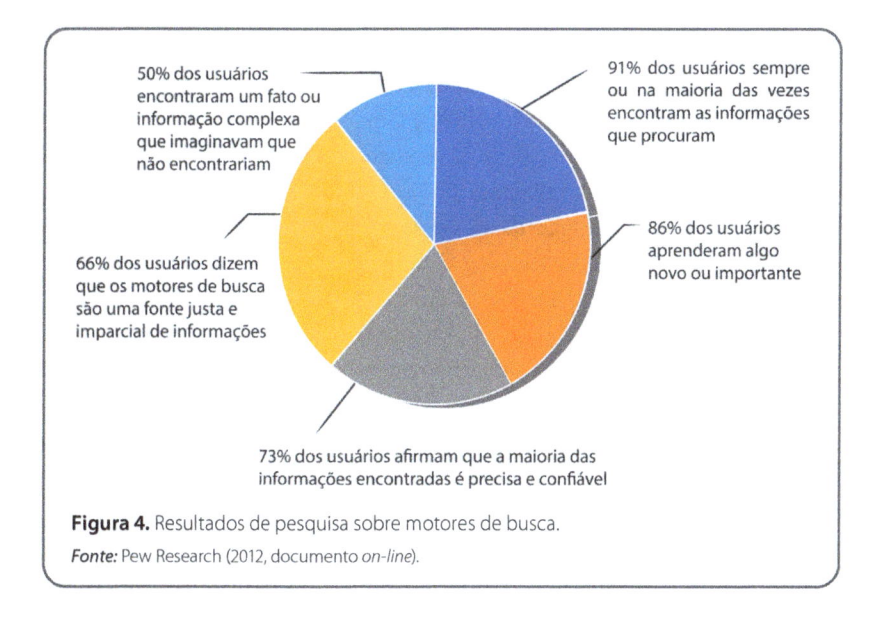

- 50% dos usuários encontraram um fato ou informação complexa que imaginavam que não encontrariam
- 91% dos usuários sempre ou na maioria das vezes encontram as informações que procuram
- 66% dos usuários dizem que os motores de busca são uma fonte justa e imparcial de informações
- 86% dos usuários aprenderam algo novo ou importante
- 73% dos usuários afirmam que a maioria das informações encontradas é precisa e confiável

Figura 4. Resultados de pesquisa sobre motores de busca.
Fonte: Pew Research (2012, documento *on-line*).

Os motores de busca são importantes ferramentas de pesquisa para os usuários na Web. Entretanto, se os buscadores mantêm um histórico das pesquisas, coletando dados pessoais e utilizando-os para oferta de publicidade futura, os internautas se sentem invadidos e expostos. Ainda existem debates sobre as políticas de privacidade na Web, a coleta de informações pessoais *on-line* e a publicidade direcionada aos usuários por meio dos motores de busca. Porém, os usuários não sabem como é o processo de rastreamento de suas informações pessoais nem como são determinados os anúncios direcionados que recebem. Veja outras descobertas interessantes sobre os motores de busca (PEW RESEARCH, 2012):

- 83% dos internautas declaram que o Google é o motor de busca utilizado com mais frequência;
- 52% dos pesquisados afirmam que os resultados das suas buscas se tornaram mais úteis e relevantes com o tempo;
- 56% dos usuários pesquisados dizem estar muito confiantes em suas habilidades de pesquisa;
- usuários mais jovens (de 18 a 29 anos) tendem a ver a prática de coleta de dados pessoais pelos motores de busca de forma mais favorável do que os usuários mais antigos.

O Google, segundo a Pew Research (2012), possui uma política que permite a coleta de dados do usuário sobre seu comportamento *on-line* em diferentes fontes, incluindo seu mecanismo de pesquisa, *sites* de redes sociais do Google+, *sites* de compartilhamento de vídeos do YouTube e Gmail. Isso facilita o desenho de um perfil de usuário para a publicidade de produtos específicos. Posteriormente, os perfis são utilizados pelos profissionais de *marketing* para atrair pessoas com maior probabilidade de venda e engajamento. Nesse cenário, a nova geração usa com mais naturalidade as novidades na tecnologia, além de estar mais aberta à mudança do que a geração mais antiga. Isso indica que as experiências dos usuários com os mecanismos de busca e na Web ainda se alterarão muito nos próximos anos. O Google, por exemplo, está se aprofundando em inteligência artificial (ANSA, 2018).

Na era digital, segundo Longo (2014), a Web respondia aos estímulos que recebia, sendo, portanto, reativa. A atual era pós-digital é caracterizada, por exemplo, pelos arquivos nas nuvens e pelo uso massivo de aplicativos em *smartphones* (em vez de programas de computador). O consumidor, anteriormente, podia ajudar de forma limitada. Atualmente, a participação dos usuários é ativa e contribui para a melhoria da produção de conteúdo e de informações. Por exemplo, no Waze, os usuários contribuem com sinalizações e informações de tráfego. Assim, na era pós-digital, a internet, espaço que abriga os motores de busca, se antecipa e sugere informações com base nas necessidades dos consumidores, de acordo com informações pessoais e hábitos colhidos em suas experiências de navegação na Web, seja para brincar, trabalhar, publicar ou comprar. Portanto, os negócios bem-sucedidos necessariamente precisam direcionar o tráfego de usuários e marcar presença no complexo universo da Web, fazendo uso estratégico dos motores de busca.

Referências

ANSA. O mais popular motor de busca da web faz 20 anos. *Diário do Comércio*, set. 2018. Disponível em: https://dcomercio.com.br/categoria/tecnologia/o-mais-popular-motor-de-busca-da-web-faz-20-anos. Acesso em: 7 nov. 2019.

COMITÊ GESTOR DA INTERNET NO BRASIL. *TIC domicílios 2015:* pesquisa sobre o uso das tecnologias de informação e comunicação nos domicílios brasileiros. 11. ed. São Paulo: CGI Brasil, 2016. Disponível em: http://www.cetic.br/publicacao/pesquisa-sobre-o-uso-das-tecnologias-de-informacao-e-comunicacao-nos-domicilios-brasileiros-tic-domicilios-2015/. Acesso em: 7 nov. 2019.

COMSCORE. *Comscore releases february 2016 U.S. desktop search engine rankings*. 2016. Disponível em: https://www.comscore.com/Insights/Rankings/comScore-Releases-February-2016-US-Desktop-Search-Engine-Rankings. Acesso em: 7 nov. 2019.

CORREA, A.; WARPECHOWSKI, M; PINTO, A.S. O uso dos motores de busca na Internet: como se configuram as pesquisas de conteúdo na Web para a produção de trabalhos educacionais. *In:* CBIE, 3.; WIE, 20., 2014. *Anais* [...]. Dourados, 2014. Disponível em: https://www.br-ie.org/pub/index.php/wie/article/download/3119/2627. Acesso em: 7 nov. 2019.

ENGE, E. et al. *A arte de SEO*. São Paulo: Novatec, 2012.

FALLOWS, D. *Search engine use*. [S. l.: s. n.], 2008. Disponível em: https://www.pewinternet.org/2008/08/06/search-engine-use/. Acesso em: 7 nov. 2019.

GABRIEL, M. *Marketing na era digital:* conceitos, plataformas e estratégias. São Paulo: Novatec, 2010.

GOOGLE. *Pesquisa no motor de busca*. 2019. Disponível em: https://www.google.com/search?q=anuncio+pago. Acesso em: 7 nov. 2019.

KOTLER, P.; KARTAJAYA, H.; SETIAWAN, I. *Marketing 4.0:* do tradicional ao digital. Rio de Janeiro: Sextante, 2016.

LONGO, W. *Marketing e comunicação da era pós-digital:* as regras mudaram. São Paulo: HSM, 2014.

OGDEN, J. R.; CRESCITELLI, E. *Comunicação integrada de marketing:* conceitos, técnicas e práticas. 2. ed. São Paulo: Pearson, 2007.

PEW RESEARCH. *Search engine use 2012*. Washington: [S. n.], 2012. Disponível em: https://www.pewinternet.org/2012/03/09/search-engine-use-2012-2/. Acesso em: 7 nov. 2019.

TORRES, C. *A bíblia do marketing digital:* tudo o que você queria saber sobre *marketing* e publicidade na internet e não tinha a quem perguntar. São Paulo: Novatec, 2009.

TURBAN, E.; KING, D. *Comércio eletrônico estratégia e gestão*. São Paulo: Prentice Hall, 2004.

VAZ, C. A. *Os 8 Ps do marketing digital:* o guia estratégico de *marketing* digital. São Paulo: Novatec, 2011.

VINHAES, A. *Busca de informação na internet.* Brasília: IBICT, 2018. Disponível em: https://www.arca.fiocruz.br/bitstream/icict/29583/2/va_Vinhaes_Augusto_ICICT_2018.pdf. Acesso em: 7 nov. 2019.

Leitura recomendada

OS 8 MELHORES buscadores acadêmicos. *In:* UNIVERSIA. [*S. l.: s. n.*], 2018. Disponível em: https://noticias.universia.com.br/educacao/noticia/2018/11/13/1162675/8-melhores-buscadores-academicos.html. Acesso em: 7 nov. 2019.

Fique atento

Os *links* para *sites* da Web fornecidos neste capítulo foram todos testados, e seu funcionamento foi comprovado no momento da publicação do material. No entanto, a rede é extremamente dinâmica; suas páginas estão constantemente mudando de local e conteúdo. Assim, os editores declaram não ter qualquer responsabilidade sobre qualidade, precisão ou integralidade das informações referidas em tais *links*.

Automação de *marketing*

Objetivos de aprendizagem

Ao final deste texto, você deve apresentar os seguintes aprendizados:

- Definir automação de *marketing*.
- Identificar os benefícios da automação de *marketing*.
- Determinar as melhores ferramentas de automação para diferentes contextos mercadológicos.

Introdução

Nos últimos anos, a automação de *marketing* vem ganhando notoriedade no mercado, especialmente devido aos benefícios em escala que proporciona aos negócios. Embora os estudos sobre a efetividade da automação de *marketing* ainda sejam recentes e embrionários, a difusão dessa estratégia tem sido amplamente recomendada devido aos diversos benefícios que ela oferece, como a redução de custos. Em síntese, a automação de *marketing* possibilita automatizar diversas atividades de *marketing* manuais, aumentando a relação com potenciais consumidores e clientes.

A automação de *marketing* envolve ferramentas diferentes das utilizadas pelo *marketing* tradicional. Muitas dessas ferramentas ainda são pouco conhecidas. Nesse contexto, é importante que tanto os negócios como os profissionais de *marketing* aprendam a lidar com os novos recursos que a automação oferece.

Neste capítulo, você vai estudar os principais conceitos da automação de *marketing* digital e ver a aplicação dessa estratégia em diferentes contextos mercadológicos. Você também vai ver quais são os principais benefícios da automação no mundo dos negócios e no complexo ambiente da Web. Além disso, vai conhecer as principais ferramentas e *softwares* de automação de *marketing* digital.

O que é automação de *marketing*?

A internet é considerada uma inovação disruptiva, trazendo mudanças significativas para a humanidade. Os consumidores, atentos, acompanham as transformações e ampliam, gradativamente, as suas expectativas (PEREIRA, 2019). A cada dia, por meio dos motores de busca, a internet capta mais e mais detalhes sobre a intimidade e os hábitos da sociedade globalizada. Esse gigantesco banco de dados é uma ferramenta muito útil para a personalização de informações e a comercialização de produtos e serviços para potenciais consumidores ou *leads*. Ou seja, todas as informações coletadas por motores de busca como o Google e o Yahoo sobre os usuários e os seus hábitos são relevantes para promover as ferramentas de automação de *marketing* digital com eficiência.

Longo (2014) sinaliza que a percepção das mudanças nem sempre é fácil e rápida para as organizações e os consumidores. Ele sugere que é necessário observar as tendências com interesse. Além disso, é preciso perspicácia para perceber as particularidades do segmento em que a empresa atua e para acompanhar as tendências. Ademais, o autor destaca que os profissionais itinerantes, que trocam muito de empresa ou de segmento de atuação, têm muita dificuldade para perceber e se ajustar às mudanças, geralmente agravadas pela busca incessante de resultados e metas em curto prazo. Nesse contexto, para acompanhar as atuais tendências do *marketing* digital, os negócios precisam selecionar algumas ferramentas de acordo com sua classe e seus conteúdos, conforme ilustra o Quadro 1, a seguir. Veja que a automação de *marketing* está ligada à classe que melhora a *performance* da organização.

Conforme Pepe (2017), as empresas podem escolher entre várias classes de ferramentas de *marketing* digital quanto à *performance*, ao ambiente social, ao engajamento dos usuários, aos serviços *mobile*, à gestão de relacionamento e ao *e-commerce*. A *performance* auxilia as empresas a alcançar mais consumidores, melhorando o seu desempenho de vendas e a sua atuação no mercado. A categoria **social** tem como objetivo monitorar as redes sociais. Já a categoria **engajamento** engloba todo o conteúdo espontâneo sobre os produtos gerado pelos usuários em comentários, vídeos, mídia, *posts* da empresa, etc. A classe **mobile** está atenta a todo o conteúdo e às análises realizadas pelo usuário com seu *smartphone*. A classe **gestão** está envolvida com as ferramentas de CRM (*costumer relationship management*, ou "gerenciamento do relacionamento com o cliente"), guardando todas as informações em um sistema para utilizá-las em campanhas, vendas e contatos, objetivando oferecer o que o cliente deseja de acordo com seu perfil. Já o *e-commerce* refere-se a todas as transações comerciais ou de venda realizadas pela internet, incluindo o B2B, que são as vendas de uma empresa para outra empresa, e o B2C, que se refere às transações de venda realizadas entre uma empresa e o consumidor.

Quadro 1. Classificação das ferramentas de *marketing* digital

Classe	Conteúdos
Performance	Automação de *marketing* digital *Insights* e refinamento da estratégia
Social	*Marketing* social e monitoramento
Engajamento	Conteúdo gerado pelo usuário (CGU)
Mobile	Análises *mobile*
Gestão	CRM
E-commerce	*Business-to-business* (B2B) *Business-to-consumer* (B2C)

Fonte: Adaptado de Pepe (2017).

Observando o Quadro 1, você pode perceber que na *performance* a organização pode utilizar as ferramentas de automação de *marketing* para aumentar seu desempenho de vendas. A automação de *marketing* não é um termo recente (WOOD, 2015), sendo utilizado inicialmente em 2001, por John Little, para indicar a automação de decisões de *marketing* na Web (LITTLE, 2001). Naquela época, a automação de *marketing* tinha o mesmo propósito ou desafio que as empresas possuem atualmente — ou seja, utilizar eficazmente o imenso volume de informações e dados coletados para ajustar a oferta de produtos e serviços de modo personalizado e customizado, com indicações mais apropriadas para as escolhas dos usuários.

De modo geral, a automação de *marketing* é a execução de tarefas recorrentes de *marketing* suportada pela tecnologia da informação com o objetivo de aumentar a eficiência dos processos e a eficácia das decisões. Em outras palavras, com o auxílio da tecnologia, a empresa planeja as suas atividades de *marketing*. Isso inclui, por exemplo, enviar automaticamente um *e-mail* para todos os internautas que procuram por determinado produto na Web.

Ou, ainda, a empresa pode fazer uma campanha de determinado produto e disparar um *e-mail*, ou abrir uma janela de venda para os internautas que estão pesquisando produtos similares na Web. A diferença com relação ao *marketing* tradicional é que ele enviava um impresso ou *folder* pelo correio. Com a automação de *marketing*, o processo é automatizado por um *software* e o envio é automático, conforme as regras definidas pela empresa, sem necessidade de custos de correio ou de envolvimento de pessoas. Além disso, o objetivo principal da automação de *marketing* digital é atrair, delinear, lapidar e manter a confiança de potenciais consumidores e clientes atuais, personalizando automaticamente conteúdo relevante e útil para atender às suas necessidades específicas (HUBSPOT, 2015). Segundo previsões da Adams *et al.* (2018), o investimento das empresas nas ferramentas de automação de *marketing* dobrará até 2023, saltando de US$ 13,4 milhões para US$ 25,1 milhões.

Aliado a isso, a automação de *marketing* tem como objetivo projetar conteúdo para satisfazer as expectativas, em consonância com o perfil de consumo dos consumidores. Vaz (2011) destaca que o consumidor brasileiro, apesar de aberto a novidades, é desconfiado e conservador. Nesse sentido, é importante observar que, quanto mais personalizada, pessoal e relevante for a mensagem enviada ao usuário, maiores serão as chances de ele se interessar pelo conteúdo da empresa, o que aumentará a efetividade da ferramenta. Ou seja, quanto mais a empresa souber sobre seus usuários, melhor ela poderá elaborar o conteúdo.

O princípio básico da automação de *marketing* digital em sua origem, de acordo com Pepe (2017), era customizar ou personalizar os elementos básicos do *marketing mix* — produto, preço, praça e promoção — incorporados no B2B. Os vendedores ofereciam produtos e serviços personalizados aos clientes por estarem em pequeno número. No entanto, atualmente, a tecnologia possui recursos mais avançados para as ferramentas de automação de *marketing*. Empresas grandes oferecem aos clientes conteúdo, produtos e serviços mais personalizados, como cupons e descontos, o que gera maior engajamento com a marca. Assim, é importante reconhecer os canais e gatilhos que promovem a automação de *marketing*. Observe a Figura 1, a seguir.

Figura 1

Informação atual (usuário ou cliente)
- Comportamento no *website*
- Tipo de referência
- Palavras-chave utilizadas
- Data e horário
- Localização
- Dispositivo
- ...

Informação armazenada (cliente)
- Histórico de compras
- Interação com *newsletter*
- Nível de atividade
- Conteúdo compartilhado, curtido e/ou armazenado
- ...

Regras (Gatilho → Aplicadas automaticamente)

Interface de monitoramento — Operada pelos gestores (Cria regras / Controla a performance)

Objeto customizado
- Conteúdo
- Estrutura
- Oferta

em

Canal
- Website
- E-mail
- Aplicativo móvel
- Off-line (exemplo: mala direta)

Figura 1. Canais e gatilhos de automação em *marketing*.
Fonte: Adaptada de Heimbach, Kostyra e Hinz (2015) e Pepe (2017).

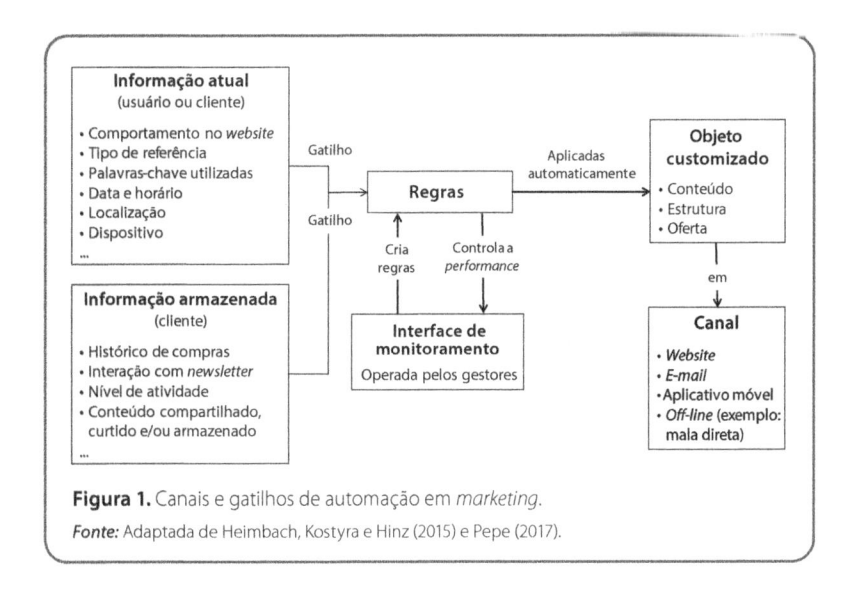

As ferramentas de automação de *marketing*, como mostra a Figura 1, evidenciam que os canais ou gatilhos de automação em *marketing* podem ser acionados por meio de *website*, *e-mail*, aplicativos móveis e malas diretas, com base na informação atual do usuário ou cliente ou na sua informação armazenada. A informação atual do cliente é coletada pelo seu comportamento no *website*, pelo tipo de referência apresentada, pelas palavras-chave inseridas, pelas informações quanto ao dia e ao horário de acesso, bem como pela localização e pelo tipo de dispositivo utilizado. Já a informação armazenada do cliente foi coletada em seus movimentos anteriores. Ela inclui histórico de compras, interação, nível de atividade, conteúdo compartilhado, curtido ou armazenado. Todas essas informações geram gatilhos para as ferramentas de automação de *marketing* digital conforme as regras estabelecidas pelos gestores quanto a conteúdo, estrutura e oferta do objeto customizado para o usuário.

A automação de *marketing* possibilita a automação de atividades de *marketing* que são basicamente manuais, permitindo que as empresas façam comunicações automatizadas, oportunas e personalizadas para os clientes (RAE, 2016). No entanto, a automação de *marketing* é um fenômeno recente. Portanto, existem limitações quanto à sua efetividade e há poucos estudos acadêmicos consistentes sobre o assunto, a sua definição (HEIMBACH; KOSTYRA; HINZ, 2015), o seu uso (JÄRVINEN; TAIMINEN, 2016) e os detalhes da experiência dos clientes (RAE, 2016). Por outro lado, os casos bem-sucedidos têm valor para consumidores e organizações — para os clientes, por gerarem diferentes experiências positivas, para os negócios, por propiciarem vantagem competitiva.

Portanto, enquanto o usuário navega na internet, ele pode receber algumas janelas com a oferta de produtos ou serviços que possam lhe interessar. Grandes empresas, como as companhias aéreas, têm como estratégia adequar as informações aos usuários, modificando inclusive seus preços de acordo com a oferta dos concorrentes ou as decisões de crédito. Também é possível utilizar *softwares* específicos que fazem o gerenciamento e a personalização de oferta baseados nas informações armazenadas ou no comportamento demonstrado nos cliques do usuário na Web. Por fim, ainda há muito campo para o avanço da automação de *marketing*. Há espaço para ajustar e combinar diferentes tecnologias e atividades (JÄRVINEN; TAIMINEN, 2016). Em especial, são necessários estudos para entender o efeito da experiência do cliente e a influência de tal efeito no processo de compra (RAE, 2016).

Link

Leia o artigo de Moreira e Chiareto (2016) "Automação de *marketing* como ferramenta estratégica de vendas", disponível no *link* a seguir.

https://qrgo.page.link/WSchG

Automação de *marketing* e seus benefícios

As empresas que utilizam as ferramentas de automação de *marketing* possuem alguns benefícios e vantagens. Entre eles, você pode considerar: economia de tempo, geração de *leads* de qualidade, maior satisfação dos clientes, perspectiva de controle sobre o processo com visão sistêmica e mensuração de resultados. Embora apresente vários benefícios, a automação de *marketing* também envolve alguns desafios, como a necessidade de uma estrutura de tecnologia da informação compatível, o grande esforço da equipe de coordenação do projeto, a atuação com muitos fornecedores diferentes, a implementação contínua de melhorias e a falta de conhecimento prévio quanto à aplicação das diferentes estratégias de automação.

Bucklin, Lehmann e Little (1998) indicam que os processos automatizados de *marketing* apresentam vários benefícios, como a melhoria da produtividade da empresa, a maior eficiência na tomada de decisões e o retorno sobre investimentos realizados em *marketing*. Järvinen e Taiminen (2016) destacam a colaboração e a integração entre a área de vendas e a de *marketing*. Assim, a automação de *marketing* é um aliado muito poderoso na organização. Entretanto, ela possui muitas variáveis e nuances para que efetivamente funcione e traga benefícios.

Geralmente, as micro e pequenas empresas têm dificuldades para usar os recursos da automação de *marketing* em suas ações, inclusive o *e-mail*. Então, a seguir, você vai ver algumas recomendações para as pequenas e microempresas obterem êxito nesse processo. Primeiramente, é importante que façam uma análise detalhada do seu processo de *marketing* e vendas, identificando os possíveis processos que podem ser automatizados. Em seguida, é fundamental que criem uma estratégia de automação de *marketing* baseada nas informações e na estrutura disponível. Por fim, é recomendado que selecionem as ferramentas de automação de *marketing* mais adequadas ao seu negócio e contem com especialistas para iniciar a implementação delas.

Em contrapartida, a automação de *marketing* auxilia as empresas na captação de potenciais consumidores. Tais consumidores podem ser levados a efetuar uma compra em que ocorrerá a coleta de dados relativos ao seu comportamento e ao seu contato, por exemplo. Järvinen e Taiminen (2016) explicam que a automação de *marketing* foi adotada pelos profissionais de *marketing* para automatizar atividades que eram executadas manualmente, como o gerenciamento e o fornecimento de conteúdo personalizado ao usuário. A ideia é fornecer às empresas melhores taxas de conversão e influenciar os clientes ativamente em seus processos de compra. Nesse caso, a automação de *marketing* oferece ferramentas que podem auxiliar as empresas na adaptação de oferta de *e-mails*, produtos, serviços e conteúdo.

Obviamente, o processo de automação em *marketing* com o uso de *softwares* pode priorizar e executar diversas atividades simultaneamente, que podem ser acionadas por diferentes dispositivos de modo automático. Para isso, basta ter um banco de dados confiável. Hannig ([2016]) esclarece que todas as ferramentas tradicionais do *marketing* serão afetadas. Embora o princípio básico de funcionamento da automação de *marketing* digital seja relativamente simples, ainda há bastante desconhecimento e poucos estudos sobre a aplicação dessas ferramentas no Brasil. Nesse contexto, os primeiros passos para uma marca ter eficiência e eficácia no mundo dos negócios incluem escolher a estratégia de *marketing* digital adequada aos seus produtos e serviços e selecionar o melhor *software* para automatizar os processos de *marketing*.

Diferentes estratégias devem ser consideradas pelas organizações para ampliar a comunicação e o gerenciamento de informações (HANNIG, [2016]). Com isso, busca-se atingir os potenciais consumidores, que requerem facilidades, além de conectividade e mobilidade (KOTLER; KARTAJAYA; SETIAWAN, 2016). A Amazon é um exemplo de empresa que investiu em conectividade e transformou alguns setores, abalando o comércio de livrarias físicas e as editoras. Outro exemplo é o Uber, que mudou a forma de transporte nas cidades e estremeceu as relações com taxistas e empresas de transporte urbano. Ainda, a iFood revolucionou o ramo alimentício com as suas entregas rápidas.

Além disso, a coleta de dados pelos motores de busca propicia um universo privilegiado de informações para a aplicação de ferramentas de automação de *marketing*. Tal universo inclui os dados de pesquisa do usuário, as informações relativas ao seu comportamento, os seus comentários sobre produtos, serviços e negócios, bem como a combinação de diferentes informações que podem ser rastreadas no ambiente digital. Segundo o Google, motor de busca mais usado no mundo, 90% das interações dos usuários são feitas por meio de *smartphones* e outros dispositivos com telas. Kotler, Kartajaya e Setiawan (2016) informam que o crescimento do tráfego na Web cresceu 30 vezes de 2000 a 2014, possibilitando a conectividade de 4 entre 10 pessoas no mundo e ainda permitindo que mais de 11 bilhões de dispositivos móveis efetuassem tráfego na internet em 2019.

Entretanto, apesar da relevância da conectividade, alguns países, como o Brasil, estão atrasados em relação à automação de *marketing*. Em especial, as micro e pequenas empresas geralmente não possuem recursos ou conhecimento para a aplicação de novas tecnologias e tendências. Muitas dessas empresas não têm conhecimento técnico e pessoal com capacitação para utilizar ferramentas de automação de *marketing*, o que colabora para que desistam de incorporar tais recursos em seu cotidiano (HELLER, 2016). A consultoria poderia ser um caminho para essas empresas, mas ela nem sempre é viável financeiramente. Além disso, exige pessoal interno para não haver dependência em longo prazo na realização dos procedimentos.

Embora essa situação seja comum no Brasil, ela também acontece em países de primeiro mundo. Hannig ([2016]) explica que o processo de automação em *marketing* e vendas está atrasado na Alemanha, por exemplo. O país, ao contrário dos Estados Unidos e do Japão, se preocupou primeiramente em automatizar a produção 4.0, a cadeia de suprimentos e a logística, uma vez que existem muitos processos e fluxos de dados contínuos que facilitam significativamente o trabalho nos diferentes contextos. Embora o *marketing*, conforme Kotler (2009), seja considerado um processo social e econômico no qual os indivíduos satisfazem as suas necessidades e desejos por meio da criação, da oferta e da troca de produtos e serviços com outros, muitos gestores nas empresas alemãs não têm o devido entendimento sobre o que é a automação de *marketing* e quais são os seus benefícios (HANNIG, [2016]). Assim como no Brasil, na Alemanha, as micro e pequenas empresas ainda carecem de conhecimentos sobre a automação de *marketing* e o uso de *softwares*.

De forma geral, quando um potencial *lead* é identificado, ele pode ser nutrido ou abastecido pela automação de *marketing* por meio de informações que têm como objetivo aumentar a confiança e desenvolver a relação. A ideia é deixar o potencial *lead* tentado a comprar ou consumir, ou seja, abrir caminhos para consolidar oportunidades de vendas. Serratine e Behling (2016) apontam que os resultados esperados pela automação de *marketing* são a qualificação, a classificação, a pontuação, a nutrição de informações e a priorização de potenciais oportunidades de venda. Por fim, os resultados do estudo de Serratine e Behling (2016) indicam que a automação de *marketing* digital influencia o aumento de vendas e o faturamento dos produtos e serviços de uma empresa.

Por fim, nesse novo modelo de configuração, o profissional de *marketing* é responsável pela definição de parâmetros, objetivos, diretrizes e conteúdo para as ferramentas de automação. Por sua vez, essas ferramentas acionarão envios automáticos de conteúdo ou pesquisas de mercado conforme o comportamento e a demanda de potenciais *leads*. Assim, a automação de *marketing* é o processo de priorizar, personalizar e criar mecanismos automáticos que viabilizem o relacionamento entre o consumidor e a empresa de modo constante, abrindo caminhos férteis para o fechamento de vendas.

Link

Acesse o *link* a seguir para ler um texto que apresenta conceitos, benefícios, funções e exemplos de ferramentas de automação de *marketing*.

https://qrgo.page.link/WATu2

Ferramentas de automação em diferentes contextos

A cada dia, a humanidade muda os seus hábitos e comportamentos, incorporando a tecnologia, o mundo digital e o pós-digital. A tecnologia e a internet estão presentes nas atividades diárias da maioria das pessoas, automatizando muitas tarefas e serviços. Logo, é difícil delimitar as fronteiras entre o mundo real e o mundo digital (LONGO, 2014). Por outro lado, a tecnologia e o ambiente digital favorecem o surgimento e o desaparecimento de negócios, razão pela qual os profissionais de *marketing* e os gestores das empresas necessitam dar atenção especial ao *marketing* digital. O objetivo disso é acelerar, diversificar e, preferencialmente, automatizar as estratégias de *marketing* para a divulgação de produtos, serviços e tendências aos usuários ou potenciais clientes.

Existem diversas formas de utilizar as ferramentas de automação de *marketing* digital, as quais podem operar por meio de diferentes canais de comunicação e dispositivos. Heimbach, Kostyra e Hinz (2015) sugerem o uso de canais como *website*, *e-mail*, recursos de aplicativos móveis e malas diretas. Muitas empresas operam somente com o *e-mail*, eleito como único canal de comunicação com potenciais consumidores e clientes, o que se constitui em uma limitação diante dos poderosos recursos de tecnologia à disposição na Web. O *e-mail* também limita muito a experiência dos usuários, que navegam habilmente na internet, utilizando motores de busca para pesquisar diversos assuntos de interesse e acessando recomendações e comentários de outros usuários e dos contatos de suas redes sociais.

Nessa mesma perspectiva, Järvinen e Taiminen (2015) pontuam que a automação de *marketing* necessita de uma plataforma de *software* para entregar o conteúdo com base nos critérios definidos pelas empresas. A automação de *marketing*, segundo Hannig ([2016]), é a aplicação de *softwares* capazes de disseminar as informações de produtos e serviços, sem a intervenção humana, de maneira automática aos potenciais consumidores. Em outras palavras, a automação é um processo que executa diversas tarefas repetitivas de forma recorrente e sem a necessidade de participação humana. Assim, a automação de *marketing* tem como foco a comunicação e o gerenciamento de informações para os potenciais consumidores. Porém, é importante ter em mente que o papel das ferramentas de automação é automatizar todos os processos de *marketing* (RESULTADOS DIGITAIS, 2019).

As aplicações da automação de *marketing* incluem, por exemplo, tarefas recorrentes que podem ser padronizadas, como envio de *e-mails*. Para isso, é essencial ter um banco de dados com informações de qualidade. Entretanto, existem diversas ferramentas de automação de *marketing* digital que podem ser usadas em diferentes contextos. As ferramentas de *marketing* digital possuem algumas particularidades, sendo necessário analisá-las para selecionar os recursos adequados ao contexto da empresa, em conformidade com a estratégia desejada. As principais ferramentas de *marketing* digital, de acordo com Ogden e Crescitelli (2007, p. 104–109), são as listadas a seguir:

> **Site:** a empresa pode criar seu próprio *site* na Web, também chamado de "*website* de destino". É necessário considerar quem são os clientes e desenvolver um *site* de fácil navegação, com endereço eletrônico (*e-mail*) para contato. As mensagens recebidas, por sua vez, devem ser respondidas no menor tempo possível. O *site* deve conter informações atualizadas sobre produtos e serviços, entretenimento, serviços ou demonstrações dos produtos. A ideia é que a empresa crie um relacionamento com o cliente e, consequentemente, venda seu produto.
>
> **Shopping centers virtuais:** as empresas podem participar de *shopping centers* virtuais, nos quais vários vendedores, varejistas e empresas de venda *on-line* se reúnem e apresentam seus produtos ou serviços aos compradores (usuários da internet) por meio de um endereço único de *site*. Os clientes são beneficiados com a facilidade e a praticidade da compra e com a diversidade de produtos ofertados. Já a empresa é beneficiada com a quantidade de visitantes em sua página, com o sistema de cobrança e o baixo risco de crédito. Contudo, parte da receita obtida pelo lojista é direcionada para o administrador do *site*, que é centralizado e integrado.
>
> **E-mail marketing:** essa ferramenta é largamente utilizada e uma das mais eficientes formas de comunicação, com retorno barato, personalizado, rápido e interativo. Os *e-mails* devem conter mensagens interessantes, com atrativos, e devem ser enviados com autorização do usuário, não caracterizando lixo eletrônico ou *spam*.
>
> **Microwebsite:** é um pequeno *site* de uma marca que aparece como *link* na Web e cujo conteúdo é conhecido. Ocorre uma troca entre o anunciante, que informa benefícios do produto, e o consumidor, que permite a coleta de seus dados.
>
> **Banner:** é uma mensagem apresentada por meio de anúncio em formato de retângulo, que pode ser acessado com um clique, direcionando ao *website* de destino ou ao *microwebsite* da empresa. Os *banners* podem ser: estáticos (são os mais simples, que ficam parados na tela), animados (que se movimentam na tela, ampliando seu efeito, pois chamam mais a atenção) ou interativos (que, além dos movimentos, permitem inserção de dados ou oferecem algum tipo de opção ao internauta).
>
> **Pop-up, pop-under e floater:** são pequenas telas que surgem automaticamente quando o *site* é acessado, trazendo mensagens sobre a empresa ou o produto. São consideradas eficientes formas de comunicação, pois é praticamente impossível não percebê-las. Porém, são extremamente invasivas. O *pop-under* é como o *pop-up*, mas se mantém atrás da tela exibida e só aparece quando esta é fechada. Isso o torna menos invasivo do que o *pop-up*, mas cria o risco de o

anúncio perder a eficácia quando o usuário encerrar a navegação. O *floater* é uma espécie de *pop-up* que "flutua" na tela; tem tamanho reduzido, surge no momento do acesso ao *site*, faz alguns movimentos e desaparece sozinho, sem que os usuários precisem "clicar" nele para isso.

Intersticial e superstícial: são anúncios que aparecem conforme o internauta rola a página, preenchendo alguns espaços livres, podendo ser interrompidos a qualquer momento por meio de um clique em qualquer local da página.

***Sponsoring advertising*:** há um patrocinador que tem direito a escolher uma página, tema ou seção do *site*. Assim, é uma associação entre marca e *site*.

***Web search marketing*:** é um patrocínio de um *link* que estará disponível no *site* de um motor de busca.

Como você viu, há diversas ferramentas de *marketing* digital. Cada empresa pode selecionar as mais adequadas para automatizar os processos de *marketing* que tragam mais resultados para o seu negócio. De acordo com Little (2001), para ter êxito na automação de *marketing*, é preciso manter uma base com dados históricos de clientes e informações sobre as suas compras, entre outros detalhes. A empresa também deve coletar dados históricos brutos no mercado para fazer combinações atrativas personalizadas para os usuários por meio da oferta de ações, preços e promoções.

Na prática, Järvinen e Taiminen (2015) recomendam que o *marketing* de conteúdo seja combinado com processos de vendas B2B por meio da automação de *marketing*, de maneira a se obterem benefícios comerciais. Os autores explicam que a automação de *marketing* é uma ferramenta de uso crescente no B2B. Ela é recomendada por fornecedores de *softwares* como HubSpot, Eloqua, Pardot, Market e Silverpop. A automação é importante para a interação das áreas de *marketing* e vendas. Além disso, ela melhora e acelera a qualificação de potenciais consumidores, nutrindo-os com fluxo de informações e conteúdo personalizado, que pode ser tanto digital como impresso. Por fim, Järvinen e Taiminen (2015) informam que a automação de *marketing* explora ao longo do tempo os meios ativos e passivos de aprendizado sobre potenciais usuários ou compradores.

De acordo com Notari (2014), um sistema adequado para auxiliar no processo de automação de *marketing* necessita de:

- um *blog*, com foco total em otimização para mecanismos de busca (*search engine optimization* — SEO);
- ferramentas para SEO;
- gestão e publicação em mídias sociais;
- gestão de *leads* de vendas para gerar oportunidades de vendas;

- criação, manutenção e monitoramento de *landing pages* (páginas de conversão para converter um internauta em *lead*);
- gestão de *calls-to-action* (apelos à ação);
- gestão de *e-mails*, incluindo a nutrição dos *leads*.

No entanto, conforme HubSpot (2015a), as atividades a seguir promovem maior produtividade e diferenciação quando automatizadas e incorporadas à automação de *marketing*. Veja:

- estratégia de *marketing* de conteúdo;
- gestão de mídias sociais;
- processo de conversão de clientes;
- campanhas de *landing pages* e demais formulários para captação de *leads*;
- respostas para reduzir o tempo de espera dos contatos;
- funil de *marketing* para evitar que *leads* fiquem perdidos;
- gestão administrativa da agência (cobranças, faturamento, etc.);
- processo de vendas.

Considerada uma estratégia de uso crescente e com adesão cada vez maior por parte das empresas, a automação de *marketing* usa diferentes recursos — como *softwares*, ferramentas ou plataformas — para aumentar a qualificação de potenciais consumidores. A ideia é nutrir esses consumidores com informações e conteúdo personalizado a fim de incentivá-los a comprar produtos e serviços. No mercado, existem inúmeros *softwares* e plataformas, cada uma com suas características e propósitos. No Brasil, as mais conhecidas são: Dinamize, RD Station, LeadLovers e Ramper. O *site* da RD Station apresenta alguns casos de sucesso e oferece acesso a um teste gratuito e a uma demonstração (RD STATION, 2019). As grandes e as médias empresas contratam Hubspot, Mautic, Pardot, entre outros. A Mautic (2015) é uma ferramenta gratuita.

A G2 Crowd é considerada o maior mercado de tecnologia do mundo e, em suas pesquisas diretamente com os usuários, enumerou os *softwares* de automação de *marketing* mais populares: HubSpot, Marketo, ActiveCampaign, Pardot, Act-On, GetResponse, Oracle Eloqua, Kaviyo, SharpSpring, Autopilot, Adobe Campaign. Porém, os considerados mais satisfatórios pelas empresas são: Adobe Campaign, HubSpot, Kaviyo, Omnisend, RD Station, Aritic PinPoint, SharpSpring, Autopilot, EngageBay, VBOUT e Platformly (G2 CROWD, 2019). A seguir, você vai conhecer melhor algumas ferramentas de automação de *marketing*.

- **HubSpot:** é conhecida como uma das ferramentas de automação de *marketing* mais completas para as grandes empresas. Seu preço é em dólar e utiliza o idioma inglês. No Brasil, é pouco utilizada. Ela existe desde 2006 e possui mais de 64,5 mil clientes em mais de 100 países. Os benefícios dessa ferramenta são: CRM, estatísticas de resultados em tempo real, relatórios personalizados, atendimento aos clientes, segmentação com grande detalhamento, entre outros recursos.
- **RD Station:** é uma das ferramentas mais populares entre as empresas brasileiras, pois foi desenvolvida no Brasil e tem mais foco em organizações de pequeno e médio porte. Ela executa o disparo automático de *e-mails*, otimiza conteúdos para buscadores, desenvolve ações para as mídias sociais e contatos, acompanha ações dos potenciais consumidores, entre outras funções. O preço mensal não é significativo.
- **Mautic:** é uma ferramenta gratuita que permite adaptações ou uso padrão. Suas principais finalidades incluem relacionamento com potenciais consumidores, desenvolvimento de campanhas de automação, ações e monitoramento de mídias sociais e controles estatísticos.
- **LeadLovers:** é uma plataforma de automação que inclui hospedagem de domínios, desenvolvimento de páginas personalizadas e mecanismos de pagamento (PagSeguro e PayPal). O seu objetivo principal é melhorar o relacionamento entre marca e consumidor para a empresa vender mais na Web. A LeadLovers tem um preço mensal acessível a empresas de pequeno porte.
- **ActiveCampaign:** é uma plataforma que desde 2003 auxilia as empresas a automatizar a construção de experiências e conexões significativas com seus consumidores. Suas ferramentas são fáceis de usar. Reúne mais de 80 mil empresas que usam *e-mail marketing*, automação de *marketing* e CRM.
- **Klaviyo:** é uma plataforma que permite construir relacionamentos com os clientes de comércio eletrônico. Ela usa estratégias de *e-mail* e redes sociais. É utilizada por mais de 18 mil empresas.
- **Marketo:** é uma empresa da Adobe e conta com uma plataforma de engajamento que capacita profissionais de *marketing* a criar valor para a marca, aumentar a receita e comprovar o impacto do uso da automação.
- **Pardot:** capacita as equipes de *marketing* e vendas a encontrar e alimentar *leads*, fechar mais negócios e maximizar o retorno do investimento. Oferece CRM, *e-mail marketing*, nutrição e pontuação de *leads*. Também produz relatórios para gerar e qualificar *leads*, reduzir ciclos de vendas e acompanhamento. Além disso, acompanha as interações com *leads*

em seu *site* — de *downloads* a visualizações de página — e avalia possíveis clientes com base nos parâmetros definidos.
- **SharpSpring:** é uma plataforma de automação de *marketing* fácil de usar, com recursos, funcionalidade e desempenho robustos. Oferece flexibilidade, *e-mail marketing* baseado em comportamento, integração de CRM nativo ou de terceiros, formulários dinâmicos, criadores de páginas e *blog*. Gerencia mídias sociais com compatibilidade e integração de formulários.
- **GetResponse:** é uma plataforma que permite a expansão de pequenas e médias empresas. Inclui *e-mail marketing*, automação de *marketing*, *landing pages*, *webinars*, formulários, pesquisas e CRM. Possui mais de 350 mil clientes em 182 países.
- **Omnisend:** oferece *e-mail marketing* e solução completa de automação para comércio eletrônico (por *e-mail*, SMS, *messenger* do Facebook). Sincroniza automaticamente o público das plataformas Google, Facebook e Instagram para obter uma melhor experiência dos clientes e maiores conversões. Possui mais de 40 mil clientes.
- **Autopilot:** é um *software* de automação de *marketing* para capturar e converter novos *leads*, conectar-se com clientes e criar compradores fiéis. Conecta ferramentas como Salesforce, Facebook, entre outras.
- **Act-On:** é uma ferramenta de automação de *marketing* que desde 2008 oferece aplicativos, *e-mail marketing*, rastreamento de visitantes de *sites*, gerenciamento de *leads* e mídias sociais, relatórios e análises, além de integrações com *webinar* e planejamento de eventos. Segmenta clientes em categorias. No *site*, permite identificar os tipos de clientes visitantes, suas atividades e o tempo gasto em diferentes conteúdos da página.

Lembre-se de que o principal objetivo dessas plataformas ou *softwares* é a execução de campanhas de *marketing* bem-sucedidas. A ideia é promover o interesse de internautas e usuários nos negócios da empresa, aumentar a possibilidade de vendas e receitas, diminuir os custos de aquisição de clientes e melhorar a retenção de consumidores. Diante disso, a automação de *marketing* privilegia a atração de clientes que gerem tráfego e convertam esse tráfego em oportunidades de negócios. Essa estratégia busca gerar receitas construindo relações e experiências enriquecedoras com os clientes em diferentes canais de *marketing*.

Em síntese, as empresas podem optar por diversos *softwares* e plataformas para atuar com a automação de *marketing*. É possível combinar várias ações a fim de obter melhores resultados. Como você viu, um *software* de automação de *marketing* tem como objetivo central automatizar as atividades de *marketing*. Ele também busca otimizar os processos e fluxos de *marketing* e medir os resultados obtidos com as campanhas. De modo geral, as ferramentas, com base no banco de dados, propiciam experiências de *marketing* personalizadas, segmentadas, convenientes e oportunas para clientes potenciais e atuais. É possível utilizar recursos automatizados como *e-mail*, malas diretas, geração de potenciais consumidores, mídias sociais, publicidade digital, etc. A escolha fica a critério das empresas, que devem combinar os recursos de tecnologia e *marketing* digital com as ferramentas de automação de *marketing*.

Link

Acesse o *link* a seguir para aprender mais sobre automação de *marketing* com Cordeiro (2019), analista de *marketing* na Rock Content, empresa atuante na América Latina.

https://qrgo.page.link/QHzW7

Referências

ADAMS, J. *et al.* Forrester data: *marketing* automation tecnology forecast, 2017 to 2023. *In:* FORRESTER. [S. l.: s. n.], 2018. Disponível em: https://www.forrester.com/report/Forrester+Data+Marketing+Automation+Technology+Forecast+2017+To+2023+Global/-/E-RES143159. Acesso em: 7 nov. 2019.

BUCKLIN, R.; LEHMANN, D.; LITTLE, J. From decision support to decision automation: a 2020 vision. *Marketing Letters*, v. 9, n. 3, 1998. Disponível em: https://link.springer.com/article/10.1023/A:1008047504898. Acesso em: 7 nov. 2019.

CORDEIRO, M. Automação de *marketing*: tudo que você precisa saber. *In:* ROCKCONTENT. [S. l.: s. n.], 2019. Disponível em: https://rockcontent.com/blog/automacao-de-marketing/. Acesso em: 7 nov. 2019.

G2 CROWD. *Best marketing automation software*. [S. l.: s. n.], 2019. Disponível em: https://www.g2.com/categories/marketing-automation. Acesso em: 7 nov. 2019.

HANNIG, U. *Was ist marketing automation*. [S. l.: s. n., 2016]. Disponível em: https://imis.de/portal/load/fid816191/Was%20ist%20Marketing%20Automation.pdf. Acesso em: 7 nov. 2019.

HEIMBACH, I.; KOSTYRA, D.; HINZ, O. Marketing automation. *Business & Information Systems Engineering*, v. 57, n. 2, 2015. Disponível em: https://link.springer.com/content/pdf/10.1007%2Fs12599-015-0370-8.pdf. Acesso em: 7 nov. 2019.

HELLER, D. *Web analytics:* functions, KPIs and reports in SMEs - a usage framework and guidelines. 2016. 108 f. Tese. University of Koblenz-Landau, Koblenz, 2016. Disponível em: https://kola.opus.hbz-nrw.de/opus45-kola/frontdoor/deliver/index/docId/1295/file/BachelorThesisDominikHeller.pdf. Acesso em: 7 nov. 2019.

HUBSPOT. *Automação de marketing e de conteúdo:* como preparar a sua agência para escalar. 2015a. Disponível em: <https://br.hubspot.com/blog/marketing/automacao-de-marketing-conteudo-para-sua-agencia-escalar>. Acesso em: 20 out. 2019.

HUBSPOT. *What is marketing automation?* 2015b. Disponível em: <https://www.hubspot.com/marketing-automation-information>. Acesso em: 22 out. 2019.

JÄRVINEN, J.; TAIMINEN, H. Harnessing *marketing* automation for B2B content *marketing*. *Industrial Marketing Management*, v. 54, 2015. Disponível em: https://www.sciencedirect.com/science/article/abs/pii/S0019850115300018. Acesso em: 22 out. 2019.

KOTLER, P. *Administração de marketing*. São Paulo: Atlas, 2009.

KOTLER, P.; KARTAJAYA, H.; SETIAWAN, I. *Marketing 4.0:* do tradicional ao digital. Rio de Janeiro: Sextante, 2016.

LITTLE, J. D. C. Marketing automation on the internet: steps toward formulating the challenge. *In:* INVITATIONAL CHOICE SYMPOSIUM, 5., 2001. *Proceedings* [...]. Califórnia, 2001. Disponível em: https://www.andrew.cmu.edu/user/alm3/presentations/choicesymposium2001/little.pdf. Acesso em: 7 nov. 2019.

LONGO, W. *Marketing e comunicação da era pós-digital:* as regras mudaram. São Paulo: HSM, 2014.

MAUTIC. *Automação de marketing*. [S. l.: s. n.], 2015. Disponível em: https://br.mautic.org. Acesso em: 7 nov. 2019.

MOREIRA, S. P.; CHIARETO, J. Automação de *marketing* como ferramenta estratégica de vendas: um estudo de caso da Great Place to Work Brasil. *Revista Liceu On-line*, v. 6, n. 2, jul./dez. 2016. Disponível em: https://liceu.fecap.br/LICEU_ON-LINE/article/view/1745. Acesso em: 7 nov. 2019.

NOTARI, C. *Inbound marketing e automação de marketing*: a verdade nua e crua. São Paulo: Indiga, 2014.

OGDEN, J. R.; CRESCITELLI, E. *Comunicação integrada de marketing:* conceitos, técnicas e práticas. 2. ed. São Paulo: Pearson, 2007.

PEPE, C. G. E. *O marketing na era digital:* classificação e aplicação das ferramentas modernas para o relacionamento com o consumidor. 2017. 102 f. Dissertação (Mestrado) - Engenharia de Produção, Universidade Federal do Rio de Janeiro, Rio de Janeiro, 2017. Disponível em: http://www.producao.ufrj.br/index.php/br/teses-e-dissertacoes/teses-e-dissertacoes/mestrado/2017-1/223--192/file. Acesso em: 7 nov. 2019.

PEREIRA, A. Os processos de automação de *marketing*. *In:* ADMINISTRADORES.COM. [S. l.: s. n.], 2019. Disponível em: https://administradores.com.br/artigos/os-processos-de-automacao-de-marketing. Acesso em: 7 nov. 2019.

RAE, T. *The effect of marketing automation on customer experience*. Tese . Aalto University, School of Business Marketing, Finlândia, 2016. Disponível em: https://aaltodoc.aalto.fi/bitstream/handle/123456789/27676/bachelor_Rae_Tiia_2017.pdf?sequence=1&isAllowed=y. Acesso em: 7 nov. 2019.

RD STATION. *A ferramenta tudo em um para gerenciar e automatizar suas ações de marketing digital*. Florianópolis: RD Station, 2019. Disponível em: https://www.rdstation.com/. Acesso em: 7 nov. 2019.

RESULTADOS DIGITAIS. *O guia definitivo do e-mail marketing*. [S. l.: s. n.], 2019. Disponível em: https://s3.amazonaws.com/rd-marketing-objects/ebook_email-marketing/guia-definitivo-email-marketing.pdf. Acesso em: 7 nov. 2019.

SERRATINE, K.; BEHLING, H. P. As estratégias de comunicação online e o comportamento de compra do cliente: um estudo de caso da Resultados Digitais. *In:* CONGRESSO INTERNACIONAL DE ADMINISTRAÇÃO DA ESPM, 11., SIMPÓSIO INTERNACIONAL ADMINISTRAÇÃO E MARKETING, 11., 2016. *Anais* [...]. Disponível em: http://ocs.espm.br/index.php/simposio2016/C2016/paper/view/167. Acesso em: 7 nov. 2019.

VAZ, C. A. *Os 8 Ps do marketing digital:* o guia estratégico de *marketing* digital. São Paulo: Novatec, 2011.

WOOD, C. Marketing automation: lessons learnt so far. Journal of Direct, *Data and Digital Marketing Practice*, v. 16, n.4, p. 251-254, 2015.

Fique atento

Os *links* para *sites* da Web fornecidos neste capítulo foram todos testados, e seu funcionamento foi comprovado no momento da publicação do material. No entanto, a rede é extremamente dinâmica; suas páginas estão constantemente mudando de local e conteúdo. Assim, os editores declaram não ter qualquer responsabilidade sobre qualidade, precisão ou integralidade das informações referidas em tais *links*.

Plano de *marketing* digital

Objetivos de aprendizagem

Ao final deste texto, você deve apresentar os seguintes aprendizados:

- Descrever um plano de *marketing* digital.
- Relacionar os principais elementos de um plano de *marketing* digital.
- Aplicar um plano de *marketing* digital.

Introdução

O plano de *marketing* é um documento derivado do processo de planejamento. Já o plano de *marketing* digital detalha as ações necessárias para uma empresa atingir os objetivos de *marketing* considerando o ambiente e os canais de comunicação digitais.

Neste capítulo, você vai observar os diferentes modelos de planejamento de *marketing* digital. Dois dos mais conhecidos são a metodologia dos 8 Ps e o modelo SOSTAC, que você vai conhecer em detalhes no texto. Além disso, você vai ver um exemplo de aplicação de um plano de *marketing* na área da construção civil.

Principais conceitos

O plano de *marketing* é o principal instrumento para a coordenação das atividades de *marketing* de uma organização. Segundo Kotler e Armstrong (2013), o plano de *marketing* consiste em um documento composto pela análise da situação atual de *marketing*, pela análise de oportunidades e ameaças, pela definição de objetivos, estratégias e programas de ação de *marketing* e pela projeção financeira da empresa.

Em suma, portanto, o plano de *marketing* é um documento escrito que detalha as ações necessárias para uma empresa atingir um ou mais objetivos de *marketing*. Ele pode ser um plano para a marca como um todo ou para um produto ou serviço específico. Esse plano é resultado de um processo de planejamento. Por sua vez, o "Planejamento de *marketing* é uma sequência de etapas e uma série de atividades que levam à determinação de objetivos de *marketing* e à formulação de planos para alcançá-los" (MCDONALD, 2008, p. 18).

Para você entender a importância do plano de *marketing*, precisa compreender o que é o *marketing* e qual é o seu papel na organização. Para Lamb, Hair e McDaniel (2004, p. 6), "O *marketing* tem duas perspectivas: primeiro é uma filosofia, uma atitude ou uma orientação de gerenciamento que busca a satisfação do cliente. Segundo, *marketing* é um composto de atividades utilizadas para implantar essa filosofia na empresa". Isso significa que uma empresa alinhada à filosofia de *marketing* tem como tarefa principal descobrir as necessidades e desejos de determinado mercado e trabalhar para promover a satisfação do consumidor de forma mais eficaz do que seus concorrentes.

Segundo Kotler e Armstrong (2013, p. 3), "[...] *marketing* é administrar relacionamentos lucrativos com o cliente. Os dois objetivos principais do *marketing* são: atrair novos clientes, prometendo-lhes valor superior, e manter e cultivar os clientes atuais, proporcionando-lhes satisfação". O que o *marketing* deve fazer para atingir esses objetivos? Para os autores, é necessário estabelecer um processo que crie valor para os clientes, assim como construir um relacionamento lucrativo com eles. É o que você pode ver na Figura 1, a seguir.

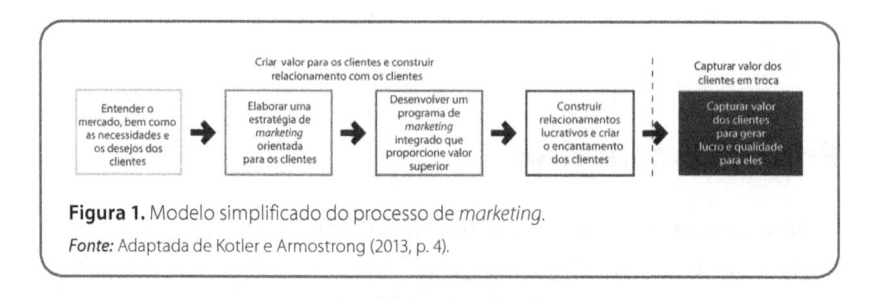

Figura 1. Modelo simplificado do processo de *marketing*.
Fonte: Adaptada de Kotler e Armostrong (2013, p. 4).

Agora você vai ver o que significa cada etapa desse processo. Em primeiro lugar, é necessário entender o mercado e as necessidades e desejos dos clientes. Segundo Urdan e Urdan (2009, p. 8), "[...] necessidades humanas são carências que geram sentimentos de desconforto ou tensão, como fome, sede, frio, solidão, medo". As necessidades fazem parte da condição humana e não podem ser "criadas" ou "inventadas" pelos profissionais de *marketing*. Já os desejos são "[...] as preferências por algo específico, produtos ou serviços, utilizados para satisfazer determinadas necessidades" (URDAN; URDAN, 2009, p. 9). Por exemplo, uma pessoa com fome tem necessidade de comida. Porém, o desejo de comer um churrasco ou um prato de *sushi* depende muito das influências culturais e preferências individuais de cada consumidor.

Se existe poder de compra, os desejos se tornam demandas. Ou seja, com base em seus desejos e recursos individuais, os consumidores demandam produtos e serviços que ofereçam a melhor solução, o que significa o melhor conjunto de valor e satisfação (KOTLER; ARMSTRONG, 2013). Isso quer dizer que as necessidades e os desejos dos consumidores são satisfeitos por uma combinação de produtos, serviços, informações e experiências oferecidos em determinado mercado.

Normalmente, existem diversos produtos ou serviços que podem ser adquiridos para satisfazer uma necessidade ou desejo. Os consumidores têm uma grande quantidade de opções à sua disposição. A escolha é feita com base nas expectativas em relação ao valor e à satisfação que cada produto ou serviço tem o potencial de proporcionar. Uma compra que traz satisfação tende a se repetir, enquanto um produto que traz insatisfação tende a ser abandonado (KOTLER; ARMSTRONG, 2013).

As expectativas dos consumidores são construídas a partir dos argumentos utilizados pelas empresas para venderem seus produtos e serviços. Esses argumentos são a base para que o consumidor perceba os benefícios que terá ao adquirir o produto ou serviço. Por outro lado, cada compra engloba também custos para o consumidor, sejam eles monetários (dinheiro gasto) ou não monetários (tempo, esforço, riscos). Esse balanço que o consumidor faz entre os benefícios e os custos é o que se chama de **valor percebido**. Quanto maiores os benefícios e menores os custos, maior o valor percebido pelo consumidor para determinado produto ou serviço (KOTLER; ARMSTRONG, 2013).

O setor de *marketing* precisa compreender de que forma os consumidores percebem o valor das diversas ofertas de produtos e serviços disponíveis no mercado. A ideia é, a partir desse entendimento, desenvolver uma estratégia e um plano de *marketing* capazes de, por um lado, atrair novos clientes e, por outro lado, construir relacionamentos e engajar os clientes atuais.

A estrutura do plano de *marketing* segue a mesma lógica da estrutura de um plano de negócios, porém utilizando informações e formulando estratégias e soluções específicas para a área de *marketing*. Para Ferrel e Hartline (2006), um bom plano de *marketing* deve ser: abrangente, ou seja, conter todas as informações pertinentes para a situação analisada; flexível, ou seja, adequar-se às necessidades de cada contexto; consistente em relação ao planejamento estratégico do negócio; e coerente com os planos das outras áreas da empresa.

Saiba mais

O plano de *marketing* digital é um instrumento que estabelece uma sequência de ações em canais *on-line*, como *sites*, *blogs* e redes sociais, a fim de tornar uma marca ou empresa reconhecida e escolhida por seus clientes em detrimento da concorrência. Esse documento estabelece os passos necessários para a realização dos objetivos de *marketing*. A diferença do plano digital em relação ao plano de *marketing* tradicional é que ele ocorre no ambiente digital, o que exige considerar essa particularidade na sua elaboração. As ações são adaptadas aos meios digitais com o objetivo de potencializar os efeitos do *marketing* tradicional, pois a internet é uma plataforma conveniente, acessível e que oferece oportunidades competitivas para empresas de todos os tamanhos.

Modelos de planejamento de *marketing* digital

O *marketing* digital é um conjunto de ações de divulgação e comunicação que uma empresa utiliza por meio da internet e das ferramentas digitais. Para Turchi (2012, p. 68), "[...] o *marketing* digital não é um substituto do *marketing* convencional, mas se difere deste pela utilização de várias ações e métodos nos canais *on-line*, que permitem a análise de resultados em tempo real".

A integração do digital com o tradicional no *marketing* de uma empresa, tanto em nível estratégico como em nível operacional, é recomendada pela maioria dos autores dessa área. Trata-se de aplicar as novas regras do digital sem abdicar dos princípios básicos do negócio. Explorando as vantagens únicas oferecidas pelo digital, como a interatividade, a maior conveniência e a quantidade de informação disponível, as empresas podem ganhar uma importante vantagem competitiva (CHAFFEY; SMITH, 2013).

Ao ser colocado como parte inclusiva do plano estratégico de *marketing*, o mundo *on-line* oferta uma relação infindável de ferramentas. Não é uma opção ficar de fora deste universo, ainda que ocorram erros de estratégia no início da trajetória nos meios de comunicação ligados à internet. Segundo Turchi (2012), o desafio maior é planejar as ações de *marketing* digital incluindo diversidade de meios e tecnologias existentes.

A seguir, você vai conhecer cada um dos elementos da metodologia dos 8 Ps, proposta por Vaz (2011), e da metodologia SOSTAC, proposta por Chaffey e Smith (2013).

Elementos do plano de *marketing* digital

Uma das metodologias de planejamento de *marketing* digital é conhecida como 8 Ps. Essa metodologia foi criada por Vaz (2011) e propõe um processo que auxilie as empresas a coletar dados, planejar uma estratégia de divulgação e tornar a sua marca relevante na internet.

> A metodologia proposta apresenta uma sequência formal e contínua de passos que levam a empresa a um processo cíclico de geração de conhecimento a respeito do consumidor e do seu próprio negócio na internet (que tem uma proposta de valor ligeiramente diferente do negócio *off-line*), de qual a melhor maneira de divulgar sua marca, qual a melhor maneira de se apoiar na atividade do consumidor para estimular a circulação de informação e gerar a comunicação viral da sua marca, como mensurar resultados e como reavaliar o perfil do público-alvo para direcionar as novas ações (VAZ, 2011, p. 298).

Na Figura 2, você pode ver cada um dos 8 Ps. A seguir, confira o detalhamento desses elementos.

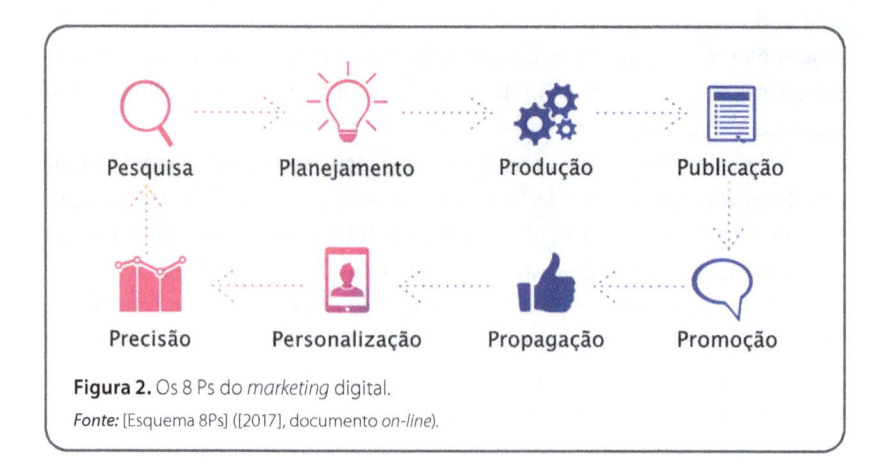

Figura 2. Os 8 Ps do *marketing* digital.
Fonte: [Esquema 8Ps] ([2017], documento *on-line*).

Os 8 Ps: Pesquisa, Planejamento, Produção, Publicação, Precisão, Personalização, Propagação, Promoção.

- **Pesquisa:** consiste em recolher todos os indícios que o consumidor deixa ao navegar pela internet. A ideia é analisar determinados *sites* e mídias sociais a fim de interpretá-los a partir de critérios sobre o comportamento do consumidor. Entende-se que o comportamento do consumidor *on-line* está diretamente relacionado com o seu comportamento *off-line*. Isso significa que o modo como ele age *on-line* também define as estratégias *off-line* da empresa. Por exemplo, se a empresa já possui uma lista de *e-mails* de clientes, pode enviar uma pesquisa com perguntas sobre o perfil e os hábitos desses clientes.
- **Planejamento:** de posse das informações obtidas na pesquisa, elabora-se um documento que será a diretriz do projeto de *marketing* digital, ou seja, que conterá a explicação detalhada do que será feito em cada um dos outros Ps. O planejamento deve demonstrar como o ambiente digital se transformará numa plataforma de negócios. Ele necessita de três elementos fundamentais: conteúdo a ser desenvolvido, formato que será disponibilizado para *download* e público para o qual será dirigido.
- **Produção:** aqui entram as ferramentas que o *site* deve ter, tanto em termos de elementos de mensuração quanto para aumentar o tempo de navegação do consumidor, para diminuir a taxa de rejeição, para captar *e-mails* dos visitantes e diversos outros fatores para tornar o *site* um instrumento de lucratividade para o negócio. A produção é a

execução propriamente dita (programação), a estrutura do *site* e as suas funcionalidades. Por exemplo, se a empresa organiza casamentos, os conteúdos abordados no *site* e nas redes sociais devem girar em torno desse tema, evitando termos técnicos e linguagem rebuscada.

- **Publicação:** não adianta ter um *site* se ele não tem tráfego suficiente para gerar a receita que o justifique. O tráfego pode acontecer por meio de anúncios *on-line* ou *off-line*, utilizando técnicas de otimização para mecanismos de busca (*Search Engine Optimization* — SEO) ou técnicas a serem utilizadas nas redes sociais. Para ter uma taxa de conversão alta, o *site* deve ser relevante para o público-alvo, e a relevância se constrói com conteúdo. Os consumidores querem ver algo que diga respeito a eles, não à empresa. Por isso, as publicações devem tratar de conteúdos que interessem o cliente. O ideal é que o consumidor interaja com a empresa e a recomende. A atualização constante também é fundamental: se alguma notícia, evento importante ou conteúdo viral ligado ao seu negócio surgir na mídia, substitua o conteúdo planejado e não deixe de participar da discussão em pauta.
- **Promoção:** promoção e propagação devem andar juntas. A interação entre elas é a essência do *marketing* viral. A comunicação deve ser relevante para os consumidores, de modo que gere uma propagação natural de consumidor (alfa — primeiro a tomar contato com a campanha) a consumidor (multiplicador). Outro aspecto importante é a escolha das palavras-chave relacionadas ao negócio, que devem estar presentes em todos os conteúdos e anúncios publicados, buscando maior visibilidade e melhor colocação nos mecanismos de busca (como o Google).
- **Propagação:** envolve técnicas para estimular os clientes alfa (1% do mercado) a espalhar o conteúdo pela rede para os multiplicadores (9% do mercado), para que estes o espalhem para o restante do mercado (os outros 90%). A ideia é estimular o boca a boca no ambiente Web para que o negócio ganhe credibilidade e alcance maior margem. A escolha das redes sociais mais adequadas para o negócio também é um aspecto importante. Para empresas que comercializam produtos de moda e beleza, trabalhar com o YouTube é mais adequado. Já para portais de notícias, o Twitter é fundamental.
- **Personalização:** a marca deve se relacionar com cada cliente de acordo com seu perfil. A segmentação deve estar no *site* (pessoa física ou jurídica; pequena, média ou grande empresa), na navegação (produtos e serviços ou áreas do *site* específicas para cada perfil de consumidor, como aluno, professor, funcionário, visitante) e na comunicação (redes

sociais). Outra maneira de personalizar a comunicação é por meio do *e-mail marketing*. É possível criar listas segmentadas de acordo com as informações retiradas das interações de cada cliente ou grupo de clientes, enviando materiais e conteúdos customizados para cada um deles.

- **Precisão:** envolve a escolha das ferramentas de mensuração dos resultados. É necessário considerar quais palavras-chave no Google estão gerando a maior quantidade de contatos ou vendas, quais *blogs* ou *sites* estão trazendo mais visitantes/clientes, de quais cidades ou regiões estão vindo mais compradores, etc. Existem muitas métricas e indicadores de desempenho que devem ser acompanhados; para cada um deles, há ferramentas (gratuitas ou pagas) que auxiliam na tarefa.

Chaffey e Smith (2013) afirmam que o plano de *marketing* digital deve se basear nas disciplinas do *marketing* tradicional e em técnicas de planejamento adaptadas à comunicação digital a partir de seis etapas: análise da situação, objetivos, estratégias, táticas, ações e controle (*Situation analysis*, *Objectives*, *Strategy*, *Tactics*, *Actions* e *Control*, que formam o acrônimo SOSTAC). Veja uma síntese na Figura 3, a seguir.

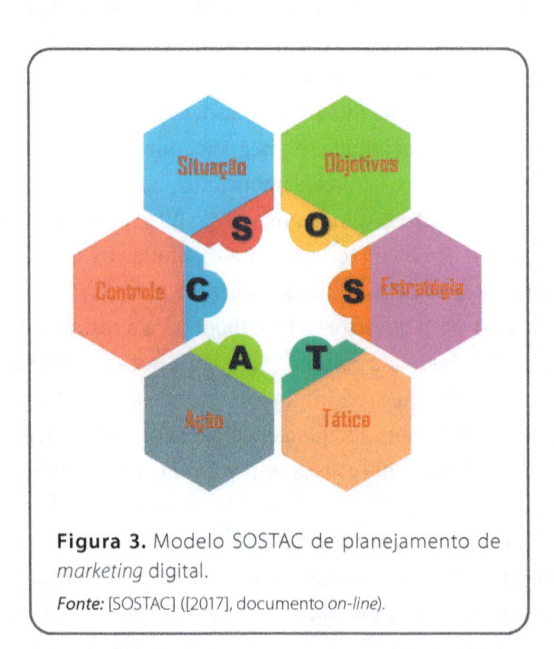

Figura 3. Modelo SOSTAC de planejamento de *marketing* digital.
Fonte: [SOSTAC] ([2017], documento *on-line*).

A seguir, veja como deve se desenrolar cada uma das etapas do plano de *marketing* digital proposto por Chaffey e Smith (2013).

- **Análise da situação:** é a etapa em que a empresa se pergunta "onde estamos no momento?". É o ponto de partida para ela definir aonde pretende chegar. A análise é do tipo SWOT (*Strengths, Weaknesses, Opportunities, Threats*, isto é, forças, fraquezas, oportunidades e ameaças) e é realizada nos níveis interno e externo da organização. Por exemplo, as forças ou fraquezas podem ser medidas em relação ao desempenho do *site* ou à comunicação nas mídias sociais. A análise externa inclui a análise dos concorrentes e das tendências que podem se configurar em oportunidades ou ameaças, bem como a análise de fatores demográficos, econômicos, sociais, tecnológicos e político-legais.
- **Objetivos:** nesse ponto, a organização estabelece aonde pretende chegar com a adoção das estratégias. Os objetivos podem variar entre aumentar as vendas, agregar valor ao consumidor, engajá-lo, diminuir custos e riscos percebidos, adicionar valor superior por meio de experiências *on-line*, etc. Contudo, os objetivos devem ser sempre específicos, mensuráveis, alcançáveis, relevantes e ter prazo definido.
- **Estratégia:** é o caminho a seguir para a concretização dos objetivos. A estratégia serve como guia na definição das táticas, sendo delineada de acordo com os objetivos e os recursos disponíveis. Ela também deve ser capaz de integrar as ações digitais (*on-line*) e tradicionais (*off-line*). Essa etapa deve definir qual é o público-alvo, o posicionamento da empresa e a sua proposta de valor.
- **Táticas:** essa etapa foca nas ferramentas e plataformas que permitirão executar a estratégia delineada. As táticas correspondem ao composto de *marketing*, envolvendo definições a respeito dos produtos e serviços, preços, canais de distribuição, comunicações e promoções, pessoas (atendimento), processos e evidências físicas (loja, consultório).
- **Ações:** são o detalhamento das táticas, correspondendo à etapa de implantação do plano. As ações também preveem erros e problemas que podem ocorrer. Para isso, é necessário definir aspectos que podem não funcionar, determinar qual será o seu impacto, criar um plano de contingência e controlar continuamente a execução desse plano.

- **Controle:** a partir do controle, a organização monitoriza se o plano está dando certo, ou seja, verifica se os resultados obtidos são positivos e identifica qual é a ferramenta que funciona melhor e qual é o verdadeiro custo de cada ação. O controle é um conjunto de mecanismos que medem e avaliam de forma sistemática e contínua o desempenho da empresa. As ferramentas de medição utilizadas são chamadas de indicadores-chave de performance (*Key Performance Indicators* — KPIs). Elas são selecionadas de acordo com os objetivos definidos anteriormente.

Aplicação de um plano de *marketing* digital

Segundo Souza *et al.* (2018), o consumidor que navega no ambiente digital tem demandado boa parte da atenção diária do mercado imobiliário. A internet tem sido amplamente utilizada nas decisões de busca por imóvel. Afinal, com os recursos oferecidos em ambiente virtual, como galeria de fotos, vídeos e detalhes do empreendimento, é possível encontrar o imóvel dos sonhos com mais conveniência. O setor imobiliário se tornou mais técnico e eficiente, prestando consultoria e serviços, investindo no atendimento e agregando valor aos seus clientes com o uso do *marketing* digital.

Agora, você vai ver uma simulação da aplicação de um plano de *marketing* digital para uma empresa fictícia do setor de construção civil, a Alfa Engenharia. Tal aplicação se baseia no trabalho de Souza *et al.* (2018) e nos conceitos vistos ao longo deste capítulo, em especial na metodologia dos 8 Ps.

- **Pesquisa:** atualmente, as mídias *on-line* utilizadas pela Alfa Engenharia são o *site* da construtora, no qual estão disponibilizados todos os empreendimentos já realizados pela empresa e os comercializados atualmente, e *fanpages* no Facebook (cada empreendimento tem a sua). Ao idealizar um empreendimento, a empresa realiza a pesquisa de mercado para definir seu público-alvo e direcionar suas mídias de *marketing* tradicional e digital.
- **Planejamento:** deve ser realizado com foco nas vendas *on-line*. Assim, todas as mídias digitais devem ser direcionadas e projetadas para isso. O público-alvo da Alfa são os jovens que vão adquirir o primeiro imóvel, um público conectado e que costuma buscar produtos e serviços na internet. Portanto, todas as plataformas digitais (*site*, redes

sociais) devem ser estruturadas de maneira que os clientes obtenham as informações necessárias para a aquisição de um imóvel de forma clara e rápida.

- **Produção:** o *site* da empresa deve ter ótima qualidade visual e uma estrutura que facilite a busca pelo tipo de imóvel desejado. Atualmente, a estrutura do *site* evidencia os empreendimentos comercializados, classificados em lançamentos ou em fase de construção. Ao destacar as vendas como foco do *site*, a empresa poderia agregar informações a respeito de valores, unidades disponíveis e condições de pagamento, assim como criar um *chat on-line* para que o cliente tire dúvidas em tempo real com um corretor.
- **Publicação:** a empresa utiliza o Facebook, porém as postagens não são frequentes e não exibem um conteúdo persuasivo. A maioria trata do andamento das obras. Para engajar o consumidor, contudo, é preciso um conteúdo que desperte o desejo e, ao mesmo tempo, chame a atenção pela facilidade das condições de aquisição do imóvel.
- **Promoção:** as promoções são feitas por meio de impulsionamento de *posts* no Facebook a fim de aumentar a visitação de empreendimentos que estão em época de lançamento.
- **Propagação:** a empresa não faz um esforço planejado de propagação. Ela poderia realizar uma ação em que os clientes disponibilizassem declarações espontâneas sobre o imóvel que adquiriram.
- **Personalização:** é importante que o banco de dados, obtidos por meio do *site* e pelos corretores, tenha informações relevantes sobre o perfil de cada cliente para que possa ser realizada a personalização. Por exemplo, utilizando campanhas de *e-mail marketing*, é possível lembrar o consumidor da sua necessidade de moradia ou de investimento.
- **Precisão:** todos os resultados das ações de *marketing* digital são mensurados com o objetivo de descobrir os erros e acertos.

Com o aumento do acesso às tecnologias, os consumidores se tornam cada vez mais exigentes, e as empresas precisam se adaptar a esse novo paradigma. É necessário ter um bom planejamento de *marketing* digital para manter-se competitivo no cenário virtual. O número de consumidores virtuais aumenta cada vez mais, e no mercado imobiliário não é diferente. Ou seja, as construtoras e imobiliárias precisam ter credibilidade para efetuar vendas totalmente *on-line*.

Referências

CHAFFEY, D.; SMITH, P. R. *Emarketing excellence:* planning and optmizing your digital marketing. New York: Routledge, 2013.

[ESQUEMA 8PS]. [*S. l.: s. n.,* 2017]. Disponível em: https://www.vivapixel.com.br/wp-content/uploads/2017/12/esquema8Ps.jpg. Acesso em: 18 nov. 2019.

FERREL, O. C.; HARTLINE, M. D. *Estratégia de marketing.* São Paulo: Thomson Learning, 2006.

LAMB, C. W.; HAIR, J. F.; MCDANIEL, C. D. *Princípios de marketing.* São Paulo: Cengage, 2004.

KOTLER, P.; ARMSTRONG, G. *Princípios de marketing.* São Paulo: Pearson Prentice Hall, 2013.

MCDONALD, M. *Planos de marketing, planejamento e gestão estratégica:* como criar e implementar planos eficazes. Rio de Janeiro: Campus, 2008.

[SOSTAC]. [*S. l.: s. n.,* 2017]. Disponível em: https://i2.wp.com/mundodigitalbox.com/wp-content/uploads/2017/08/sostac.png?ssl=1. Acesso em: 18 nov. 2019.

SOUZA; G. M. *et al. Aplicação da metodologia dos 8 p's do marketing digital em uma empresa catarinense de construção civil.* Capivari de Baixo: FUCAP, 2018.

TURCHI, S. *Estratégias de marketing digital e e-commerce.* São Paulo: Atlas, 2012.

URDAN, F. T.; URDAN, A. T. *Gestão do composto de marketing.* São Paulo: Atlas, 2009.

VAZ, C. A. *Os 8ps do marketing digital:* o guia estratégico de *marketing* digital. São Paulo: Novatec, 2011.

Fique atento

Os *links* para *sites* da Web fornecidos neste capítulo foram todos testados, e seu funcionamento foi comprovado no momento da publicação do material. No entanto, a rede é extremamente dinâmica; suas páginas estão constantemente mudando de local e conteúdo. Assim, os editores declaram não ter qualquer responsabilidade sobre qualidade, precisão ou integralidade das informações referidas em tais *links*.

Métricas do *marketing* digital

Objetivos de aprendizagem

Ao final deste texto, você deve apresentar os seguintes aprendizados:

- Descrever métricas.
- Definir os parâmetros de mensuração.
- Relacionar os tipos de métricas em *marketing* digital.

Introdução

Na era do *marketing* digital, os profissionais e as organizações têm à sua disposição métricas e dados analíticos que podem ser mensurados objetivamente em tempo real. Essa disponibilidade é uma das principais diferenças e vantagens do *marketing* digital em comparação ao tradicional. Atualmente, a mensuração dos dados relativos ao êxito de determinada estratégia é fundamental para assegurar o retorno sobre o investimento. No entanto, como há diversos dados disponíveis, a escolha da métrica a ser monitorada deve ser feita com cautela. Afinal, existe a possibilidade de que uma organização monitore métricas que não têm significado para o que é mais importante na geração de suas receitas.

Alguns parâmetros de mensuração, como o número de curtidas no Facebook ou a quantidade de visualizações no YouTube, são métricas relevantes. Porém, se esses números não puderem ser efetivamente monetizados e traduzidos em receita para a empresa, eles não têm serventia efetiva. Portanto, os empreendedores e gestores de negócios devem aprender a identificar as métricas que podem influenciar o crescimento das suas organizações e a sua geração de receitas.

Neste capítulo, você vai conhecer o conceito de métricas. Além disso, você vai ver o que são parâmetros de mensuração. Por fim, vai verificar quais são os tipos de métricas em *marketing* digital.

O que são métricas?

Métricas de *marketing* digital são valores usados para medir e acompanhar o desempenho de campanhas. As empresas usam várias ferramentas para promover seus bens e produtos, e a avaliação dos resultados é fundamental. A especificidade, a objetividade e a precisão das métricas facilitam a determinação de metas e a mensuração do desempenho. A seguir, você vai conhecer algumas métricas importantes para que uma campanha possa ser considerada bem-sucedida. Logo, tais métricas devem ser monitoradas para garantir que determinado investimento tenha retorno. Essas métricas podem ser categorizadas em três grupos: **tráfego**, **conversão** e **receita** (CHAFFEY; ELLIS-CHADWICK, 2019; CHARLESWORTH, 2018; KINGSNORTH, 2019).

Métricas de tráfego são medidas e monitoradas principalmente durante o estágio de geração de tráfego. Nesse sentido, uma primeira métrica é **tráfego geral do *site***, que informa sobre alterações significativas na forma como o tráfego flui e pode fornecer uma visão da eficácia de uma estratégia. Ao medir o tráfego de um *site*, você não deve calcular apenas as visualizações de uma página ou o número de acessos que o *site* recebe; é necessário verificar também quantos visitantes únicos o *site* atrai por semana ou por mês. Quanto mais visitantes únicos um *site* recebe, maiores são as chances de conseguir clientes em potencial. Outra métrica importante é o **tráfego móvel**, que fornece informações que podem ajudar os empresários e profissionais a estruturar e planejar efetivamente o conteúdo de determinada estratégia, o que resulta em um maior engajamento com os visitantes oriundos de dispositivos móveis, como *smartphones* e *tablets* (CHAFFEY; ELLIS-CHADWICK, 2019).

Uma terceira métrica relevante é a **taxa de cliques**, que mede quantas pessoas realmente clicaram em determinado anúncio. Por fim, outra métrica de tráfego central é o **Custo por Clique** (CPC), isto é, aquilo que se pagará à plataforma de *marketing* de pesquisa toda vez que um usuário clicar em um anúncio. Esse valor varia de acordo com a popularidade das palavras-chave ou das frases-chave escolhidas. Ele também depende dos mecanismos de pesquisa de preço padrão inicialmente definidos. É possível definir o orçamento de CPC por palavras-chave, frase-chave e categoria individualmente estabelecida (CHAFFEY; ELLIS-CHADWICK, 2019).

As **métricas de conversão** têm, por seu turno, o objetivo de converter o tráfego do *site* em *leads*, que são clientes em potencial. Esse objetivo deve ter centralidade nos esforços de *marketing* digital e pode ser avaliado a partir de algumas métricas. Por exemplo, a **taxa de conversão** mede quantos visitantes foram realmente convertidos em *leads* ou vendas efetivas. O monitoramento sistemático das taxas de conversão pode fornecer uma perspectiva apurada sobre quais aspectos específicos de uma campanha de *marketing* digital oferecem os melhores resultados. Outra métrica de conversão relevante é o **Custo por Lead** (CPL), definido a partir da taxa de conversão de *leads* de uma campanha específica e seu custo correspondente, fornecendo, assim, informações sobre a rentabilidade da campanha (CHARLESWORTH, 2018).

Além disso, outra métrica significativa dentro dessa categoria é a **média de visualizações por visita**. Quanto mais visualizações de página são geradas em cada visita, maiores as chances de envolvimento com os visitantes, que eventualmente são convertidos em *leads* ou clientes pagantes. Outra métrica importante é o **custo médio por visualização da página**, que expressa a quantidade de investimento em um canal de *marketing* digital pago com base em uma média feita a partir das visualizações da página e da quantidade de receita que pode ser gerada. Em termos práticos, o custo por visualização de página deve ser significativamente menor do que a receita gerada para garantir que as campanhas de fato sejam rentáveis (CHARLESWORTH, 2018).

O **tempo médio no *site*** mensura o tempo médio de cada visita. Ele é importante para avaliar qual conteúdo é relevante e efetivamente gera visitas. Por fim, outra métrica de conversão importante é a **taxa de retorno de visitantes**, que expressa o número de visitantes que continuam voltando para rever um conteúdo. Conhecer a taxa de retorno de visitantes pode fornecer uma visão do que é possível melhorar no conteúdo de forma a atrair mais cliques (KINGSNORTH, 2019).

A terceira categoria, as **métricas de receita**, explicitam se determinada campanha é rentável ou não. Além disso, possibilitam que se façam ajustes para que um conteúdo seja aprimorado a fim de obter maior engajamento dos usuários e maiores receitas. Uma das primeiras métricas de receita é o **Retorno do Investimento** (ROI). Ele pode ser adequadamente aferido a partir do tráfego que é convertido em novos clientes. Essa métrica também ajuda a identificar qual área de uma campanha está gerando receitas e quais estratégias devem ser melhoradas. Outra métrica de receita importante é o **Custo para Adquirir um Cliente** (CAC). Ela é definida pelo cálculo do total de custos em determinado período dividido por quantos novos clientes pagantes foram gerados durante aquele mesmo período. Embora os cálculos não sejam sempre exatos e precisos, o CAC pode fornecer uma boa visão sobre o quão eficaz e bem-sucedida uma campanha é (KINGSNORTH, 2019).

Por fim, você deve notar que cada uma das métricas descritas é um bom indicador de quão bem-sucedidos são seus esforços de *marketing* digital. Cada uma delas se concentra em uma área e um estágio específicos da campanha. Portanto, é melhor usar essas ferramentas de forma integrada. A chave aqui é usar os dados para identificar quais componentes funcionam ou não, o que permite fazer melhorias e estabelecer uma campanha de *marketing* digital melhor e mais rentável.

A Figura 1 apresenta diferentes elementos que devem ser considerados por empreendedores e profissionais ao escolherem métricas de *marketing* digital para suas campanhas. Nesse sentido, é possível observar a importância de métricas que focalizam conteúdos personalizados, que possam se tornar virais e que possuam alguma espécie de vantagem ou exclusividade significativa para os clientes em potencial, o que pode ser monetizado pela empresa. Além disso, as métricas voltadas às mídias sociais devem estar conectadas àquelas relativas às mensurações sobre o tráfego vindo de dispositivos móveis e que estejam atreladas à geração de conteúdo nativo. Afinal, esse tipo de conteúdo costuma ser mais relevante para o consumidor. Por fim, métricas e parâmetros de mensuração ligados às estratégias de automação de *marketing* devem estar vinculados às táticas digitais globais da empresa.

Figura 1. Elementos relevantes na seleção de métricas para o *marketing* digital.
Fonte: Adaptada de garagestock/Shutterstock.com.

> **Saiba mais**
>
> De acordo com Hamill (2016), as métricas de *marketing* digital devem estar focadas na conscientização dos clientes, nas preferências dos consumidores e nos fatores que levam ao incremento das receitas das organizações. Portanto, para estabelecer qualquer estratégia de *marketing*, é necessário quantificar os valores que vão nortear a avaliação da efetividade e a melhor tomada de decisão. Assim, é necessário que os gestores avaliem constantemente que métricas têm impacto sobre os seus orçamentos. Quanto mais objetivas, precisas e relevantes forem as métricas, melhor para o resultado das campanhas. A organização e os seus gestores devem se questionar se determinadas métricas e parâmetros de mensuração escolhidos agregam valor ao negócio. Portanto, um profissional de *marketing* deve se concentrar na definição de parâmetros relevantes, seguindo critérios objetivos para medir sua estratégia.

Parâmetros de mensuração e sua importância para o *marketing*

O estabelecimento de objetivos é fundamental para o sucesso de uma campanha. Todavia, para que o alcance dos objetivos seja avaliado, é necessário que os parâmetros de avaliação sejam mensuráveis. Os **parâmetros de mensuração** (ou parâmetros mensuráveis) são dados que podem ser tabulados estatisticamente e que podem ajudar uma organização a avaliar a eficácia de uma abordagem, produto ou serviço sob diferentes pontos de vista. Além disso, para que um objetivo seja mensurável, os parâmetros relativos a ele devem primeiro ser claramente definidos (BENDLE *et al.*, 2015).

Um bom parâmetro de mensuração de eficácia seria, por exemplo, a **participação de mercado** (*market share*) de uma empresa. Não existe um método consensualmente melhor para calcular a participação de mercado, mas é preciso estabelecer um parâmetro quantitativo pelo qual ela seja mensurada. Você deve ter em mente que métodos de cálculo diferentes podem gerar não apenas resultados distintos de participação de mercado em determinado momento, mas também tendências amplamente divergentes ao longo do tempo (BENDLE *et al.*, 2015).

As razões para essas disparidades podem incluir variações nas lentes por meio das quais a participação é vista. Também pode haver discrepâncias devido ao momento e ao lugar em que são realizadas as mensurações, ou mesmo pela falta de uma definição precisa sobre o mercado analisado (o escopo do universo competitivo). Na análise da situação subjacente às decisões estratégicas, os gerentes devem ser capazes de entender e explicar essas variações. Logo, parâmetros mensuráveis são fundamentais tanto para o entendimento quanto para a explicação de tais variações (BENDLE *et al.*, 2017).

Ainda sobre a participação no mercado, até mesmo as pequenas empresas podem avaliar o cumprimento dos objetivos por meio desse parâmetro. Entretanto, nesses casos, é preciso tabular a rentabilidade do mercado em uma região geográfica muito específica, definindo qual parte desse mercado a empresa possui. Como qualquer tipo de valor em constante mudança, a participação no mercado é melhor mensurada a partir de um parâmetro predeterminado de tempo correlacionado, ou seja, ela precisa ser ajustada mensalmente, semestralmente, trimestralmente ou anualmente (BENDLE *et al.*, 2017).

O estabelecimento de parâmetros de mensuração é fundamental no trabalho das equipes de *marketing* digital. Uma vez que os trabalhos desses grupos ocorrem em conjunto, é vital que eles utilizem parâmetros objetivos pelos quais os esforços coletivos e individuais também possam ser aferidos. Ademais, os consumidores só poderão expressar suas preferências a partir de parâmetros previamente definidos (VENKATESAN; FARRIS; WILCOX, 2014).

Portanto, se os parâmetros inclusos em uma pesquisa ou estudo de mercado não forem os mais apropriados, os resultados analíticos poderão ter pouco valor. Isso pode ocorrer mesmo que seja possível determinar a importância relativa de certos atributos e que tecnicamente se possam segmentar os consumidores com base nos dados coletados. Por exemplo, em uma análise sobre as preferências dos consumidores acerca de cores ou estilos de carros, é possível agrupar corretamente os clientes a partir das suas percepções sobre esses atributos. Todavia, se os consumidores realmente se importam mais com a potência do motor, as segmentações de consumidores pelas suas preferências de cor ou estilo não terão valor para o trabalho das equipes envolvidas (VENKATESAN; FARRIS; WILCOX, 2014).

Link

Para que uma ação de *marketing* digital agregue valor a uma organização na contemporaneidade, ela deve ser mensurável em termos claros e objetivos. Assim, os gestores precisam entender a importância da **gestão por indicadores** para que a atividade empresarial seja efetiva e traga incrementos às receitas. O vídeo disponível no *link* a seguir explica o que é a gestão por indicadores e como ela pode ajudar gestores a alcançarem seus objetivos.

https://qrgo.page.link/D9195

Outro exemplo de parâmetro mensurável a ser estabelecido com rigor é a **taxa de retenção**, pois ela é um fator determinante para se calcular o valor de cada cliente, uma vez que mudanças muito pequenas nos seus cálculos podem fazer uma diferença substancial no valor final apresentado. A precisão desse parâmetro é vital para resultados significativos (BENDLE *et al.*, 2015). Por outro lado, se a empresa estabelecer como objetivo gerar determinado volume de receita em um período, o parâmetro que mensurará essa meta deve compreender a avaliação dos relatórios sobre as receitas obtidas no período em questão. Esse objetivo pode ser avaliado sob vários pontos de vista, pois pode ser considerado tanto a partir de um parâmetro mais lacônico (por exemplo, se a meta foi alcançada ou não) quanto de um mais incremental, isto é, com descrições mais detalhadas acerca de quanto da meta foi atingido (BENDLE *et al.*, 2015).

Ademais, o desempenho dos **veículos de *marketing*** utilizados pode ser avaliado a partir do parâmetro de quantos clientes cada um deles conseguiu trazer, por exemplo. Por ser uma variável mensurável, o número de clientes que cada veículo consegue consolidar para uma empresa é um parâmetro apropriado para a avaliação de desempenho desses veículos. Esse movimento é fundamental especialmente para pequenas empresas, pois elas geralmente aferem o desempenho de cada veículo em termos de geração de resultados esperados, um aspecto subjetivo que pode prejudicar a avaliação final. Em suma, o número de clientes provenientes de cada fonte de publicidade é um parâmetro mensurável que pode ser melhor medido; logo, é mais confiável (VENKATESAN; FARRIS; WILCOX, 2014).

Além disso, a avaliação do desenvolvimento dos objetivos estratégicos de uma organização também precisa ser classificada por meio de **parâmetros de mensuração**. Para isso, é possível empregar instrumentos de análise comparativa. Nesse caso, parâmetros mensuráveis podem incluir a conclusão de projetos, as metas internas relativas a um departamento ou a redução de um resultado negativo anterior. Esses parâmetros podem apresentar certas variações por conta de suas demonstrações em termos absolutos ou em porcentagens, por exemplo (VENKATESAN; FARRIS; WILCOX, 2014).

As empresas geralmente medem o sucesso pelo seu **volume de clientes novos e recorrentes**. Medir o novo volume de clientes auxilia as empresas a avaliarem suas várias abordagens de *marketing*. Nessa perspectiva, estabelecer como parâmetro o retorno de clientes já consolidados, por exemplo, pode ajudar uma organização a avaliar o atendimento pós-venda e os níveis de satisfação com seus produtos ou serviços (BENDLE *et al.*, 2017).

Por fim, outro parâmetro mensurável que uma empresa pode elencar para verificar a satisfação com seus bens e serviços é o **número de reclamações** que recebe. O rastreamento do tipo e da frequência das reclamações apresentadas pelos consumidores permite que uma organização identifique áreas de fraqueza e as aprimore. Ademais, esse parâmetro pode fornecer informações importantes para o desenvolvimento de métodos para aprimorar os níveis gerais de serviço (BENDLE *et al.*, 2017).

> **Saiba mais**
>
> Segundo Kotler, Kartajaya e Setiawan (2016), o conhecimento sobre as métricas e os parâmetros de mensuração faz muita diferença para a efetividade de uma campanha de *marketing*. O retorno positivo do investimento que se busca é correlacionado aos esforços de *marketing* digital e depende de quais métricas são monitoradas e importam a longo prazo. No entanto, é imperativo lembrar que o estudo do tipo errado de métricas e parâmetros de mensuração pode prejudicar uma campanha em vez de ajudá-la. Por conta da infinidade de dados disponíveis para análise, o processo de escolha das métricas mais apropriadas envolve alto grau de complexidade. Portanto, o foco da escolha deve permanecer naquilo que é mais importante para a organização, isto é, o crescimento das suas receitas. Logo, as métricas que devem ser prioritariamente selecionadas e monitoradas são aquelas que ajudam efetivamente a aumentar as receitas.

A relação entre as diferentes métricas

Existem ingredientes fundamentais para um *marketing* digital de qualidade, como a criatividade e uma estratégia bem planejada. Além disso, é claro, o tempo e os recursos disponíveis para que tal estratégia seja operacionalizada são essenciais. Entretanto, sem uma avaliação objetiva e integrada das métricas, uma campanha tem potencial para, na verdade, desperdiçar recursos no decorrer dos seus mais diferentes processos. Em suma, a mensuração integrada entre métricas ajudam a entender como e se os esforços de *marketing* estão realmente funcionando. Nesse sentido, a mensuração pode determinar quais canais e plataformas estão agregando valor aos negócios. Ela também possibilita ajustar ou testar ideias para garantir o maior retorno possível sobre os investimentos feitos (MARTIN, 2017).

O que importa, em última análise, é a receita obtida com a conquista de novos clientes. Tal receita é a expressão do ROI dos gastos com *marketing* e a conversão desses gastos em vendas. As vendas reais são valores conversíveis positivamente em ROI, ou seja, melhoram as receitas da organização e aumentam seus lucros. Contudo, calcular o ROI de programas de *marketing* digital pode ser uma tarefa complexa. Afinal, nem sempre é possível medir com precisão a contribuição de cada plataforma e o modo como ela influencia a conquista de um novo cliente. Portanto, as métricas devem ser relacionadas umas com as outras, isto é, estabelecidas e avaliadas de maneira integrada para garantir retornos positivos (MARTIN, 2017).

Por exemplo, é importante comparar o número de clientes conquistados e aqueles que foram perdidos com os custos totais da campanha e os objetivos estabelecidos pela empresa antes mesmo do início dela. Além disso, é necessário monitorar as mudanças nos indicadores e métricas ao longo do tempo. O foco desse processo é verificar a contribuição dos diferentes indicadores e estabelecer o quanto cada um deles influencia a performance do conjunto total de estratégias. Em outras palavras, o sucesso de uma campanha pode ser aferido também pelo CAC, fator que compreende todos os custos de vendas e *marketing* de um período divididos pelo número de clientes conquistados nesse período (MARTIN, 2017).

Todavia, é preciso que o empresário, gestor ou profissional lembre que os cálculos do CAC feitos no presente podem não ser totalmente precisos. Isso ocorre porque um cliente conquistado em determinado período pode ter sido influenciado por programas de *marketing* de períodos anteriores, por exemplo. Apesar disso, como uma medida geral do desempenho de *marketing* e vendas, o CAC é um conjunto integrado de cálculos que se apresenta como um bom indicador de efetividade. No âmbito do *marketing*, o tempo significa a atenção que as estratégias que compõem determinada campanha recebem dos consumidores (PHILLIPS, 2017).

Quando se trata de *sites*, por exemplo, é importante aferir métricas como o tempo médio gasto por visitante, o tempo médio gasto na página e a profundidade média de rolagem. O **tempo médio gasto** é uma métrica simples e abrangente, que mostra a quantidade de tempo que um visitante passou lendo, assistindo ou interagindo ativamente com um conteúdo. Já a **profundidade média de rolagem** oferece, por sua vez, uma medida mais precisa do tempo médio gasto. O tempo médio gasto é calculado com base nas sessões que não terminam, isto é, no número de visitantes que permanecem no *site*. Nesse sentido, para melhorar a precisão desses indicadores e entender se os consumidores estão realmente interessados no seu conteúdo, os analistas devem comparar o tempo médio à profundidade média de rolagem, que mostra até que ponto da página o visitante rolou (PHILLIPS, 2017).

> **Link**
>
> A escolha e a análise de métricas são essenciais para que uma campanha seja efetiva e para que uma organização obtenha sucesso nos investimentos feitos em mídias sociais. No vídeo disponível no *link* a seguir, o especialista Conrado Adolpho, precursor dos 8 Ps do *marketing* digital, define e explica o que são essas métricas, explicitando a importância que elas podem ter para as empresas e suas campanhas.
>
> https://qrgo.page.link/AaJ3X

Outra questão que não pode ser negligenciada é a correlação das métricas relativas às redes sociais com maior abrangência na contemporaneidade. Por exemplo, a maioria das grandes marcas pode ser facilmente encontrada no Instagram. Por conta da natureza altamente visual da plataforma, ela acabou se tornando um forte ponto de vendas para diversas atividades comerciais. No entanto, muitos empreendedores e gestores têm problemas para entender se os esforços que investem no Instagram valem a pena devido à dificuldade que eles têm de calcular o retorno dos seus investimentos. Uma alternativa nesses casos, ou seja, para garantir que uma marca esteja fazendo o melhor possível na plataforma de compartilhamento de fotos, é relacionar certas métricas essenciais (MILES, 2019).

Primeiro, se a ação estiver usando várias *hashtags*, é preciso avaliar esse número e verificar quais *hashtags* são efetivas. Para isso, é imperativo checar as impressões dos usuários sobre cada postagem. Encontrar as *hashtags* corretas ou descobrir aquelas que não estão funcionando exige alguns testes. É preciso que o gestor da campanha monitore também os *stories* da sua marca e, se a estratégia da campanha compreender a postagem de mais de um *story* por vez, será necessário monitorar também quantas pessoas visualizam essas postagens (MILES, 2019).

Nesse âmbito, as métricas mais importantes para os *stories* do Instagram são a **progressão de impressões**, os **retornos de navegação** e o **próximo *story***. Uma observação importante: os encaminhamentos que os usuários fazem dos *stories* não são uma métrica tão confiável. Na verdade, os retornos para as postagens são uma indicação mais consistente de interesse, como o nome da métrica já sugere: os usuários estão realmente retornando a determinado *story* para assisti-lo novamente. Atentar a essas métricas, bem como à progressão das impressões recebidas para cada postagem, ajuda a medir e avaliar o quão significativo o conteúdo criado para uma campanha é para os usuários. Portanto, é fundamental entender como os conteúdos de uma campanha atraem visitantes. Métricas como **visitantes novos** *versus* **recorrentes** e sua **taxa de rejeição** fornecem também uma boa compreensão sobre os conteúdos pelos quais o público realmente se interessa (MILES, 2019).

> ### Fique atento
>
> Kingsnorth (2019) apresenta diferentes métricas que devem ser alvo de atenção para que uma campanha obtenha sucesso. Entre elas, estão as cinco elencadas a seguir. Entretanto, é necessário ressaltar que, apesar de importantes, elas não são as únicas pertinentes ao trabalho do gestor, empresário ou profissional de *marketing* digital.
> - **Total de visitas:** esse é o número geral a ser monitorado e acompanhado ao longo do tempo para que se tenha uma ideia aproximada do quão eficazes são as campanhas (em sua capacidade de direcionamento de tráfego).
> - **Tráfego de fontes ou canais:** serve para segmentar as origens de tráfego de forma a facilitar a identificação dos canais com desempenho alto ou baixo.
> - **Número de novos visitantes *versus* número de visitantes que retornam:** os visitantes que retornam fornecem uma indicação da qualidade e da atratividade do conteúdo da campanha.
> - **Taxa de rejeição:** sinaliza o número de pessoas que visitam o *site* e saem imediatamente sem realizar nenhuma ação significativa.
> - **Custo por Visitante (CPV) e Receita por Visitante (RPV):** essas métricas fornecem uma fórmula simples para a lucratividade de cada canal de *marketing*. Se o seu RPV exceder o seu CPV, a campanha está no caminho certo. Esses números também ajudam a moldar os orçamentos e precisam ser constantemente avaliados.

Referências

BENDLE, N. T. *et al. Marketing metrics:* the manager's guide to measuring *marketing* performance. 3rd ed. New Jersey: Pearson FT, 2015.

BENDLE, N. T. *et al.* FARRIS, P. *et al. Key marketing metrics:* the 50+ metrics every manager needs to know. 2nd ed. Harlow: Pearson, 2017.

CHAFFEY, D.; ELLIS-CHADWICK, F. *Digital marketing:* strategy, implementation and practice. 7th ed. Harlow: Pearson, 2019.

CHARLESWORTH, A. *Digital marketing:* a practical approach. 3rd ed. New York: Routledge, 2018.

HAMILL, J. The end of *marketing* as usual. *In:* BAKER, M. J.; HART, S. (ed.). *The marketing book.* London: Routledge, 2016. chap. 17.

KINGSNORTH, S. *Digital marketing strategy:* an integrated approach to online *marketing*. 2nd ed. London: Kogan Page, 2019.

KOTLER, P.; KARTAJAYA, H.; SETIAWAN, I. *Marketing 4.0:* moving from traditional to digital. Hoboken: John Wiley & Sons, 2016.

MARTIN, G. *The essential social media marketing handbook:* a new roadmap for maximizing your brand, influence, and credibility. Wayne: Weiser, 2017.

MILES, J. *Instagram power:* build your brand and reach more customers with the power of pictures. New York: McGraw-Hill, 2019.

PHILLIPS, K. W. *Ultimate guide to Instagram for business.* Fitch Irvine: Entrepreneur, 2017.

VENKATESAN, R.; FARRIS, P.; WILCOX, R. T. *Cutting-edge marketing analytics:* real world cases and data sets for hands on learning. Harlow: Pearson, 2014.

Análise de dados

Objetivos de aprendizagem

Ao final deste texto, você deve apresentar os seguintes aprendizados:

- Descrever as principais ferramentas de análise de dados.
- Reconhecer como uma análise de dados pode auxiliar na tomada de decisões.
- Determinar a ferramenta mais adequada a cada contexto mercadológico.

Introdução

Neste capítulo, você vai estudar os conceitos mais relevantes para a análise de dados em *marketing* digital, como métricas e KPIs (*Key Performance Indicators*). Você também vai conhecer as métricas mais relevantes para cada plataforma digital, iniciando pelo ROI (*Return Over Investment*) e abordando as principais mensurações relacionadas a *sites*, campanhas de publicidade digital, *e-mail marketing*, mídias sociais e SEO (*Search Engine Optimization*). Por fim, você vai verificar que a análise de dados é essencial para uma tomada de decisão mais assertiva e menos intuitiva, pois traz previsibilidade e segurança estratégica.

Principais ferramentas de análise de dados de *marketing* digital

Uma das principais vantagens que o *marketing* digital oferece em relação ao *marketing* tradicional é o fato de possibilitar análises de dados mais precisas, ou seja, métricas que demonstram com clareza o sucesso ou o insucesso de uma estratégia desenvolvida na Web. Além disso, as ferramentas digitais permitem a mensuração em tempo real dos resultados das campanhas e ações *on-line*. A escolha das métricas depende, sobretudo, dos objetivos estabelecidos. Por exemplo, se o objetivo for aumentar as vendas do produto, deverão ser escolhidos indicadores como o número de unidades vendidas, a quantidade de vendas por canal de *marketing*, etc. Por outro lado, se o objetivo é dar mais visibilidade e consistência para a marca, os indicadores devem estar relacionados com impacto de anúncios, pontos de contato com a marca e taxa de compartilhamento de conteúdo, por exemplo.

Segundo Motta (2015), quando se trabalha com *marketing* digital, é essencial avaliar se as ações tomadas estão gerando resultado. Dentro desse cenário de análise, muitas vezes há termos que, mesmo aparentando ser a mesma coisa, na realidade possuem significados diferentes, como métricas e KPIs. Para Farris *et al.* (2012, p. 1), "[...] uma métrica é um sistema de mensuração que quantifica uma tendência, uma dinâmica ou uma característica. As métricas são usadas para explicar fenômenos, diagnosticar causas e projetar resultados de eventos futuros [...]".

Veja o que Motta (2015, documento *on-line*) afirma:

> [...] métricas são medidas que servem de base para a constituição de um indicador, normalmente associadas ao comportamento do usuário e sem uma meta definida. Já o KPI (*Key Performance Indicator*) é um indicador criado a partir de métricas, que tem o objetivo de mostrar o atingimento de determinado resultado. Além de avaliar a performance organizacional, os indicadores podem ser úteis para analisar tendências do usuário.

Na visão de Gabriel (2010), os KPIs são utilizados para mensurar os objetivos de *marketing* e se dividem em três categorias, descritas a seguir.

- **KPIs de volume:** estão relacionados à mensuração de quantidades puras. Por exemplo: número de fãs, número de seguidores, *tweets* por minuto, *trending topics*, etc.
- **KPIs de engajamento:** estão relacionados às mensurações de ações que envolvam engajamento, influência e relevância. Por exemplo: quantidade de *retweets*, quantidade de assinantes, tempo gasto, comentários, réplicas, menções, etc.
- **KPIs de conversão:** medem as ações de conversão do público-alvo em função dos objetivos estipulados. Por exemplo: vendas, CTR (*Click-Through Rate*), geração de *leads* (cadastro de novos clientes).

No Quadro 1, veja uma comparação entre as métricas e os KPIs em relação a diferentes objetivos de *marketing* digital — o primeiro objetivo é de volume, o segundo é de engajamento e o terceiro é de conversão.

Quadro 1. Diferenças entre métricas e KPIs

Objetivo	Métricas	KPIs
Aumento da base de fãs no Facebook	▪ Novos fãs por semana ▪ Novos fãs por mês ▪ Fãs perdidos	Crescimento total da base
Aumento do engajamento	▪ Volume de comentários ▪ Volume de *likes* ▪ Volume de *shares*	Índice de engajamento: engajamento total / fãs × 100
Conversão: *download* e *e-books*	▪ Número de cliques no *link* de divulgação ▪ Volume de perguntas sobre o *e-book* ▪ Número de acessos/ *downloads* via redes sociais	▪ Índice de interesse *versus downloads* ▪ *Downloads* do *e-book*

Fonte: Adaptado de Florêncio (2015, documento *on-line*).

O ambiente digital é propício a ser medido, pois nele as pessoas deixam rastros o tempo todo. Por exemplo, quando alguém faz uma compra com cartão de crédito ou navega por determinados *sites*, os comportamentos digitais dessa pessoa são registrados. Da mesma forma, quando alguém pesquisa termos no Google ou em plataformas de redes sociais, essas informações passam a ser utilizadas pelas empresas para o direcionamento de anúncios e conteúdos relacionados aos assuntos pesquisados.

Conforme Farris *et al.* (2012), uma das principais métricas de *marketing* é o ROI. É uma métrica que apresenta os rendimentos obtidos a partir de determinada quantia de recursos investidos. O ROI mede, basicamente, o lucro ou o prejuízo obtido sobre um investimento. Ele é usado para ajudar na decisão de investimentos em novos negócios e projetos, uma vez que indica o potencial de retorno sobre o aporte realizado.

O ROI também é utilizado para mensurar de que forma os investimentos em *marketing* podem contribuir para os resultados de uma empresa. Além disso, apresenta o prazo do retorno financeiro dessas iniciativas. Para calcular o ROI, é necessário dividir o valor do lucro líquido pelo valor do investimento inicial. O resultado deve ser multiplicado por 100 para expressar o valor em percentual (%). A fórmula do ROI é:

$$ROI = \left(\frac{\text{receita} - \text{investimento}}{\text{investimento}}\right) \times 100$$

Por exemplo, uma loja de moda investiu R$ 1 mil numa campanha de *marketing* digital para promover o lançamento de uma nova coleção de roupas. A produção de cada item custou R$ 100 e o valor de venda foi de R$ 300, sendo que, depois de a campanha ter sido veiculada, foram vendidas cem peças dos produtos anunciados. Nesse caso, o custo total foi de R$ 11 mil e a receita total foi de R$ 30 mil. Aplicando o cálculo do ROI, tem-se: 30.000 − 11.000 ÷ 11.000 = 1,7 (× 100) = 170%. Ou seja, a loja de moda obteve lucro nessa campanha, pois para cada real investido o retorno foi de R$ 1,70.

Para Farris *et al.* (2012), além do ROI, outras métricas importantes da estratégia de *marketing* digital são o custo por exposição e o Custo Por Clique (CPC), além do custo por pedido e da taxa de conversão. Há também a taxa de acesso ao *site*, a taxa de rejeição, a taxa de permanência na página e a origem do tráfego, como você pode ver no Quadro 2.

Quadro 2. Principais métricas da estratégia de *marketing* digital

Métrica	Definição
Custo por exposição	O custo por exposição é obtido dividindo-se o custo total do anúncio pela quantidade de exposições, ou seja, é o custo para oferecer aos clientes potenciais a oportunidade de ver determinado anúncio na internet.
CPC	A taxa de cliques mede o quanto um anúncio ou um conteúdo foi atrativo o suficiente para levar as pessoas a clicarem nele. Essa métrica é acompanhada em campanhas de *links* patrocinados (quantidade de cliques por impressões) e de *e-mail marketing* (número de cliques por *e-mails* abertos). O CPC é calculado dividindo-se o custo total do anúncio pela quantidade de cliques que o anúncio obteve. A vantagem dessa métrica sobre o custo de exposição é que ela revela uma medida de eficácia, já que os cliques são uma forma de medir a atenção e o interesse.

(Continua)

(Continuação)

Quadro 2. Principais métricas da estratégia de *marketing* digital

Métrica	Definição
Custo por pedido	Se o principal objetivo do anúncio for gerar vendas, então o custo por pedido será a melhor métrica. O custo por pedido é calculado dividindo-se o custo total do anúncio pelo número total de pedidos realizados por meio dele. Por exemplo, um varejista da internet gastou R$ 24 mil em anúncios *on-line*, gerando 1,2 milhão de exposições, o que levou a 20 mil cliques, sendo que um de cada 10 cliques resultou em compra. Nesse caso, o custo por exposição foi de R$ 0,02, o custo por clique foi de R$ 1,20 e o custo por pedido foi de R$ 12,00.
Taxa de conversão	Essa taxa mede o percentual de visitantes de determinada página que executaram uma ação desejada. Essa ação pode ser uma venda, um *download* de um *e-book* ou uma assinatura de *newsletter*, por exemplo. Logo, dependendo do que a conversão envolve, o resultado pode variar. Esse indicador vai mostrar se a marca consegue convencer as pessoas do valor de suas ofertas. Por exemplo, se 5 mil visitantes chegaram até determinada página e 3 mil acessaram o *webinar* que estava sendo ofertado, então a taxa de conversão foi de 60%. No processo de vendas, seja por canais *on-line* ou *off-line*, é importante mensurar o quanto uma melhoria na apresentação do produto, determinada promoção ou ações de incentivo (como brindes e combos) estão alavancando as vendas. Por isso, é importante analisar como era o comportamento dos clientes e das vendas mensais antes das melhorias e após as ações, pois só assim será possível avaliar os impactos dos investimentos em *marketing*.
Taxa de acesso ao *site*	Essa métrica informa quantas vezes o *site* foi acessado, sendo que essa informação auxilia na medição do fluxo de visitação da página. Se o número de acessos aumentou, é sinal de que determinada ação de *marketing* foi efetiva, mas caso haja uma queda drástica nos acessos, é necessário verificar o que está acontecendo para solucionar o problema.
Taxa de rejeição (*bounce rate*)	A taxa de rejeição é um indicador que ajuda a entender como os usuários estão se comportando ao visitar um *site*. Ela mostra quantas pessoas acessaram o *site* e o abandonaram em seguida, sem interagir ou se interessar pelo conteúdo. Por isso, quanto maior a taxa de rejeição, menor é interação dos usuários com os conteúdos produzidos. Uma dica para melhorar esse indicador é identificar quais temas, produtos e conteúdos chamam mais a atenção dos clientes e geram engajamento, ou seja, quais páginas têm menor taxa de rejeição.

(Continua)

(Continuação)

Quadro 2. Principais métricas da estratégia de *marketing* digital

Métrica	Definição
Taxa de permanência na página	O tempo de permanência é um indicador importante para analisar como os visitantes estão interagindo com o conteúdo do *site*. Essa métrica informa quanto tempo o usuário permaneceu no *site*; assim, é possível verificar se ele deixou a página antes de concluir uma compra ou de interagir com o conteúdo proposto.
Origem do tráfego	Esse indicador mostra a maneira como cada usuário chegou ao *site*, ou seja, se foi pelo *link* direto ou por uma ferramenta de busca. Existem algumas fontes importantes. Veja a seguir. - Tráfego direto: os visitantes acessam o *site* digitando o endereço no navegador ou por meio dos favoritos. - Busca orgânica: é o acesso natural dos usuários, mostrando as palavras-chave que os levaram até o *site* da empresa por meio de ferramentas de busca como Google, Bing, entre outras. - *Links*: conhecidos como tráfegos de referência, eles indicam os *sites* de terceiros que levaram os clientes para determinada página.

Fonte: Adaptado de Farris *et al.* (2012) e Gabriel (2010).

A taxa de conversão revela se os investimentos em *links* patrocinados, *banners* na rede de busca do Google, *e-mails marketing* ou anúncios em mídias sociais, entre outros, estão valendo à pena. Conversões são visitas a *site* que atingem uma meta predeterminada, como preencher e enviar um formulário de contato ou concluir uma compra em um *e-commerce*. As conversões normalmente são um dos principais objetivos de uma campanha de *marketing* digital.

A análise de dados e a tomada de decisão em *marketing*

Para encontrar e aproveitar as oportunidades que surgem no mercado, a empresa precisa monitorar o seu ambiente constantemente. Para isso, ela deve investir em um sistema de informações de *marketing*, ou seja, uma forma sistemática de coleta, análise e distribuição das informações de *marketing* necessárias para quem toma as decisões. A complexidade dessas informações pode variar bastante conforme o porte e o mercado de atuação da empresa, mas, mesmo no caso de pequenos negócios, é importante que o gestor tenha os conhecimentos necessários para fundamentar suas decisões (ROJO, 2006).

Nesse contexto, para ter condições de analisar a situação de *marketing* da empresa, levando em conta todos os aspectos internos e externos relevantes, é importante que exista um processo de coleta e sistematização de métricas e dados necessários para o desenvolvimento do plano de *marketing*. Esse processo é conhecido como **Sistema de Informações de *Marketing*** (SIM). O SIM é constituído de pessoas, equipamentos e procedimentos dedicados a coletar, classificar, analisar, avaliar e distribuir as informações necessárias de maneira oportuna para aqueles que tomam as decisões de *marketing*.

Conforme Caires (2019), considerando o ambiente digital, empresas que não acompanham e sistematizam as métricas acabam tendo mais dificuldade de compreender o que está funcionando ou não em suas ações de *marketing*. Sem analisar esses dados, fica mais difícil descobrir, por exemplo, que tipo de conteúdo atrai o público da empresa, qual formato de material o público prefere, qual linguagem deve ser utilizada, quais canais são mais adequados para efetivar a comunicação e quais produzem maior engajamento.

No caso dos canais digitais, existem ferramentas de monitoramento capazes de obter uma grande quantidade de dados necessários para entender melhor como as pessoas estão se relacionando com a marca, produto ou serviço no *site* e nas mídias sociais. Tais dados também são úteis para a empresa descobrir o desempenho de cada campanha de divulgação, verificar quais materiais têm maior taxa de conversão, etc. A análise dessas informações permite que o processo de planejamento e execução da estratégia seja mais produtivo e assertivo, pois é desenvolvido com base no comportamento dos consumidores no meio digital e na maneira como se relacionam com a empresa. Resumidamente, os principais benefícios da análise de dados para a gestão de *marketing* são os listados a seguir.

- **Conhecer os clientes:** estratégias corretamente direcionadas impactam positivamente os consumidores e permitem obter melhores resultados.
- **Segurança estratégica:** a análise de dados permite tomar decisões mais estratégicas e menos intuitivas, o que proporciona maior segurança para o negócio em longo prazo.

- **Previsibilidade:** a capacidade preditiva proporcionada pela análise de dados permite maior segurança para desenvolver planos que considerem cenários mercadológicos positivos e negativos, minimizando os danos.
- **Foco em metas:** ao trabalhar com métricas, a empresa consegue ser mais pragmática em relação às suas metas, mantendo o foco para alcançar os objetivos almejados.

> **Fique atento**
>
> Saber o que está sendo efetivo ou não nas ações de *marketing* digital é bastante relevante para o gestor, seja para montar um novo planejamento ou realizar ajustes na estratégia que está em curso. Com os dados obtidos por meio das métricas, o gestor tem mais subsídios para decidir o que deve ser excluído, mantido ou incluído nas suas ações de *marketing* digital. Além disso, o acompanhamento das métricas de *marketing* digital permite que a empresa otimize seus investimentos, ou seja, destine maiores verbas para as ações e canais que geram maiores resultados, em função dos objetivos determinados.

Ferramentas de análise do *marketing* digital

Para acompanhar e comparar os resultados alcançados por meio das métricas e KPIs, é importante que a empresa tenha as ferramentas certas. Na opinião de Turchi (2016), o Google Analytics é a plataforma de gerenciamento de dados mais usada para a análise de métricas digitais no mundo. Ela é gratuita e permite que a equipe de *marketing* utilize diversos recursos e parâmetros completos sobre acessos, visitantes únicos e novos, páginas abertas pelos visitantes, páginas mais visitadas, tempo de permanência, *bounce rate* e ainda outras informações sobre detalhes de acessos e notificações sobre a página.

Por ser uma ferramenta do Google, o Google Analytics pode ser integrado com o Google Adwords, que permite o acesso aos relatórios de *links* patrocinados de modo a saber o número de conversões das ofertas, comparar campanhas, ver resultados por palavras-chave, entre outros recursos importantes. A seguir, você vai ver as ferramentas segmentadas para as estratégias de *e-mail marketing*, mídias sociais e SEO.

Para Siqueira (2018), as principais ferramentas de *e-mail marketing* são o MailChimp e o RD Station, que oferecem diversos tipos de relatórios.

Algumas das principais métricas que devem ser acompanhadas são as listadas a seguir.

- **Taxa de cliques (CTR):** a taxa de cliques mostra quantos *e-mails* foram clicados, comparando o número com a quantidade de *e-mails* entregues. Por exemplo, se foram entregues 10 mil *e-mails* e a campanha recebeu 500 cliques, houve uma taxa de cliques de 5%.
- **Taxa de cliques por abertura (CTOR — *Click-To-Open Rate*):** essa métrica é o resultado da divisão entre clique e abertura. É a proporção de cliques comparada ao total de usuários que abriu o *e-mail*. Por exemplo, se uma campanha teve 10 mil aberturas e 2 mil cliques, o CTOR foi de 20% (2.000 ÷ 10.000). O CTOR é um dos principais indicadores do sucesso de uma campanha, pois mostra se a mensagem foi relevante e se a oferta estava atrativa o suficiente.
- *Leads* **gerados:** é a taxa de conversão dos usuários após a abertura do *e-mail*, ou seja, compara-se o total de *e-mails* disparados com o número de *e-mails* em que houve realmente a ação esperada na campanha (por exemplo, uma compra).

De acordo com Adolpho (2017, documento *on-line*),

> Mensurar resultados em redes sociais é uma tarefa complexa, principalmente porque muitos tentam enquadrá-las nos mesmos critérios de mensuração de *e-mails marketing* (taxa de abertura, taxa de cliques) ou em métricas de otimização de *sites* (número de visitas, taxa de conversão dos visitantes) ou *links* patrocinados (retorno sobre investimento) e por aí vai. A mensuração em redes sociais é diferente. Os principais critérios são baseados em capital social, não financeiro.

Para Recuero (2009), o **capital social** pode ser compreendido como os valores que são obtidos pelos indivíduos ao fazer parte de uma rede social, como reputação, visibilidade, popularidade e autoridade. Esses valores dependem não só da apropriação pelos usuários, mas igualmente dos recursos fornecidos pelas próprias ferramentas.

Nesse sentido, Adolpho (2017, documento *on-line*) afirma o seguinte: "[...] para mensurar resultados em redes sociais, você precisa se preocupar principalmente com três critérios: engajamento, *buzz* e conversão [...]". O engajamento está relacionado com o quanto as pessoas estão engajadas com a marca. Ele pode ser medido pelo número de fãs no perfil do Facebook, pela quantidade de assinantes do *blog*, pelo número de seguidores no Twitter ou pelo número de inscritos no canal do YouTube. O *buzz* refere-se ao quanto de barulho a marca está fazendo na internet. Ele pode ser medido pela quantidade de *retweets*, pelo número de comentários no *blog*, pelo número de citações no Google e pelo número de vezes que a marca foi divulgada nas mídias. A conversão, por sua vez, indica o quanto a marca está sendo convertida para o mercado econômico, ou seja, quantas vendas provindas das mídias sociais foram realizadas, quantos novos potenciais clientes foram gerados, etc.

O percurso natural, segundo Adolpho (2017), acontece seguindo a lógica: engajamento, *buzz* e conversão. "O engajamento significa: pessoas adotarem sua marca como uma das elaborações de sua própria identidade. Isso gera *buzz*, pessoas falando sobre sua marca, o que naturalmente se converte em vendas [...]" (ADOLPHO, 2017, documento *on-line*). Cada uma dessas métricas deve ser levantada no período e, após, todas devem ser mensuradas para a empresa saber qual é o seu crescimento com relação ao período anterior.

As redes sociais mais usadas atualmente, como Facebook, Twitter, Instagram e YouTube, disponibilizam relatórios próprios, permitindo que os comportamentos e interações dos usuários sejam analisados. Esses recursos são chamados de "ferramentas nativas", como Facebook Insights, Facebook Ads Manager, LinkedIn Analytics, Twitter Analytics, Twitter Ads Analytics, YouTube Analytics, etc. Existem ainda as ferramentas terceirizadas, que podem ser gratuitas ou pagas.

Essas ferramentas são utilizadas para monitorar as principais métricas geradas nessas redes. Na visão de Muniz (2018), as métricas de redes sociais mais importantes são: alcance, tráfego de rede social, taxa de conversão, engajamento e crescimento do canal. A seguir, você vai conhecer sucintamente cada uma delas.

- **Alcance:** essa métrica mede quantas pessoas estão visualizando os *posts* nas redes sociais, sendo necessário acompanhá-la diariamente e relacioná-la com o nível de engajamento.
- **Tráfego de rede social:** analisa quantas pessoas estão chegando ao *site* ou *blog* da empresa por meio de publicações em redes sociais. É possível conferir todo o tráfego de rede social da empresa por meio do Google Analytics.
- **Taxa de conversão:** mostra quantas conversões tiveram origem nas redes sociais e ajuda a identificar quantos usuários querem ter um contato mais próximo com a marca.

- **Engajamento:** é uma das métricas mais relevantes, pois ajuda a identificar o quanto as publicações estão sendo interessantes para os consumidores. Analisa-se o engajamento considerando o número de curtidas, compartilhamentos e comentários de cada publicação. O engajamento deve ser analisado diariamente e em todas as publicações. É importante também fazer relatórios semanais e mensais comparando a taxa geral de engajamento de cada canal.
- **Crescimento do canal:** mede-se o crescimento avaliando-se a taxa de aumento da base de seguidores, a taxa de engajamento e a taxa de tráfego advindo das mídias sociais. O crescimento do canal deve ser acompanhado semanalmente.

Finalmente, em relação à estratégia de SEO, Bernardo (2018) afirma que algumas das principais ferramentas são as elencadas a seguir.

- **Análise de páginas de *sites*:** implica avaliar o volume de busca de palavras-chave, localizar e avaliar conteúdos, analisar *links* externos e internos, avaliar a velocidade de carregamento da página, otimizar imagens, etc.
- **Google Trends:** é uma ferramenta utilizada para pesquisas de palavras-chave que se destaca por evidenciar sazonalidades de busca para determinada palavra-chave; comparar o volume de busca de até cinco palavras-chave de uma só vez, dentro de um período predeterminado; e acessar a distribuição de busca de uma palavra-chave por região (país, estado ou cidade).
- ***Linking building*:** quanto mais pessoas recomendam um produto, maior a probabilidade de ele ser confiável, ainda mais se as pessoas que o recomendam tiverem credibilidade. É com essa lógica que os mecanismos de busca trabalham, ou seja, se um *site* é muito linkado (indicado) por outros, ele ganha autoridade e fica entre os primeiros resultados nas buscas.

Concluindo, as métricas, assim como a análise e o controle de dados de *marketing* digital, são extremamente importantes para o sucesso dos negócios. Com a grande quantidade de informação disponível, monitorar o que está sendo falado sobre a marca na internet é essencial. O domínio dos conceitos e das ferramentas de análise de dados pode ajudar a empresa nessa tarefa. A ideia é que seja possível determinar a melhor forma de mensurar estratégias de sucesso.

Referências

ADOLPHO, C. *Mensuração de resultados em mídias sociais*. 2017. Disponível em: http://www.conrado.com.br/mensuracao-de-resultados-em-midias-sociais/. Acesso em: 25 nov. 2019.

BERNARDO, I. *Ferramentas de SEO:* tudo o que você precisa saber para otimizar melhor seu site. 2018. Disponível em: https://resultadosdigitais.com.br/blog/ferramentas-de-seo/. Acesso em: 25 nov. 2019.

CAIRES, C. *Métricas de marketing:* qual a importância de acompanhá-las. 2019. Disponível em: https://www.galateia.com.br/metricas-de-marketing-porque-acompanhar/. Acesso em: 25 nov. 2019.

FARRIS, P. W. *et al*. *Métricas de marketing:* o guia definitivo de avaliação de desempenho do *marketing*. 2. ed. Porto Alegre: Bookman, 2012.

FLORÊNCIO, C. *Planejamento em redes sociais:* métricas e monitoramento. 2015. Disponível em: https://image.slidesharecdn.com/iecpucminasredesemidiassociais-aula06-151118123049--lva1-app6892/95/iec-puc-minas-redes-e-midias-sociais-kpis-mtricas-e-monitoramento-8-638.jpg?cb=1447849986. Acesso em: 25 nov. 2019.

GABRIEL, M. *Marketing na era digital*. São Paulo: Novatec, 2010.

MOTTA, G. *Métricas e KPIs:* entenda a diferença. 2015. Disponível em: https://blog.ingagedigital.com.br/metricas-e-kpis-entenda-a-diferenca/. Acesso em: 25 nov. 2019.

MUNIZ, L. *Métricas de redes sociais:* um manual prático para aprender o que e como analisar. 2018. Disponível em: https://marketingdeconteudo.com/metricas-de-redes-sociais/. Acesso em: 25 nov. 2019.

RECUERO, R. *Redes sociais na internet*. Porto Alegre: Sulina, 2009.

ROJO, F. Planejamento estratégico para pequenas e médias empresas. *In:* DIAS, S. R. (coord.). *Marketing:* estratégia e valor. São Paulo: Saraiva, 2006.

SIQUEIRA, A. *Métricas de email marketing além da taxa de abertura e da taxa de cliques:* quais são importantes, como avaliar e como saber se estão boas. 2018. Disponível em: https://resultadosdigitais.com.br/blog/metricas-email-marketing/. Acesso em: 25 nov. 2019.

TURCHI, S. *Algumas formas de medir resultados no marketing digital*. 2016. Disponível em: http://sandraturchi.com.br/algumas-formas-de-medir-resultados-no-marketing-digital/. Acesso em: 25 nov. 2019.

Fique atento

Os *links* para *sites* da Web fornecidos neste capítulo foram todos testados, e seu funcionamento foi comprovado no momento da publicação do material. No entanto, a rede é extremamente dinâmica; suas páginas estão constantemente mudando de local e conteúdo. Assim, os editores declaram não ter qualquer responsabilidade sobre qualidade, precisão ou integralidade das informações referidas em tais *links*.